Compliance e Direito Penal Econômico

Compliance
e Direito Penal Econômico

2019

Coordenadores:
Fábio Ramazzini Bechara
Marco Aurélio Pinto Florêncio Filho

Organizadores:
Amanda Scalisse Silva
Gabriel Druda Deveikis
Patricie Barricelli Zanon
Tais Ramos

COMPLIANCE E DIREITO PENAL ECONÔMICO
© Almedina, 2019
AUTOR: Fábio Ramazzini Bechara
DIAGRAMAÇÃO: Almedina
DESIGN DE CAPA: FBA
ISBN: 9788584935147

Dados Internacionais de Catalogação na Publicação (CIP)
(Câmara Brasileira do Livro, SP, Brasil)

Bechara, Fábio Ramazzini
Compliance e direito penal econômico / Fábio Ramazzini Bechara. -- São Paulo : Almedina, 2019.

Bibliografia.
ISBN 978-85-8493-514-7

1. Compliance 2. Direito econômico 3. Direito econômico - Brasil 4. Direito penal 5. Direito penal - Brasil I. Título.

19-29745   CDU-343.33

Índices para catálogo sistemático:

1. Compliance : Direito penal econômico 343.33

Maria Alice Ferreira - Bibliotecária - CRB-8/7964

Este livro segue as regras do novo Acordo Ortográfico da Língua Portuguesa (1990).
Todos os direitos reservados. Nenhuma parte deste livro, protegido por copyright, pode ser reproduzida, armazenada ou transmitida de alguma forma ou por algum meio, seja eletrônico ou mecânico, inclusive fotocópia, gravação ou qualquer sistema de armazenagem de informações, sem a permissão expressa e por escrito da editora.

Setembro, 2019

EDITORA: Almedina Brasil
Rua José Maria Lisboa, 860, Conj.131 e 132, Jardim Paulista | 01423-001 São Paulo | Brasil
editora@almedina.com.br
www.almedina.com.br

SOBRE OS COORDENADORES

Fábio Ramazzini Bechara

Promotor de Justiça em São Paulo. Doutor em Direito pela USP. Mestre em Direito pela PUC-SP. Professor dos Programas de Mestrado e Doutorado em Direito da Universidade Presbiteriana Mackenzie. *Global Fellow* no *Brazil Institute do Woodrow Wilson International Center for Scholars* – Washington, DC. Membro do GACINT – Grupo de Análise de Conjuntura Internacional da USP.

Marco Aurélio Pinto Florêncio Filho

Pós-Doutor em Direito pela Universidade de Salamanca. Doutor em Direito pela PUC-SP. Mestre em Direito pela Universidade Federal de Pernambuco. Professor Permanente do Programa de Pós-Graduação em Direito Político e Econômico da Universidade Presbiteriana Mackenzie.

SOBRE OS AUTORES

Alexandre Izubara Mainente Barbosa

Advogado. Mestre em Direito pela Universidade Presbiteriana Mackenzie. Especialista em Direito Tributário pela Universidade Católica de Santos e em Direito e Processo do Trabalho pela Faculdade Damásio de Jesus. Bacharel em Direito pela Universidade Católica de Santos. Relator na 3ª Câmara de Benefícios da CAASP/SP.

Amanda Scalisse Silva

Advogada. Mestranda em Direito Político e Econômico pela Universidade Presbiteriana Mackenzie.

Anderson Pomini

Advogado. Secretário de Justiça do Município de São Paulo. Mestrando em Direito pela Universidade Presbiteriana Mackenzie.

Cristiane Mancini

Mestre em Economia Política e Economista pela Pontifícia Universidade Católica – PUC SP, Docente nas Faculdades Integradas Rio Branco, com extensões na Universidade Tor Vergata (Roma, Itália), na Universidade de Rosario (Rosario, Argentina), Universidade de Brasília (UNB), Transparency International School (Lituania), dentre outras e cursou a

Disciplina Mercados ilícitos do programa de Doutorado do Instituto de Relações internacionais (IRI) da Universidade de São Paulo (USP).

Eduardo Tambelini Brasileiro

Advogado. Doutorando e Mestre em Direito pela Universidade Presbiteriana Mackenzie. Bacharel em Direito pela Universidade Federal de Uberlândia. Tem MBA em Gestão Empresarial pela Fundação Getúlio Vargas – FGV. Pesquisador em Políticas Públicas na Universidade Presbiteriana Mackenzie.

Fabiana Eduardo Saenz

Advogada. Possui graduação em Direito pela Faculdade de Direito de São Bernardo do Campo (2003). Mestre em Direito pela Universidade de São Paulo. Professora de ensino superior.

Flávio Henrique Costa Pereira

Advogado. Mestrando em Direito pela Universidade Presbiteriana Mackenzie.

Flávio Miranda Molinari

Advogado. Mestrando e Bacharel em Direito pela Universidade Presbiteriana Mackenzie. Pós-graduado em Direito Tributário pela Escola de Direito da FGV-SP.

Gabriel Druda Deveikis

Advogado. Mestrando em Direito pela Universidade Presbiteriana Mackenzie. Possui Pós-graduação *Lato Sensu* em Direitos Fundamentais e em Direito Processual Penal pelo IBCCRIM (em conjunto com a Universidade de Coimbra) e em Direito Constitucional pela PUC-SP. É especialista em *Compliance* pelo Insper. Bacharel em Direito pela Universidade Presbiteriana Mackenzie.

Iúri Daniel de Andrade Silva

Procurador da Fazenda Nacional. Bacharel em Direito pela Universidade Estadual da Paraíba. Professor na Universidade de Mogi das Cruzes.

Leandro Moreira Valente Barbas

Advogado. Doutorando e Mestre em Direito pela Universidade Presbiteriana Mackenzie. Bacharel em Direito pela FGV-SP.

Lucas Alfredo de Brito Fantin

Advogado. Mestrando e Bacharel em Direito pela Universidade Presbiteriana Mackenzie. Atua na Associação Brasileira das Entidades dos Mercados Financeiros e de Capitais (ANBIMA).

Maurício Antonio Tamer

Advogado. Doutorando em Direito pela Universidade Presbiteriana Mackenzie. Mestre em Direito pela PUC-SP. Bacharel em Direito pela Universidade Presbiteriana Mackenzie. Professor da Uninove. Professor Curador do Módulo de Tutela Coletiva e Inquérito Civil do Curso de Especialização EAD de Direito Processual Civil na Universidade Presbiteriana Mackenzie. Professor do curso de Pós-Graduação MBA em Direito Eletrônico na Escola Paulista de Direito. Membro Associado do Instituto Brasileiro de Direito Processual – IBDP.

Nicolás Eduardo del Solar Duarte

Advogado da Universidade do Chile. Subdiretor Jurídico na Universidade Tecnológica Metropolitana do Chile.

Patricie Barricelli Zanon

Advogada. Mestranda em Direito na Universidade Presbiteriana Mackenzie. Pesquisadora bolsista no Projeto "PMI Impact Mercados ilícitos e crime organizado na tríplice fronteira: O desafio da cooperação policial." Especialista em Direito das Relações de Consumo pela PUC-SP. Bacharel em Direito pela Universidade Presbiteriana Mackenzie. Participou do Legal Education Exchange Program (Thomas Jefferson School of Law).

Priscilla Nascimento Silva

Advogada. Mestre e Bacharel em Direito pela Universidade Presbiteriana Mackenzie. Professora de inglês jurídico.

Ricardo Alves de Lima

Possui Mestrado em Direito pela Faculdade de Direito do Sul de Minas - FDSM, na área de concentração Constitucionalismo e Democracia (2012). Atualmente é doutorando em Direito Político e Econômico pela Universidade Presbiteriana Mackenzie. Professor dos cursos de Graduação e Pós-graduação *lato sensu* da FDSM. Membro do IBDFAM - Instituto Brasileiro de Direito de Família.

Samara Schuch Bueno

Advogada. Mestranda em Direito pela Universidade Presbiteriana Mackenzie. Especialista em Direito Processual Civil pela PUC-SP. Membro do Grupo de Estudo de Direito Concorrencial da Universidade Presbiteriana Mackenzie (GEDC-Mack). Membro do Instituto Brasileiro de Estudos de Concorrência, Consumo e Comércio Internacional – IBRAC. Membro da *World Economics Association* – WEA. Membro da Comissão de Direito Digital e Compliance da OAB/SP.

Tais Ramos

Advogada. Doutoranda em Direito Político e Econômico na Universidade Presbiteriana Mackenzie (UPM). Bolsista do CNPq de Doutorado sanduíche na Universidade Federal do Rio Grande do Sul (UFRGS). Mestre em Direitos Sociais e Políticas Públicas e Especialista em Direito Processual Civil pela Universidade de Santa Cruz do Sul (UNISC). Professora da Faculdade de Direito - Campus Alphaville - da Universidade Presbiteriana Mackenzie.

Verena Holanda de Mendonça Alves

Advogada. Doutoranda em Direito pela Universidade Presbiteriana Mackenzie. Mestre em Direito pela Universidade Federal do Pará. Bacharel em Direito pelo Centro Universitário da Pará – CESUPA. Professora substituta da Universidade Federal do Pará. Professora da Escola Superior Madre Celeste. Pesquisadora no Grupo de Estudos e Pesquisas Direito Penal e Democracia. Membro do grupo de pesquisa Mulher, Sociedade e Direitos Humanos.

Vinicius Cervantes Gorgone Arruda

Advogado. Mestrando em Direito pela Universidade Presbiteriana Mackenzie. Especialista em Direitos Difusos e Coletivos pela PUC-SP e em Direito Eletrônico pela Escola Paulista de Direito. Bacharel em Direito pela Faculdade de Direito de São Bernardo do Campo.

Yuri Nathan da Costa Lannes

Advogado. Doutorando em Direito Político e Econômico na Universidade Presbiteriana Mackenzie (UPM). Mestre em Direito pela Uninove. Presidente da Federação Nacional de Pós-graduandos em Direito (FEPODI). Professor do Ensino Superior.

APRESENTAÇÃO

Esta obra, na forma de coletânea consiste em uma compilação da produção científica de docentes e discentes do Programa de Pós-Graduação *Stricto Sensu* em Direito Político e Econômico da Universidade Presbiteriana Mackenzie, que cursaram a disciplina *Políticas Públicas de Compliance Anticorrupção*, bem como do Grupo de Pesquisa Direito Penal Econômico e Justiça Internacional da Universidade Presbiteriana Mackenzie, liderado pelos Professores Fábio Ramazzini Bechara e Marco Aurélio Florêncio Filho, cujo objetivo é apresentar aspectos importantes e discussões atuais e interdisciplinares de direito penal econômico.

A obra é coordenada pelos Professores Fábio Ramazzini Bechara e Marco Aurélio Florêncio Filho, e organizada pelos pesquisadores e alunos do Programa de Pós-Graduação em Direito Político e Econômico da Universidade Presbiteriana Mackenzie, Amanda Scalisse Silva, Gabriel Druda Deveikis, Patricie Barricelli Zanon e Tais Ramos, As pesquisas dos coordenadores e organizadores também são oriundas do Projeto de Pesquisa em rede "440194/2017-2 - Observação Sistêmica da violência como sistema organizacional na criminalidade em rede e seus reflexos no mercado: Análise comparativa entre a Operação Mãos Limpas e a Operação Lava Jato". O Projeto é financiado pelo CNPq e conta com a solidariedade de outras 6 Instituições Brasileiras e 4 Italianas.

A Lei 12.846, conhecida como Lei Brasileira Anticorrupção, foi aprovada em 2013, mas entrou em vigor somente em 2014, e impulsionou no país tanto no âmbito corporativo como público a preocupação com a integridade e transparência por meio dos programas de *compliance*. Tais programas constituem uma exigência de conformidade com leis e regulamentos e a prática de condutas éticas, cujas práticas ampliam a possibilidade do controle de irregularidades no ambiente de negócios.

O instituto *compliance* e toda sua fundamentação teórica possuem estreita relação com o direito penal econômico, seja do ponto de vista do incremento da capacidade de gerenciamento das situações de risco de desvio e irregularidades, seja do ponto de vista da influência que exerce no processo de imputação de responsabilidade, seja civil, administrativa e principalmente penal.

A correlação lógica entre *compliance* e direito penal econômico desafia a pesquisa e o estudo conjunto.

Nesse sentido a proposta da obra, que se encontra estruturada em três partes.

A primeira parte é dedicada à análise de temas contemporâneo de direito penal econômico. Na segunda parte são examinados os mecanismos que auxiliam na efetivação dos programas de *compliance*, bem como as consequências jurídicas da sua não observância. Por fim, a terceira parte é dirigida à ciência aplicada, com o objetivo de destacar propostas de política pública, elaboradas a partir da metodologia do *policy brief*, sobre tema relevante com impacto nas iniciativas anticorrupção, no caso, a regulamentação do lobby no Brasil.

No capítulo 1º da Parte I tem-se **"A evolução normativa anticorrupção no plano nacional e estrangeiro: uma análise a partir das velocidades do Direito Penal"** de **Ricardo Alves de Lima**, no qual é analisado a evolução das leis anticorrupção, norteado pelas principais leis que antecedem a legislação brasileira: o FCPA - Foreign Corrupt Practices Act, dos Estados Unidos da América, e o UKBA – United Kingdon Bribery Act.

No capítulo 2, **"A Contribuição do Direito Internacional para a prevenção e repressão da corrupção"**, **Priscilla Nascimento Silva** apresenta as principais tipologias e definições do crime de corrupção, bem como a influência do direito internacional na modulação da agenda brasileira.

Já o capítulo 3, de **Fábio Ramazzini Bechara e Eduardo Tambelini Brasileiro**, a **"Justiça Criminal Negocial: uma análise do regime jurídico da colaboração de investigados no brasil – acordos de colaboração premiada e de leniência."**, retrata a importância, a tendência e dos desafios da justiça criminal negocial no direito brasileiro.

No capítulo 1 da Parte II, "**20 anos de Compliance e políticas públicas de combate e prevenção à corrupção e lavagem de dinheiro**", pesquisa de **Patricie Barricelli Zanon e Lucas Alfredo de Brito Fantin** descreve as principais políticas públicas desenvolvidas no Brasil nos últimos 20 anos que contribuíram para a criação da cultura de *compliance*.

No capítulo 2 "**O conflito de instâncias na aplicação dos instrumentos de combate à corrupção e os efeitos sobre o *compliance*"** de autoria de **Anderson Pomini e Flávio Henrique Costa Pereira** faz um resgate histórico da institucionalização dos instrumentos de combate à corrupção e aponta limites e avanços nessa seara. Nesse contexto, é evidenciada a ausência de harmonização, a qual gera um conflito de instâncias na aplicação dos normativos voltados ao combate à corrupção nas esferas civil, penal e administrativa, e, consequentemente, apresenta efeitos prejudiciais para os institutos do acordo de leniência, colaboração premiada e improbidade administrativa.

O capítulo 3, de autoria de **Alexandre Izubara Mainente Barbosa, Gabriel Druda Deveikis e Leandro Moreira Valente Barbas**, tem-se "**Atos com repercussão transnacional e o *compliance* criminal da empresa sujeita a múltiplos ordenamentos jurídicos**", reforça que a realidade atual das políticas anticorrupção gira em torno da harmonização, uma vez que cada vez mais inúmeras empresas têm praticado atos com repercussão transnacional, estando sujeitas a implicações legais oriundas de diversas jurisdições. Ante esse cenário, o artigo se propõe a discorrer sobre as cautelas essenciais às quais as entidades que pratiquem atos com repercussão transnacional devem ter, visando à relevância da estruturação de programas de compliance criminal e processual penal.

A seguir, o capítulo 4 "**Investigação e prova nos atos de corrupção: *compliance* e *due diligence***" de autoria de **Yuri Nathan da Costa Lanne e Tais Ramos**, adentra um aspecto do *compliance* de cunho processual, qual seja, a investigação e a produção de prova nos atos de corrupção. Além de analisar as teorias do direito penal acerca do tema, o artigo analisa também a *due dilligence* no contexto do processo penal atrelada a uma possibilidade de documentação que comprove determinados atos e responsabilidades empresariais, em confronto com a própria ideia de comprovação de fato negativo.

No capítulo 5, "**Questionamentos e pontos relevantes ao se pensar uma política de proteção a "whistleblowers" no brasil a partir de casos** e experiências norte-americanas. Suas represcussões em políticas de *compliance* criminal" de **Leandro Moreira Valente Barbas,** parte da análise de casos concretos da experiência norte-americana a fim de levantar dúvidas e questionamentos que venham a subsidiar o debate público sobre a introdução do instituto no Brasil, visando assegurar a utilidade e eficácia às atividades de prevenção e repressão a crimes nas estruturas de compliance criminal.

Já no capítulo 6, **"La importancia del denunciante *(whistleblower)* como mecanismo de participación ciudadana en el combate a la corrupción", de Fabiana Eduardo Saenz,** trouxe à obra importante análise a respeito da importância do *whisteblower* na efetivação da participação da sociedade civil no combate à corrupção, tendo em vista que, sem esta contribuição, todos os esforços do Estado em identificar práticas criminosas e estabelecer sanções, ou qualquer outra política pública, terão impacto e efetividade significativamente menores.

No capítulo 7, **"Violação de segredos de negócio, *compliance* e crime organizado", Vinicius Cervantes Gorgone Arruda** discorre sobre a importância das políticas de *compliance* no impedimento de concorrência desleal por meio de violação de segredos de negócios, ressaltando a importância de padrões, normas e diretrizes empresariais para criação de um ambiente empresarial mais ético

Verena Holanda de Mendonça Alves, no capítulo 8 **"A panacéia da teoria do domínio do fato e o *compliance* como possível solução"** trata da responsabilidade criminal no âmbito empresarial e contribui com importante análise a respeito do uso da Teoria do Domínio do Fato, de Claus Roxin, pelos Tribunais brasileiros, e as alterações legislativas decorrentes desta utilização, ressaltando que o amadurecimento do ambiente institucional do país e a redução das condutas de corrupção não estão conectadas apenas a criação de leis, mas também a práticas que estimulem a cooperação, responsabilização e transparência que fundamentem relações empresariais duradouras e estáveis socialmente, inserindo o *compliance* como possível solução.

No capítulo 9, **"A repercussão da governança coorporativa na responsabilidade penal da pessoa física e jurídica" Marco Aurélio Pinto Florêncio Filho e Amanda Scalisse** analisam os impactos da adoção de planos de governança coorporativa pelas empresas na configuração da responsabilidade penal pessoa jurídica e de seus dirigentes, demonstrando sua importância na delimitação da culpabilidade criminal.

Maurício Antonio Tamer e Samara Schuch Bueno produziram o capítulo 10 *"Compliance e aspectos prático-legais da investigação em ambiente digital"* a respeito do *compliance* no contexto digital e sua relevância devido ao crescimento da impessoalidade das relações de propriedade, comerciais e de consumo, bem como ante a necessidade de compreensão das especificidades tecnológicas.

No capítulo 11, "**Responsabilidade social corporativa como instrumento de compliance**", **Cristiane Mancine** sustenta que um programa robusto de responsabilidade social constitui um mecanismo efetivo para o controle e combate a ações corruptiva.

Por fim, na **Parte III, Amanda Scalisse Silva, Flávio Miranda Molinari, Iúri Daniel de Andrade Silva, Lucas Alfredo de Brito Fantin, Patricie Barricelli Zanon e Samara Schuch Bueno** apresentam estudo e proposta de regulamentação da atividade de lobby e grupos de pressão no Brasil, que representa um dos pontos vulneráveis dos programas de compliance, notadamente em determinadas atividades econômicas sujeitas ao controle de órgãos públicos e com os quais se relacionam.

Felipe Chiarello de Souza Pinto
Diretor da Faculdade de Direito da Universidade Presbiteriana Mackenzie

Gianpaolo Poggio Smanio
Coordenador do Programa de Pós-Graduação em Direito Político e Econômico da Universidade Presbiteriana Mackenzie.

SUMÁRIO

Parte I – Discussões Atuais Acerca de Direito Penal Econômico

A Evolução Normativa Anticorrupção no Plano Nacional e Estrangeiro: Uma Análise a Partir das Velocidades do Direito Penal 27
Introdução 27
1. FCPA e UKBA: Bases Legislativas Estrangeiras no Combate à Corrupção Privada 28
2. A Lei nº 12.846/2013 no Combate à Corrupção Empresarial 30
3. As Velocidades do Direito Penal 35
Conclusão 36
Referências 37

A Contribuição do Direito Internacional para a Prevenção e a Repressão da Corrupção 39
Introdução 39
1. Definições e Tipologia 40
1.1 Corrupção 40
1.2. Corrupção Pública x Privada 40
1.3. Grande Corrupção x Pequena Corrupção 41
1.4. Corrupção Nacional x Corrupção Internacional 41
1.5. Corrupção Ativa x Corrupção Passiva 42
2. As Iniciativas Internacionas na Luta Contra a Corrupção 42
2.1. Convenção da OCDE 44
2.2 Convenção da ONU 46
A Convenção das Nações Unidas contra a Corrupção
– Convenção de Mérida 46
2.3 Convenção da OEA 48
A Convenção Interamericana contra a Corrupção

e a contribuição das organizações regionais 48
Conclusão.. 50
Referências 51

Justiça Criminal Negocial:
Uma Análise do Regime Jurídico da Colaboração de Investigados no Brasil
– Acordos de Colaboração Premiada e de Leniência 53
Introdução... 53
1. A *Plea Bargaining* no Direito Norte-Americano... 55
2. A Tradução do *Plea Bargaining* no Direito Brasileiro 58
2.1. Acordo de Colaboração Premiada 61
2.2. Acordo de Leniência.. 66
3. Possíveis Ajustes 70
Conclusão.. 72
Referências 73

Parte II – Criminal *Compliance*

20 Anos de *Compliance* e Políticas Públicas de Combate
e Prevenção à Corrupção e Lavagem de Dinheiro............................ 77
Introdução... 77
1. *Compliance* e Políticas Públicas como Mecanismos de Combate
e Prevenção a Crimes 79
2. Principais Políticas Públicas Instituídas nos Últimos 20 Anos
e a Cultura do Compliance no Brasil... 83
Conclusão.. 92
Referências 94

O Conflito de Instâncias na Aplicação dos Instrumentos de Combate
à Corrupção e os Efeitos sobre o *Compliance* 97
Introdução... 97
1. Breve Histórico Legislativo do Compliance no Brasil 100
2. Diversidade de Instâncias.. 101
2.1. Direito Penal... 102
2.2. Direito Administrativo 106
2.3. Direito Civil.. 109
Conclusão.. 110
Referências 112

**Atos com Repercussão Transnacional e o *Compliance* Criminal
da Empresa Sujeita a Múltiplos Ordenamentos Jurídicos** 115
Introdução... 115
1. A Crescente Transnacionalização das Atividades Criminosas,
a Necessidade de Cooperação Jurídica Internacional
e a Acentuada Importância de Políticas de *Compliance* Criminal 117
2. O Compliance Criminal de Empresas com Relações
ou *Repercussões* Transnacionais. Necessidade Cada Vez Mais Corriqueira
de Reportar Fatos a Autoridades de Outros Países, Independentemente
do Local de Consumação do Delito.. 119
3. O *Compliance* Processual Penal como Intrumento de Gestão de Riscos:
a Necessária Observância de uma Cadeia de Custódia "Plurijurisdicional" 122
Conclusão... 126
Referências 127

Investigação e Prova nos Atos de Corrupção: *Compliance* e *Due Diligence* 129
Introdução... 129
1. *Compliance* Empresarial e as Esferas de Aplicabilidade de Preceitos Penais
como Norteadores de Comportamento pela Política Anticorrupção................. 130
2. *Compliance* e *Due Diligence*... 133
Conclusão... 138
Referências 139

**Questionamentos e Pontos Relevantes ao se Pensar uma
Política de Proteção a *Whistleblowers* no Brasil a Partir de Casos
e Experiências Norte-Americanas: suas Repercussões
em Políticas de *Compliance* Criminal** 141
Introdução... 141
1. Questionamentos e Pontos Relevantes que a Experiência
Norte-Americana em Políticas de *Whistleblowing* pode Oferecer ao Brasil 144
1.1. Uma só lei sobre *whistleblowing*, ou várias? Diferentes contextos
e sujeitos envolvem diferentes necessidades, limites e pressupostos
à atividade de quem reporta - pulverização, no ordenamento jurídico
americano, das proteções aos *whistleblowers* em diferentes diplomas................. 144
1.2. Whistleblowers e dever de confidencialidade do ofício desempenhado
- proteção a *whistleblowing* em atividades que se relacionem com segurança
ou saúde públicas: o incentivo à revelação de informações de interesse social
contraposto à eventual sensibilidade ou confidencialidade das mesmas........... 149
1.3. *Whistleblowing* decorrente do próprio exercício da função: cabe proteção? ... 151
1.4. O *whistleblower* precisa se reportar a autoridades públicas para que obtenha

qualquer proteção? Deve caber proteção pública àquele que
reporta irregularidades apenas internamente? 153
Conclusão.. 157
Referências 159

**La Importancia del Denunciante (*Whistleblower*) como Mecanismo
de Participación Ciudadana en el Combate a la Corrupción** 161
Introducción 161
1. La Figura del Denunciante como un Mecanismo de Participación Ciudadana. 165
2. La Definición Amplia del Concepto de *Whistleblower* a fin de Asegurar
la Participación Ciudadana en el Combate la Corrupción 170
Conclusión.. 177
Referências 179

Violação de Segredos de Negócio, *Compliance* e Crime Organizado 181
Introdução 181
1. Crime Organizado: um Conceito Tão Amplo Quanto suas Atividades 182
2. Concurso de Pessoas, Associação Criminosa e Organização Criminosa 188
3. Segredos de Negócio e a Importância do Compliance para sua Preservação 200
3.1. *Compliance* no Âmbito do Crime de Violação de Segredos de Negócio...... 208
Conclusão.. 214
Referências 216

**A Panacéia da Teoria do Domínio do Fato
e o Compliance como Possível Solução** 219
Introdução.. 219
1. Teoria do Domínio do Fato e os Dispositivos Nacionais Sobre o Tema 221
2. A Teoria do Domínio do Fato Aplicada como uma Panaceia Geral................ 226
3. Compliance como Possível Forma de Evitar Maiores Infortúnios 228
3.1. Compliance no Território Nacional (Lei nº 12.846/ 2013) 231
Conclusão.. 232
Referências 234

**A Repercussão da Governança Corporativa
na Responsabilidade Penal da Pessoa Física e Jurídica** 235
Introdução.. 235
1. A Expansão do Direito Penal e a Necessidade de Novas Formas de Controle ... 236
2. Governança corporativa 240
3. A Responsabilidade Penal da Pessoa Física:
Responsabilidade dos Dirigentes De Empresas.. 244

4. A Responsabilidade Penal da Pessoa Jurídica 248
Conclusão 254
Referências 255

Compliance e Aspectos Prático-Legais da Investigação em Ambiente Digital 257
Introdução 257
1. O *Compliance* e e Importância do Conhecimento do
Ordenamento Jurídico Pelas Empresas no Contexto Digital Contemporâneo 258
2. Os Aspectos Prático-Legais da Investigação Privada
Com Foco na Prova Digital 263
2.1. O Monitoramento das Atividades dos Empregados pela Empresa
e a Licitude da Prova Obtida 264
2.2. A Correta Preservação da Prova Assegurandos sua Integridade,
Autenticidade e Cadeia de Custódia: a Importância do Procedimento 268
Conclusão 273
Referências 274

Responsabilidade Social Corporativa como Instrumento de *Compliance* 277
Introdução 277
1. Responsabilidade Social Corporativa (CSR) 279
1.1. Síntese da Origem e Evolução 279
1.2. Caracterização 283
1.3. A Reputação Empresarial 284
2. Modelos de Responsabilidade Social Corporativa (RSC) 287
3. Responsabilidade Social da Empresa
na Proposta de Instrumento de *Compliance* 289
3. 1 Implementação da Área de *Compliance* 290
3.2. Formação da Equipe e os Recursos 290
3.3. Mapeamento, Monitoramento de Riscos e Avaliações Contínuas 290
3.4. Canal de denúncias, investigação e reporte 291
3.5. Calibragem de Condutas 291
3.6. Compromissos Internacionais 291
Considerações Finais 292
Referências 293

Parte III – Lobby

Policy Brief: Estudo e Proposta de Regulamentação da Atividade de Lobby e Grupos de Pressão no Brasil 297
Introdução 297
1. Problemática 298
2. Contexto 298
3. Pontos de Convergência entre os Interesses do Sistema Político e da Universidade 300
4. Opções de Políticas 301
g) Vantagens e Desvantagens de Cada Política para o Caso Brasileiro 309
5. Autorregulação 309
6. Regulação Direta e Exclusiva 309
7. Baixa Regulação 309
8. Alta Regulação 310
9. Média Regulação 310

Conclusão 311
Referências 313

Parte I – Discussões Atuais Acerca de Direito Penal Econômico

A Evolução Normativa Anticorrupção no Plano Nacional e Estrangeiro: Uma Análise a Partir das Velocidades do Direito Penal

Ricardo Alves de Lima

Introdução

Este artigo é fruto das pesquisas realizadas no âmbito da disciplina *Políticas públicas de* compliance *anticorrupção,* especificamente com o escopo de analisar a evolução das leis relativas ao tema. Para tanto, a investigação terá como norte as principais leis que antecedem a legislação brasileira: o FCPA – *Foreign Corrupt Practices Act,* dos Estados Unidos da América, e o UKBA – *United Kingdon Bribery Act.*

No primeiro capítulo, serão tratadas essas duas legislações referidas acima, com o objetivo principal de consolidar as bases para a análise da legislação brasileira, objeto do segundo capítulo. Por fim, e já a caminho das conclusões, serão estudadas as velocidades do Direito Penal, segundo a obra de Jesus-Maria Silva Sanchez.

O trabalho tem relevância para a comunidade jurídica por fornecer uma análise do tema de modo a se verificar uma evolução legislativa, o que revela, ainda, a própria transformação do Direito Penal.

1. FCPA e UKBA: Bases Legislativas Estrangeiras no Combate à Corrupção Privada

Uma maneira – óbvia, talvez – de sistematizar esta investigação pode ser o seguimento de uma cronologia. Nesse sentido, a lei americana, FCPA – *Foreign Corrupt Practices Act* destaca-se como a primeira legislação voltada ao combate à corrupção de agentes públicos estrangeiros pelo empresariado americano.

O surgimento dessa lei, no final do ano de 1977, se deu em um contexto específico[1], em meio ao escândalo político de *Watergate,* com fortes críticas da opinião pública à maneira como as empresas americanas negociavam, tradicionalmente, com o uso de propinas a agentes públicos estrangeiros. Entre outros[2], o caso da empresa *Lockheed Corporation,* de produção de aeronaves, se convolou num grave escândalo, revelando-se o pagamento de propinas na monta dos vinte e dois milhões de dólares.

Até então, não se consideravam ilegais tais pagamentos de propinas. Na verdade, a prática era considerada comum, e a sua proibição chegou a ser vista, pelos seus opositores, como um risco aos negócios e à competitividade das empresas americanas num contexto de mercado em que empresas de outros países se valiam amplamente de propinas e subornos. Tal opinião, no entanto, não prevaleceu[3].

---

[1] ENGLE, Eric. I Get by with a Little Help from My Friends? Understanding the U.K. Anti-Bribery Statute, by Reference to the OECD Convention and the Foreign Corrupt Practices Act. *The International Lawyer,* Texas, vol. 44, nº 4 (WINTER 2010), p. 1173-1188.

[2] Como os casos envolvendo as empresas Gulf Oil, United Brands, Northrop, Ashand Oil, Exxon. A diferença entre esses casos e aquele da referida Lockheed Corporation reside no fato de que essa última se recusou a informar os beneficiários das propinas e, também, a parar de utilizar dessa prática, sob o argumento de que o suborno era normal, necessário e "consistente com as práticas de inúmeras empresas estrangeiras". A manifestação da companhia ainda alegava que a proibição das práticas de suborno seria prejudicial à competitividade das empresas americanas, já que as outras empresas pagavam.

[3] "*On balance, an aggressive and clearly articulated position against international corruption is in the U.S. national interest. Critics of the current law have exaggerated the costs and underappreciated the benefits, and recent efforts to weaken the law are unwarranted. The benefits are not just gains in the efficiency and fairness of the international marketplace, but also increased pressures on corrupt states and firms to move in a more honest direction. Reducing bribery by U.S. firms is a necessary, if insufficient, condition. As a global leader in international business, the United States can set a strong example and encourage other countries to follow suit*". ROSE-ACKERMAN, Susan. International

Assim, em 19 de dezembro de 1977, no governo de Jimmy Carter, surge o FCPA, alterado, posteriormente, em 1988, para adequar a norma à Convenção Antissuborno da Organização para Cooperação e Desenvolvimento Econômico (OCDE).

Todavia, antes da década de 1990, o FCPA foi a única legislação com esse enfoque específico, qual seja, o combate à corrupção no estrangeiro, proibindo empresas americanas, ou que emitam ações nos Estados Unidos, de praticar atos de suborno a funcionários públicos estrangeiros tanto para a obtenção de novos negócios como para a renovação de contratos já em andamento. Além disso, a norma estabelece a obrigação de manutenção em boa ordem de registros contábeis e sistemas de controle interno que vinculem as decisões, por meio da cadeia de comando, aos administradores.

Essa última determinação ganha importância sobremaneira na medida em que os administradores, os diretores, os empregados – e mesmo os terceiros e agentes, como consultores, distribuidores e representantes – se encontram submetidos às proibições e, consequentemente, às penalidades do FCPA.

Além do FCPA, outras leis americanas têm o mesmo propósito, como a Lei Sarbanes-Oxley, de 30 de julho de 2002, voltada à prevenção de fraudes nas demonstrações financeiras, e a Lei Dood-Frank de Reforma de Wall Street, de 21 de julho de 2010, que traz incentivos financeiros aos denunciantes de violações ao sistema financeiro. Esse pioneirismo garantiu que os Estados Unidos se consolidassem como uma referência no tema, com farta jurisprudência e doutrina no assunto, influenciando as legislações de combate à corrupção privada em todos os países.

Entre essas legislações posteriores destaca-se o *United Kingdon Bribery Act* – UKBA. Considera-se que o UKBA seja uma das legislações mais severas do mundo em relação ao tema, criminalizando, também, a corrupção de sujeitos privados. Demonstrando, justamente, essa evolução da legislação, atos não coibidos pela primeira lei do tema – FCPA – como o pagamento a título de facilitação de negócios (*grease payments*), passam a ser coibidos no Bribery Act.

Anti-Corruption Policies and the U.S. National Interest. *Proceedings of the Annual Meeting (American Society of International Law)*, Washington DC, vol. 107, Apr. 3, 2013, p. 254.

2. A Lei nº 12.846/2013 no Combate à Corrupção Empresarial

A tipificação da corrupção na legislação brasileira não é recente, já que desde as ordenações a conduta era alvo da tutela penal:

> Entre nós, as Ordenações Filipinas, Livro V, Título 71, puniam a corrupção (já o haviam feito a Afonsina, Liv. V, Título 31 e a Manoelina, Liv. V, Título 71): "Dos oficiais del Rei que recebem serviços ou peitas, e das partes que lhas dão ou prometem". Distinguiam, como várias leis contemporâneas, para punir, mais gravemente, os funcionários encarregados de julgar.
> O Código de 1830 tratou da matéria em duas seções: uma denominada peita e outra suborno. Na primeira punia com as mesmas penas do peitado a corrupção pelo dinheiro ou donativo (art. 132). No suborno era prevista a corrupção por influência ou peditório de alguém, considerando-se, no art. 134, a forma ativa.
> O estatuto de 1890 reuniu as duas espécies em seção única, punindo, no artigo, quem desse ou prometesse peita ou suborno.
> O atual, como se vê, apartou inteiramente as figuras da corrupção ativa e passiva, considerando-as em capítulos distintos, embora as submeta à mesma pena de prisão: um a oito anos.[4]

A análise desse histórico ganha importância sobremaneira nesta investigação, já que o objetivo aqui perseguido é o de delinear a evolução da legislação anticorrupção. Frisa-se que não se pretende demonstrar a legislação presente como "um ponto de chegada inevitável de todo o processo de preparação e 'lapidação' histórica"[5].

---

[4] NORONHA, Edgard Magalhães. *Direito Penal.* v. 4. 13. ed. São Paulo: Saraiva, 1983. p. 331.
[5] FONSECA, Ricardo Marcelo. *Introdução teórica à história do direito.* Curitiba: Juruá, 2012. p. 36. E prossegue: "Ao contrário, o estudo do passado do direito passa a importar justamente para, ao demonstrar as profundas diferenças existentes entre experiências jurídicas do passado e da atualidade, ter a capacidade de relativizar o presente, contextualizar o atual, "desnaturalizando-o" e colocando-o na contingência e na provisoriedade histórica a que ele pertence. A análise do passado do direito passa a servir para, ao afirmar a historicidade que é ínsita ao direito (que não é, portanto, algo que sobrepaira de modo isolado da realidade ou que é mero "efeito" da economia ou da política), demonstrar aos juristas das áreas da "dogmática jurídica" (civilistas, penalistas, processualistas etc.) que seus saberes, para serem bem manejados, dependem fundamentalmente de uma responsável análise diacrônica. Não mais uma mera e anacrônica "introdução histórica" – habitual nos manuais e mesmo nos trabalhos

O que é evidência – e será demonstrado no decorrer deste artigo – é que a tutela penal se transformou conforme se transformaram, também, os fatos da corrupção.

Assim, a Lei nº 12.846 se insere num contexto maior de legislações que tratam do tema, ainda que de forma tangencial. Nesse complexo destacam-se, entre outros instrumentos, a Lei nº 9.613/98 (que dispõe sobre os crimes de "lavagem" ou ocultação de bens, direitos e valores; a prevenção da utilização do sistema financeiro para os ilícitos previstos nessa lei; cria o Conselho de Controle de Atividades Financeiras – COAF, e dá outras providências), as regras que emanam dos órgãos reguladores – como a Superintendência de Seguros Privados, a Comissão de Valores Mobiliários e o próprio Banco Central. E, por fim, a partir de 1º de fevereiro de 2014, a Lei Anticorrupção Empresarial, que dispõe sobre a responsabilização administrativa e civil de pessoas jurídicas pela prática de atos contra a administração pública, nacional ou estrangeira e dá outras providências.

A lei brasileira e surge a partir dos compromissos internacionais firmados pela Convenção da ONU – Convenção das Nações Unidas Contra a Corrupção, a Convenção da OEA – Convenção Interamericana contra a Corrupção, e ainda a Convenção da OCDE – Convenção sobre o Combate da Corrupção de Funcionários Públicos Estrangeiros em Transações Comerciais Internacionais. No entanto, além desses compromissos, o momento da criação da lei era especialmente oportuno:

> Ressalte-se que a existência de dois grandes eventos esportivos a serem realizados no Brasil, a Copa do Mundo em 2014 e as Olimpíadas em 2016, além da descoberta de grandes reservas de petróleo no Rio de Janeiro, aceleraram a criação da lei em comento.[6]

---

mais acadêmicos – que acentue principalmente as continuidades e permanências (frequentemente de modo artificial) ao longo do tempo, mas, ao contrário, a história do direito passa a demonstrar que uma análise teórica de qualquer dos "ramos do direito" deve ser atravessada pela história (visto que os conceitos e instituições jurídicas são, eles mesmos, embebidos de historicidade) e sua boa compreensão depende de sua inscrição temporal".

[6] RIBEIRO, Márcia Carla Pereira; DINIZ, Patrícia Dittrich Ferreira. *Compliance* e Lei Anticorrupção nas empresas. *Revista de Informação Legislativa do Senado Federal*, Brasília, a. 52, n. 205, jan/mar, 2015. p. 99.

Em seu artigo 1º, a Lei Anticorrupção estabelece o âmbito da sua aplicação:

> Art. 1º. Esta Lei dispõe sobre a responsabilização objetiva administrativa e civil de pessoas jurídicas pela prática de atos contra a administração pública, nacional ou estrangeira.
> Parágrafo único. Aplica-se o disposto nesta Lei às sociedades empresárias e às sociedades simples, personificadas ou não, independentemente da forma de organização ou modelo societário adotado, bem como a quaisquer fundações, associações de entidades ou pessoas, ou sociedades estrangeiras, que tenham sede, filial ou representação no território brasileiro, constituídas de fato ou de direito, ainda que temporariamente.

Observa-se, por esse artigo, o objetivo da lei de suprimir uma lacuna do ordenamento brasileiro, possibilitando a responsabilização de pessoas jurídicas pela prática de atos ilícitos contra a administração pública, em especial por atos de corrupção. Assim, a lei brasileira dá um tratamento à matéria que se equipara àquele já adotado pelas duas principais leis que serviram de base para a sua criação: a FCPA americana e a UKBA britânica.

A doutrina faz algumas críticas à lei, sobretudo em relação à responsabilidade objetiva das empresas[7]. No entanto, apesar das críticas, a lei tem o mérito de trazer para o país as ideias de autorregulação. Essa ideia, sobretudo quando se analisa a evolução normativa sobre o tema, é resultado de várias etapas da resolução de conflitos. Passa-se de um modelo inicial baseado na regulação privada para um outro, totalmente baseado na regulação pública (monopólio da justiça). Atualmente, no entanto, o

---

[7] Art. 2º. As pessoas jurídicas serão responsabilizadas objetivamente, nos âmbitos administrativo e civil, pelos atos lesivos previstos nesta Lei praticados em seu interesse ou benefício, exclusivo ou não.
Art. 3º. A responsabilização da pessoa jurídica não exclui a responsabilidade individual de seus dirigentes ou administradores ou de qualquer pessoa natural, autora, coautora ou partícipe do ato ilícito.
§ 1º. A pessoa jurídica será responsabilizada independentemente da responsabilização individual das pessoas naturais referidas no caput.
§ 2º. Os dirigentes ou administradores somente serão responsabilizados por atos ilícitos na medida da sua culpabilidade.

sistema sinalizado pelas legislações em análise combina elementos e se baseia na corregulação público-privada.

Essa terceira etapa de uma evolução das formas de regulação aproxima as esferas individual e estatal, criando um novo padrão regulatório. Uma outra forma de referência a essa etapa revela, também, de forma ainda mais clara, a maneira como as duas realidades se combinam e complementam: a autorregulação regulada.

Combinam-se, assim, procedimentos empresariais de prestação de deveres de comunicação orientados por preceitos estatais de fiscalização e diretrizes de governança.

Nesse sentido, ganha importância sobremaneira a implementação de programas de *compliance* no âmbito das empresas.

> *Compliance* é uma expressão que se volta para as ferramentas de concretização da missão, da visão e dos valores de uma empresa. Não se pode confundir *Compliance* com o mero cumprimento de regras formais e informais, sendo o seu alcance bem mais amplo[8].

Trata-se, em última análise, de uma postura empresarial que vai além, simplesmente, do cumprimento de algumas regras. Pode ser conceituado como um conjunto de "elementos de políticas e procedimentos criados para evitar, detectar e corrigir irregularidades ocorridas no âmbito empresarial"[9].

Percebe-se, assim, que a lei aqui debatida se apresenta, de fato, como indutora de comportamento. E esse comportamento que se pretende induzir se manifesta por meio de condutas éticas no âmbito empresarial. No entanto, é ingênuo pensar que a indução de comportamentos no meio empresarial se afastaria das razões de mercado[10].

É o que se observa por meio do uso de uma política de *compliance* para reforçar a confiança dos investidores, o que, em última análise, aumenta o lucro:

---

[8] Ibid. p. 88.
[9] AYRES, Carlos Henrique da Silva. Programas de *Compliance* no âmbito da Lei nº 12.846/2013: importância e principais elementos. *Revista do Advogado*. Ano XXXIV, nº 125. 2014.
[10] "Pela junção entre economia (mercado), direito e ética, surge a transparência, requisito essencial para o *Compliance* e, por consequência, para o bom funcionamento do mercado, visto que gera confiança e cooperação, pois os atores podem prever a jogada dos demais". Ibid. p. 91.

Enfim, uma vez implantada tal política e funcionando de forma efetiva, a empresa tende a obter mais confiança dos investidores e maior credibilidade no mercado. Assim, alcançará altos níveis de cooperação interna e externa, com o consequente aumento de lucro, mas sempre de forma sustentável, trazendo benefícios à organização, a seus empregados e à sociedade.[11]

Na verdade, o avanço dessa política revela que a fragilização da reputação de uma marca ou nome de uma empresa cria uma "publicidade negativa", que seria extremamente prejudicial para a lucratividade da empresa em questão.

Um dos maiores riscos externos que o *Compliance* pretende minorar é a quebra da reputação, pois a sua perda provoca "publicidade negativa, perda de rendimento, litígios caros, redução de bases de clientes e, nos casos mais extremos, até a falência" (COIMBRA; MANZI, 2010, p. 2).
Atualmente, a reputação que se pretende resguardar não é somente a da empresa, mas também, no campo macro, a do país. Daí a iniciativa de elaboração de uma Lei Anticorrupção Empresarial, de forma a impingir uma política pública comum ao empresariado, com a pretensão de extensão de efeitos reputacionais, ou seja, benefícios para todos.[12]

Fica evidente, assim, que as legislações anticorrupção evoluíram no sentido de criar sanções que realmente atemorizem os atores envolvidos; e induzir comportamentos que realmente se prestem à consecução da finalidade de combate à corrupção no meio empresarial. Isso demonstra que essas legislações acompanham as transformações sociais.

O direito, quando dissociado da realidade que pretende regular, perde sua eficácia. Em matéria penal, então, de maneira mais sensível, percebe-se uma verdadeira aceleração das transformações, justamente para que o direito acompanhe a sociedade. É isso que será debatido no próximo capítulo.

---

[11] Ibid. p. 90.
[12] Ibid. p. 93.

3. As Velocidades do Direito Penal

A transformação do Direito Penal é um fato perceptível. Entre um recrudescimento, com amparo na legalidade estrita, ou ainda uma abordagem garantista, os autores se dividem e as legislações e modelos se modificam.

A partir da percepção dessas mudanças, surgiu a teoria das velocidades do Direito Penal, pelas mãos do professor catedrático da Universidade de Pompeu Fabra de Barcelona, o espanhol Jesús-Maria Silva Sánchez. Essa teoria demonstra a consolidação de um Direito Penal moderno. Busca-se, assim, evitar a modernização generalizada pela expansão e flexibilização dos princípios político-criminais e regras de imputação inerentes às penas privativas de liberdade[13].

Para Sánchez, uma primeira velocidade do Direito Penal seria aquela das suas manifestações típicas do período liberal, tendo a prisão como o instrumento criminal por excelência. Trata-se da essência mais simples do Direito Penal, ou seja, a aplicação de penas – privativas de liberdade – combinadas com garantias. Assim, o Direito Penal é representado pela última *ratio* do sistema, a prisão, e mantém os princípios político-criminais clássicos, as regras de imputação e os princípios processuais.

Já na segunda velocidade a representação do Direito Penal é oposta, ou seja, se dá pela não prisão. Percebe-se a flexibilização da pena de prisão, por meio do surgimento de alternativas (restrições de direitos). Ainda nessa segunda velocidade se percebe alguma mitigação de garantias penas e processuais[14].

Por fim, na terceira velocidade, mantém-se a prisão, em seu caráter clássico, mas a relativização de garantias se aprofunda, revelando a adoção do chamado Direito Penal do Inimigo. Somam-se, assim, características tanto da primeira como da segunda velocidade do Direito Penal.

Especificamente para o objeto de análise deste artigo, ainda, destacam-se as flexibilizações dos critérios de imputação e a aproximação das penas às sanções administrativas. Esses últimos fatores são preponderantes para que as sanções recaiam sobre as pessoas jurídicas[15].

---

[13] MASSON, Cléber. *Direito penal* – parte geral. Vol. 1. São Paulo: Método, 2010. p. 82.
[14] SÁNCHEZ, Jesus-Maía Silva. *La expansión del derecho penas: aspectos de la política criminal en las sociedades postindustriales*. 2. ed. Madrid: Civitas Ediciones, 2001. p. 163.
[15] "Por eso, cabría que en um Derecho penal más alejado del núcleo de lo criminal y en el que se impusieran penas más próximas a las sanciones administrativas (privativas de derechos,

Na verdade, ao se questionar sobre a existência de uma terceira velocidade do Direito Penal, Sanchéz afirma que, na seara do direito penal socioeconômico, a terceira velocidade já existe[16].

Ora, ao se adaptar à realidade que pretende regular, o direito penal impulsiona suas engrenagens para acompanhar a velocidade das transformações econômicas. No mesmo passo em que a atividade empresarial se transforma, também as condutas ilícitas nesse universo perpetradas ganham novos contornos.

Assim, o estudo da evolução da legislação anticorrupção serve para um objetivo maior: a análise da evolução do próprio direito penal. Essa análise maior demonstra uma aceleração do Direito Penal, e em matéria de legislação anticorrupção, a terceira velocidade se mostra em curso.

De fato, ao adotar o conceito de inimigo[17], a teoria de Sánchez demonstra uma pertinência fundamental com o momento atual da sociedade brasileira, em que o corrupto e o corruptor são vistos como inimigos, que devem ser enfrentados e vencidos.

Conclusão

A lei brasileira anticorrupção empresarial – Lei 12.846/2013 – demosntra, depois dessa análise, como o resultado de uma série de influências, das quais se destacam sobremaneira o FCPA americano e o *Bribery Act* britânico. Na verdade, a lei americana se consolidou como uma referência mundial na matéria, sobretudo por ter sido a primeira.

Por sua vez, a lei britânica, marcada por sua rigidez e décadas à frente da lei americana, demonstra uma evolução normativa. Regulando novos temas e trazendo novas possibilidades, o UKBA apresenta uma versão do direito anticorrupção mais acelerada, ou seja, numa velocidade compatível com os problemas que pretende regular.

---

multas, sanciones que recaem sobre personas jurídicas) se flexibilizaran los criterios de imputación y las garantias político-criminales." SÁNCHEZ, Jesus-Maía Silva. *La expansión del derecho penas: aspectos de la política criminal en las sociedades postindustriales*. 2. ed. Madrid: Civitas Ediciones, 2001. p. 159-160.
[16] Ibid. p. 163.
[17] JAKOBS, Günther. *Derecho penal del enemigo*. Madrid: Civitas, 2003. *Passin*. Conceito de inimigo se opõe ao de cidadão na obra de Jakobs. O inimigo é aquele que deve ser enfrentado. Assim, o Direito Penal se estrutura, justamente, com esse propósito: enfrentar o inimigo.

Essa afirmação – de que a evolução normativa corresponde a uma aceleração – se fez com arrimo na teoria das velocidades do Direito Penal, desenvolvida por Sánchez.

Por fim, percebe-se que a evolução normativa anticorrupção no plano nacional e estrangeiro demonstra uma mudança das velocidades do Direito Penal, até o estágio atual, em que a rigidez no combate aos atos de corrupção sinaliza que a terceira velocidade está em curso.

Referências

AYRES, Carlos Henrique da Silva. Programas de *Compliance* no âmbito da Lei nº 12.846/2013: importância e principais elementos. *Revista do Advogado*. Ano XXXIV, nº 125. 2014.

ENGLE, Eric. I Get by with a Little Help from My Friends? Understanding the U.K. Anti-Bribery Statute, by Reference to the OECD Convention and the Foreign Corrupt Practices Act. *The International Lawyer*, v. 44, n. 4 (WINTER 2010).

FONSECA, Ricardo Marcelo. *Introdução teórica à história do direito*. Curitiba: Juruá, 2012.

JAKOBS, Günther. *Derecho penal del enemigo*. Madrid: Civitas, 2003.

KEENE, Shima D. *Threat Finance*. Disconnecting the lifeline of organized crime and terrorism. England: Gower, 2012.

MASSON, Cléber. *Direito penal* – parte geral. v. 1. São Paulo: Método, 2010.

NORONHA, Edgard Magalhães. *Direito Penal*. v. 4. 13. ed. São Paulo: Saraiva, 1983.

QC Nicholls, Colin e outros. *Corruption and misuse of public Office*. New York: Oxford, 2011, p. 68-118 e 567-650.

RIBEIRO, Márcia Carla Pereira; DINIZ, Patrícia Dittrich Ferreira. Compliance e Lei Anticorrupção nas empresas. Brasília: *Revista de Informação Legislativa do Senado Federal*, a. 52, n. 205, jan/mar, 2015.

ROSE-ACKERMAN, Susan. International Anti-Corruption Policies and the U.S. National Interest. *Proceedings of the Annual Meeting* (American Society of International Law), v. 107 (Apr. 3, 2013).

SÁNCHEZ, Jesus-Maía Silva. *La expansión del derecho penal: aspectos de la política criminal en las sociedades postindustriales*. 2. ed. Madrid: Civitas Ediciones, 2001.

SILVEIRA, Renato de Mello Jorge; SAAD-DINIZ, Eduardo. *Compliance, direito penal e lei anticorrupção*. São Paulo: Saraiva, 2015.

XAVIER, Christiano Pires Guerra. *Programas de Compliance anticorrupção no contexto da Lei 12.846/13: elementos e estudo de caso*. São Paulo: FGV, 2015. Disponível em: < http://bibliotecadigital.fgv.br/dspace/handle/10438/13726>. Acesso em 11 de junho de 2019.

A Contribuição do Direito Internacional para a Prevenção e a Repressão da Corrupção

Priscilla Nascimento Silva

Introdução

A corrupção é um fenômeno antigo e evolutivo. Desde a Antiguidade ela é reprovável por ser prejudicial à administração pública. Textos bíblicos como Êxodo 23:8 e Salmos 15:5, por exemplo, já reprovavam condutas de corrupção como o suborno, revelando que tal prática já era realidade na época.

Muitos filósofos políticos ocidentais refletiram sobre o assunto ao longo dos anos. Machiavel, por exemplo, considerava as instituições originariamente satisfatórias, contudo alegava que elas eram degeneradas pelo tempo e a moral desordenada dos dirigentes das cidades.

No crime de corrupção, os criminosos utilizam posições de poder para realizar atos ilegais, em geral contra a sociedade. Assim, os Estados têm empenhado esforços no combate à corrupção devido aos prejuízos que ela causa em sua estrutura.

Com a globalização, intensificaram-se as trocas comerciais, investimentos e serviços internacionais, logo, a criminalidade corrompedora também se globalizou.

Além da legislação de repressão à corrupção, verifica-se um movimento de internacionalização no combate à corrupção por instrumentos como

Convenções e Tratados, uma vez que a sua prática ultrapassa os limites do Estado, para se configurar um fenômeno econômico mundial.

Exatamente nessa perspectiva, este trabalho apresenta as principais tipologias e definições do crime de corrupção, bem como as contribuições do direito internacional, seja ele convencional (como as Convenções da OCDE, ONU e OEA sobre o tema), como regionais e nacionais, para então refletir sobre as perspectivas e necessidades brasileiras.

1. Definições e Tipologia

1.1 Corrupção

A corrupção é um fenômeno que se explica por razões econômicas, ela importa em desvio de recursos públicos, facilitação da fraude fiscal e fuga de capitais. Possui ainda um custo sociopolítico, que é a queda ou perda da legitimidade e da credibilidade das ações do Estado.

Segundo a organização não governamental *Transparency International*, a corrupção é definida simplesmente como o "abuso do poder confiado a alguém em benefício privado".

NYE (1967) define a corrupção como um comportamento que se caracteriza pelo desvio de poderes de um agente público para finalidades privadas, quando em benefício pecuniário ou de status, incluindo os conceitos de suborno; nepotismo e apropriação indébita.

Ela pode ainda ser classificada como corrupção ativa e passiva; nacional e internacional; grande ou pequena; e pública ou privada; embora o direito penal geralmente puna de mesmo modo todas as formas da corrupção, sendo tais classificações importantes para o estudo do assunto apenas.

1.2. Corrupção Pública x Privada

A corrupção privada aponta para a conduta ilícita que pode se instalar na relação entre dois agentes privados, por exemplo, entre dois empregados de duas sociedades empresárias. Os corruptores agem em detrimento da empresa onde um destes trabalhe, ao vender, por exemplo, informações secretas, propriedade intelectual etc.

Já a corrupção pública, envolve um agente público (funcionários do Estado, personalidades políticas, eleitas ou não, a cargo de assuntos públicos) e um outro agente privado ou público. Ela ocorre em detrimento de missão recebida pelo agente público e, por isso, do interesse público.

Na esfera pública, têm-se como exemplo as compras de votos, nepotismo em nomeações e recrutamentos; venda de sentenças ou perdão judiciais; apropriações indébitas de receitas ou fraudes orçamentárias e contábeis; excesso de poder no uso de autoridade, venda de documentos, averbações, reconhecimento de firmas ou autenticações etc. Por sua vez, na esfera privada, há o crime organizado, que ameaça ou corrompe a polícia e a administração, os grandes grupos internacionais de petróleo ou outras *commodities* que negociam as suas posições ou isenções fiscais; os pequenos grupos internacionais que formam alianças com segmentos políticos, polícia administrativa ou militar em relação com suas atividades; tráfegos, jogos de azar, entre outros (GODINHO, 2011).

No direito penal brasileiro, a corrupção se enquadra, enquanto tipo penal, nos crimes contra a administração pública. Assim, as condutas praticadas pelos particulares em lesão a outros particulares são classificadas em outro tipo penal, e não como corrupção.

1.3. Grande Corrupção x Pequena Corrupção

Para o direito penal, a ofensa jurídica causada pela corrupção ocorre independentemente do montante envolvido na operação. Contudo, a grande corrupção recebe atenção especial e justifica uma penalização mais severa.

Os casos de grande corrupção são aqueles que atingem os mercados de armas e os grandes mercados de obras públicas, por exemplo. Ela parece financeiramente mais perigosa devido à grandeza dos valores envolvidos, principalmente por desviar recursos públicos para uso em discordância com o interesse público.

Por sua vez, a corrupção pequena envolve pequenos valores, é aquela que atinge o policial quandoo no controle de documentos de um veículo, ou ainda, a propina a um agente do fisco municipal, no momento de uma autuação.

1.4. Corrupção Nacional x Corrupção Internacional

Internacional é a corrupção que envolve pessoas de diversos ordenamentos jurídicos, mas também que envolve funcionários públicos nacionais dos casos em que o corrompido, ou corruptor, é um funcionário internacional, como os funcionários da ONU, OMC, UNESCO, Banco Mundial etc.

Essa diferenciação revela a evolução na percepção da corrupção, especialmente quanto aos países exportadores, que condenaram a corrupção de funcionários em seus territórios, mas toleraram a corrupção no exterior, permitindo, ainda, uma dedução fiscal dos custos dedicados à aquisição de novos mercados. Assim, apenas em 1997, com a Convenção da OCDE sobre o Combate da Corrupção de Funcionários Públicos Estrangeiros em Transações Comerciais Internacionais que esse problema foi tomado em consideração para o direito positivo. Depois disso, a multiplicação de tratados multilaterais revela que a luta contra a corrupção, em escala internacional, é cada vez mais percebida como uma necessidade (GODINHO, 2011).

1.5. Corrupção Ativa x Corrupção Passiva

A última e mais importante diferenciação jurídica consagrada nas legislações internas pelo mundo afora é a da corrupção ativa e passiva. Ela permite separar as condutas dos agentes públicos entre aqueles que aceitam uma vantagem indevida daqueles que as oferecem.

Essa diferenciação é fundamental na luta contra a corrupção, é a única tipologia que aparece nos Códigos Penais, brasileiro ou francês, e é a diferenciação que é muitas vezes encontrada também nos textos convencionais internacionais. O Código Penal Brasileiro trata de forma similar essas duas formas de corrupção. Já os artigos do Código Penal Francês apresentam penas mais longas para pessoas específicas, como no caso dos magistrados. De toda forma, em ambos os casos temos demonstrações de que a lei penal aponta uma punição mais severa para os casos de corrupção pública (GODINHO, 2011).

2. As Iniciativas Internacionas na Luta Contra a Corrupção

As normas internacionais são de extrema importância, pois além de reprimirem a corrupção, estimulam o desenvolvimento e o estabelecimento de mecanismos de prevenção e medidas de transparência nas assinaturas e nos cumprimentos de contratos e licitações. Esse é um ponto crucial para impulsionar uma verdadeira mudança cultural nessa área.

Uma das primeiras iniciativas internacionais ocorreu quando a Assembleia Geral das Nações Unidas abordou o tema da corrupção em transações comerciais internacionais, adotando a Resolução n° 3.514, de 15 de dezembro de 1975.

Em dezembro de 2000, houve uma primeira tentativa de criar uma lei de aplicação universal, feita pelas Nações Unidas, que acarretou na assinatura da Convenção contra o Crime Organizado Transnacional em Palermo, na Itália, que criminalizou a corrupção ativa e passiva. Vale citar as organizações internacionais de combate à corrupção (RAMINA, 2002, p. 9):

a) Organizações Governamentais
1 – Assembleia Geral das Nações Unidas (AG) e Conselho Econômico e Social (ECOSOC);
2 – Centro das Nações Unidas paraa Prevenção da Criminalidade Organizada;
3 – Programa das Nações Unidas para o Desenvolvimento (PNUD);
4 – Comissão das Nações Unidas para o Direito do Comércio Internacional (UNCITRAL);
5 – Banco Mundial (BIRD);
6 – Fundo Monetário Internacional (FMI);
7 – Organização Mundial do Comércio (OMC).

b) Organizações Não Governamentais
1 – Câmara Internacional do Comércio (CCI);
2 – Transparência Internacional (TI).

O Brasil é signatário ainda de acordos de cooperação jurídica em matéria penal com Estados Unidos, França, Itália, Peru, Alemanha, Paraguai, Coreia do Sul e Portugal; acordos bilaterais de extradição com Argentina, Austrália, Bélgica, Bolívia, Chile, Colômbia, Coreia do Sul, Equador, Espanha, Estados Unidos, França, Itália, Lituânia, México, Paraguai, Peru, Portugal, Suíça, Venezuela, Mercosul; e possui em nível regional um Protocolo de Assistência Jurídica Mútua em Assuntos Penais com o Mercosul a fim de fim de combater a criminalidade regional (OLIVEIRA, 2007, p. 1-14).

Serão analisadas a seguir as três convenções ratificadas pelo Brasil e em seguida as contribuições das organizações regionais.

2.1. Convenção da OCDE

A Convenção da OCDE contra a corrupção de Funcionários Públicos Estrangeiros nas Transações Comerciais Internacionais

A OCDE (Organização de Cooperação e Desenvolvimento Econômico) é uma organização internacional, com sede em Paris, que surgiu após a Segunda Guerra Mundial, com objetivo de cooperação para o desenvolvimento econômico dos países que se opunham à zona da influência soviética.

Assinada em Paris no dia 17 de dezembro de 1997, a convenção em questão representa a primeira iniciativa internacional efetiva da luta contra a corrupção. A sua contribuição principal é acordar ao direito penal interno de cada país signatário para punir empresas ou pessoas físicas que praticaram atos da corrupção no exterior (GODINHO, 2011).

Uma das primeiras iniciativas da OCDE na luta contra a corrupção ocorreu em 1976, com a edição da sua "Declaração sobre Investimento Internacional e Empresas Multinacionais". Essa declaração, sem força jurídica obrigatória, consiste em diretrizes para empresas multinacionais, por exemplo, o artigo VI: "as empresas não devem, direta ou indiretamente, oferecer, prometer, acordar ou solicitar qualquer espécie de propina ou outros benefícios, a fim de obter ou conservar mercado ou vantagem indevida".

Partiu dos Estados Unidos a iniciativa desta Convenção, embora eles desejassem, inicialmente, apenas uma declaração que indicasse a importância da luta contra a corrupção. A França, contudo, reagiu de forma hostil, seguida por muitos outros países, alegando que a OCDE não teria meios de dar efetividade aos mecanismos a serem criados, considerando a iniciativa um desperdício (GODINHO, 2011).

Os primeiros textos da OCDE consistiam em simples recomendações, tendo o primeiro, de 1994, condenado a corrupção de agentes públicos estrangeiros de forma bastante vaga.

Então, em 1996, a OCDE dedicou-se à elaboração de documento para a mitigação das práticas relativas à dedução fiscal de propinas que resultou na Recomendação sobre a Dedução Fiscal de Propinas pagas a Funcionários Públicos Estrangeiros, que foi assinada apenas no dia 21 de novembro de 1997 por trinta Estados-membros mais cinco outros (a Argentina, a Bulgária, o Brasil, o Chile e a Eslovênia) e adotada pelo conselho da Organização no dia 17 de dezembro de 1997 e promulgada no Brasil pelo Decreto nº 3.678, de 30 de novembro de 2000. Seu texto é basicamente inspirado na lei norte-americana sobre corrupção internacional, o *Foreign Corrupt Practices Act*, em vigor desde em 1977 (GODINHO, 2011).

Uma importante colaboração da Convenção OCDE para o combate à corrupção é a aplicação extraterritorial do direito, tal como determinado pelo art. 1º, (2), de seu texto, que exige dos países signatários que eles criminalizem a corrupção de agentes públicos de forma idêntica, sendo os atos praticados em seu território ou fora dele. O campo da aplicação dessa Convenção é, portanto, extremamente amplo e a penalização da corrupção torna-se mundial, o que é raro no Direito Penal Internacional (GODINHO, 2011).

Quanto aos mecanismos de monitoramento e acompanhamento previsto na convenção, estes se realizam em duas etapas: (i) exame pelos pares da adaptação da legislação nacional, o que permite assegurar que os países cumpram suas obrigações; (ii) exame da aplicação da Convenção, que implica na avaliação da realidade da implementação da Convenção. Tais mecanismos servem para dar efetividade ao cumprimento das regras da convenção.

O Brasil ratificou a Convenção sobre o Combate da Corrupção de Funcionários Públicos Estrangeiros em Transações Comerciais Internacionais em 15 de julho de 2000, promulgada pelo Decreto nº 3.678, de 30 de novembro de 2000.

Com relação à lavagem de dinheiro, a Convenção exigiu que as práticas de corrupção transnacional fossem tipificadas pelo ordenamento interno, independentemente do local da ocorrência do fato. No caso do Brasil, que adota uma legislação que reporta aos crimes antecedentes, verificou-se que a Lei nº 10.467/2002, introduziu a criminalização das práticas de corrupção transnacional na Lei nº 9.613/98 (MEYER-PFLUG; OLIVEIRA, 2009).

Quanto à responsabilização das pessoas jurídicas, a Convenção prevê no art. 2º a responsabilização das empresas que subornarem os funcionários públicos estrangeiros. Como o Brasil ainda não permite a responsabilização criminal das pessoas jurídicas, a Convenção ressalta que o Estado deve punir as empresas com sanções não criminais, incluindo sanções de natureza pecuniária.

Ainda nesse sentido, segundo recomendações da OCDE, existe a necessidade de o Brasil reformar sua legislação para que as pessoas jurídicas sejam diretamente responsabilizadas em casos de suborno a funcionários públicos estrangeiros.

Em relatório divulgado no dia 18 de dezembro de 2007, a OCDE analisou os esforços do Brasil para cumprir os termos da convenção e concluiu que o Brasil não tomou as medidas necessárias e eficazes para determinar as responsabilidades de pessoas jurídicas nos esquemas de pagamento de suborno a funcionários públicos estrangeiros e deveria criar leis para esses casos (MEYER-PFLUG; OLIVEIRA, 2009).

A entidade relatou ainda "que o atual regime estatutário sobre as obrigações de pessoas jurídicas é inconsistente e, como consequência, as empresas não são punidas no Brasil por suborno internacional"[18].

Segundo as conclusões da OCDE, o Brasil precisa ser mais proativo em detectar, investigar e processar casos de corrupção internacional e deve reforçar as medidas de combate ao suborno nos setores público e privado.

2.2 Convenção da ONU

A Convenção das Nações Unidas contra a Corrupção – Convenção de Mérida

As iniciativas contra corrupção dentro da ONU foram construídas de forma lenta. Houve uma Declaração em 1975 e, depois, apenas em 12 de dezembro de 1996 foi adotada a Resolução da Assembleia Geral das Nações Unidas sobre a corrupção.

Depois disso, somente em 09 de dezembro de 2003 realizou-se em Mérida, no México, a assinatura da Convenção da ONU sobre a Corrupção, da qual fazem parte praticamente todos os países membros da ONU. Ela entrou em vigor no dia 14 de dezembro de 2005 e foi ratificada pelo Brasil por meio do Decreto nº 5.687, de 31 de janeiro de 2006. É um texto extenso e ambicioso que aborda quase todos os aspectos da corrupção em âmbito internacional.

O texto contém setenta e um artigos divididos em seis capítulos. O primeiro capítulo trata das disposições gerais e fixa os objetivos da Convenção, conforme descritos no art. I: (a) promover e fortalecer as medidas para prevenir e combater mais eficaz e eficientemente a corrupção;

---

[18] Disponível em: <http://economia.uol.com.br/ultnot/bbc/2007/12/19/ult2283u1109.jhtm> Acesso em: 20/11/2017.

(b) promover, facilitar e apoiar a cooperação internacional e a assistência técnica na prevenção e na luta contra a corrupção, incluída a recuperação de ativos; e (c) promover a integridade, a obrigação de render contas e a devida gestão dos assuntos e dos bens públicos.

O segundo capítulo enumera as práticas preventivas necessárias para uma luta eficiente contra a corrupção. Destaca-se a exigência de se adotar um sistema legislativo e de regulação para garantir a transparência e a equidade, que são os procedimentos da assinatura de contratos ou no acesso à função pública.

Já o capítulo seguinte aborda os aspectos repressivos da luta contra corrupção, abordando aspectos das condições de penalização, detenção e supressão de práticas da corrupção, obrigando os Estados a estabelecer um regime da responsabilidade criminal das pessoas jurídicas implicadas nos casos de corrupção.

Diferentemente da convenção da OCDE, a Convenção de Mérida cobre um campo de aplicação mais extenso. Ela engloba em seus objetivos a prevenção e a repressão das corrupções nas modalidades ativa e passiva, relativa a funcionários públicos nacionais, estrangeiros ou organizações internacionais. Ela representa um progresso em comparação à Convenção da OCDE pela criação de mecanismos de repressão sobre empresas e administrações (GODINHO, 2011).

O quarto capítulo propõe cooperação internacional, pelas obrigações da ajuda mútua entre Estados em matéria criminal, trazendo exigências de extradição, cooperação judiciária e de investigação.

O capítulo cinco trata da recuperação de ativos, estabelece, pela primeira vez, mecanismos legais para o repatriamento de bens e recursos obtidos por meio de atos corruptos e remetidos para outros países, enquanto o sexto é consagrado aos mecanismos de assistência técnica e troca de informações. Apesar disso, não há nenhum mecanismo real de monitoramento ou de controle da transposição e de respeito a obrigações decorrentes da Convenção, há muitas lacunas, especialmente quanto à sua eficácia, devido à falta de mecanismos de monitoramento (MEYER-PFLUG; OLIVEIRA, 2009).

Por fim, vale lembrar que o enriquecimento ilícito, previsto no texto da Convenção da ONU e da OEA, ainda não foi disciplinado (criminalizado) no ordenamento brasileiro.

2.3 Convenção da OEA

A Convenção Interamericana contra a Corrupção e a contribuição das organizações regionais

Tanto a Organização dos Estados Americanos (OEA) quanto a União Europeia (UE) empenharam esforços na luta contra a corrupção. A Convenção Interamericana contra a Corrupção (Convenção OEA) representa o primeiro instrumento internacional a tratar do tema da corrupção transnacional e constitui o exemplo pioneiro de ação jurídica regional entre os países desenvolvidos.

A Convenção prevê a implementação de mecanismos anticorrupção, incluindo a assistência recíproca nas áreas jurídica e técnica, cooperação para a extradição, sequestro de bens e assistência legal e técnica recíproca quando atos de corrupção ocorram ou produzam efeitos em uma das partes. A Convenção requer, ainda, que as partes procedam à criminalização dos atos de corrupção de funcionários públicos estrangeiros, contendo "medidas preventivas" para a corrupção, incluindo sistemas de compras governamentais comprometidos com o trinômio publicidade, equidade e eficiência (GODINHO, 2011).

A Convenção da OEA também tem aplicação mais ampla que a da OCDE, pois, diferentemente desta, que é voltada aos Estados desenvolvidos e aborda apenas corrupção ativa, ela trata das corrupções ativa e passiva. Quanto à definição de corrupção, o texto interamericano desconsidera o fato de o dano causado acarretar prejuízo ao Erário ou não, tampouco quais sejam os motivos de sua prática, se políticos ou de outra natureza. Além disso, prevê a penalização de todos os coautores, cúmplices e envolvidos, apontando, ainda a existência de um crime de enriquecimento ilícito, igualado a um ato de corrupção (GODINHO, 2011).

A Europa (tanto o Conselho da Europa como a União Europeia) também elaborou normas específicas para o combate à corrupção. O Conselho da Europa é uma organização com sede em Estrasburgo, cuja missão principal é a de defender os direitos humanos e a democracia parlamentar e assegurar a primazia do Estado de Direito, além de estabelecer acordos em escala continental para harmonizar as práticas sociais e jurídicas dos Estados-membros.

Em 1994, durante a 19ª Conferência de Ministros Europeus de Justiça, o Conselho decidiu criar um Grupo Multidisciplinar sobre a Corrupção (GMC), responsável por determinar as medidas que poderiam ser incluídas em um plano de ação internacional contra a corrupção. O trabalho desse grupo levou ao estabelecimento de vinte princípios diretivos da luta contra a corrupção em 1997, uma Convenção Criminal adotada em novembro de 1998 e em uma Convenção Civil adotada em 1999 (GODINHO, 2011).

A Convenção Criminal considera como corrupção um amplo espectro de condutas, determinando aos Estados a necessidade de estabelecimento de sanções e medidas eficientes e dissuasivas, bem como a possibilidade de extradição. Ela inclui a penalização da corrupção no setor privado, ampliando a noção de funcionários públicos, que se estende aos agentes públicos nacionais e estrangeiros.

A Convenção Civil, por sua vez, é o único texto internacional que trata dos aspectos cíveis da corrupção, permitindo a reparação de perdas e danos causados pela obtenção de vantagem indevida. Além disso, o Conselho da Europa prevê um processo da vigilância mútua com a criação do Grupo Estatal contra a Corrupção (GRECO). Esse grupo de 37 Estados-embros é responsável por cuidar do respeito às disposições das Convenções. Os países membros do GRECO são aqueles que participam no processo da avaliação mútua e que aceitam se submeter a tal avaliação.

Os objetivos dessa convenção são aplicar uma política de tolerância zero à corrupção nas instituições europeias, apurando e processando rigorosamente as pessoas ou organizações que tentam adquirir ou adquirem ilegalmente fundos comunitários.

Para atingir tais objetivos, ela dispõe de vários instrumentos. O primeiro deles é o Protocolo na Convenção sobre a Proteção dos Interesses Financeiros das Comunidades Europeias, adotado no dia 27 de setembro de 1996. Esse protocolo criminaliza a corrupção passiva e ativa dos funcionários do Estado (tanto nacionais como os europeus), que prejudicam os interesses financeiros da União Europeia.

Além disso, a UE adotou um segundo instrumento com a Convenção que se relaciona com a luta contra a corrupção dos funcionários das Comunidades Europeias ou dos funcionários dos Estados-membros da UE, em 26 de maio de 1997. Tal texto inova por tornar fato típico qualquer corrupção, mesmo que não haja impacto financeiro negativo para a UE. Ele determina a responsabilidade criminal dos administradores de empresas e contém disposições sobre jurisdição, extradição e cooperação internacional.

Em 19 de junho de 1997, um segundo protocolo à Convenção sobre a Proteção de Interesses Financeiros foi adotado. Esse protocolo contém disposições que criminalizam a lavagem do dinheiro advinda da corrupção. A demissão coletiva do Comitê em 1999, suspeito de corrupção, chamou a atenção para a necessidade de se lutar contra essas práticas dentro das próprias instituições da UE. Assim, um Organismo de Luta Antifraude (OLAF) foi criado (GODINHO, 2011).

No Brasil, a convenção foi ratificada pelo decreto legislativo nº 152/2002 e promulgada pelo Decreto nº 4.410/2002.

Conclusão

O Direito Internacional contribui de forma importante para a consolidação da luta contra a corrupção. Os instrumentos legais adotados no âmbito da OCDE, ONU e Organizações Regionais demonstram que existe uma preocupação e reconhecimento internacional com os prejuízos causados pela corrupção para as sociedades.

Contudo, os instrumentos jurídicos internacionais, por si só, não possuem força vinculante, tampouco eficácia direta dentro dos países, pois dependem da internação da norma à legislação pátria, para que os dispositivos de um tratado sejam aplicados ao ordenamento jurídico nacional. Dessa forma, as convenções internacionais isoladamente não possuem caráter obrigatório e suas disposições enfrentam a dificuldade de controle de sua aplicabilidade.

Por fim, no âmbito prático, verifica-se que o Brasil precisa seguir as recomendações da ONU e da OCDE penalizando pessoas jurídicas e criminalizando o enriquecimento ilícito, contudo mais importante e efetivo é o estabelecimento de mecanismos de transparência e prevenção. Somente a adoção de tais medidas poderá impulsionar uma verdadeira mudança cultural.

Referências

DOWNS, George W. e Michael A. Jones. Reputation, compliance, and international law. *Journal Legal Studies*, v. 31, p. 95-113.

GODINHO, Thiago José Zanini. Contribuições do Direito Internacional ao combate à corrupção. Belo Horizonte, *Revista da Faculdade de Direito da UFMG*, n. 58, p. 347-386, jan./jun. 2011.

GONZALEZ, Joaquín. *Corrupción y Justicia Democrática*. Clamores. Madrid. 2000, p. 48-90.

LEFORT. A. *Le travail de Poeuvre, Machiavel*. Gallimard, Paris, 1972.

MEYER-PFLUG, Samantha; OLIVEIRA, Vitor Tavares. *O Brasil e o combate internacional à corrupção*. Brasília, *Revista de Informação Legislativa do Senado Federal*, a. 46, n. 181, jan/mar, 2009.

NYE, J. Corruption and Political Development: A Cost-Benefit Analysis, *American Political Science Review*, v. 61, n° 2, June 1967.

OLIVEIRA, Vitor Eduardo Tavares; OLIVEIRA, Ana Carolina Borges. Internacionalização do direito e o combate à corrupção. *Revista Jurídica Virtual*. v. 9. Presidência da República, 2007.

POPE, J. *The Elements of a National Integrity System*. Transparency International source book, 2000.

RAMINA, Larissa L. O. *Ação internacional contra a corrupção*. Curitiba: Juruá, 2002.

Justiça Criminal Negocial: Uma Análise do Regime Jurídico da Colaboração de Investigados no Brasil – Acordos de Colaboração Premiada e de Leniência

Eduardo Tambelini Brasileiro

Fábio Ramazzini Bechara

Introdução

Embora a questão da justiça criminal negocial não seja um tema novo, no Brasil vê-se o crescimento da utilização de diferentes formas de "negociação" na justiça criminal, como instrumento apto a suprir as deficiências estatais e otimizar os resultados do processo criminal.

É inegável que o Poder Judiciário, com o aumento significativo das ações penais e o alto custo das investigações, não detém a estrutura de resposta adequada para dar uma resposta efetiva às demandas. A morosidade processual, somada à insuficiente capacidade investigativa comprometem a confiança e a credibilidade no sistema de justiça.

Os compromissos internacionais que o Brasil tem assumido nas últimas décadas, seja no âmbito das Nações Unidas, Organização dos Estados Americanos, Organização para o Comércio e Desenvolvimento Econômico, dentre outros, incentivam a adoção de métodos alternativos para solução de conflitos, baseados no consenso, como forma de superar as barreiras e entraves que caracterizam o sistema de justiça convencional.

No Brasil, essa tendência está instrumentalizada nos institutos do acordo de leniência no âmbito do direito concorrencial e na legislação anti-corrupção, e a colaboração premiada, regulamentada pela Lei nº 12850/2013.

Muito embora sejam feitas referências à relação do modelo de acordo brasileiro ao modelo italiano, na realidade o que se constata é uma maior proximidade com o modelo americano do *plea bargaining*, seja quando os acordos se processam dentro do sistema de justiça criminal ou no âmbito administrativo.

Evidente que não se trata de uma simples tradução de um instituto para ser aplicado em outro sistema jurídico, na medida em que, no modelo brasileiro o benefício está sempre associado à admissão de culpa e ao fornecimento de outros meios de prova. Tanto o acordo de colaboração premiada como o acordo de leniência cumprem função dúplice: resolver o conflito e auxiliar a formação da prova, diferentemente do modelo americano em que o acordo substitui o risco de sofrer uma pena maior.

Nos acordos de leniência e colaboração premiada há uma troca da confissão e indicação de terceiros envolvidos com a prática de atos delitivos, ou, por atingir resultados expressamente previstos em lei por meio da colaboração, permite um abrandamento ou extinção da sanção em que incorreria o delator, em virtude de haver também participado na conduta ilegal denunciada, após o devido processo penal.

Essas características e diferenças com o sistema norte-americano serão melhor aprofundadas adiante, oportunidade em que serão exploradas, ainda, as previsões legais do direito brasileiro acerca do acordo de colaboração premiada e de leniência, em especial a Lei nº 12.529/11 que trata da prevenção e repressão às infrações contra a ordem econômica e que prevê a possibilidade do acordo de leniência abrangendo todas as esferas de responsabilização (administrativo, civil e penal); a Lei nº 12.846/13 regulamentada pelo Decreto nº 8.420/15 que trata da responsabilização objetiva na esfera administrativa e civil de pessoas jurídicas pela prática de atos contra a administração pública, prevendo e regulamentando o acordo de leniência; e, por fim, a Lei nº 12.850/13 que estabeleceu o conceito de organização criminosa e dispôs sobre a investigação criminal e os meios de obtenção da prova, em destaque, o acordo de colaboração premiada e sua regulamentação.

Embora o Brasil já tenha evoluído no emprego da justiça negocial e tenha obtido resultados satisfatórios, conforme será demonstrado neste artigo, existem ainda alguns aspectos que carecem de aperfeiçoamento, seja em virtude das adaptações necessárias no processo de tradução da *plea bargaining*, seja em virtude do amadurecimento natural das formas negociais na justiça criminal, sob pena de incorrer em violação aos direitos fundamentais dos investigados e desestimular a sua utilização.

1. A *Plea Bargaining* no Direito Norte-Americano

O sistema processual penal norte-americano é de origem adversarial, típico dos países da *common law*, marcado pela predominância das partes na condução paritária do processo e na produção das provas. O juiz fica na condição de espectador com cognição restrita à atividade das partes, cabendo a estas a produção e escolha das provas que serão apresentadas no processo, conforme relevância. As partes se enfrentam, em tese, em igualdade de condições diante de um tribunal composto por um banco de jurados sob a presidência do juiz, cabendo a este manter a ordem, analisar os incidentes e, se couber, fixar uma pena.

Tais características são diametralmente opostas ao sistema processual penal brasileiro, de origem inquisitorial, própria dos países de tradição *civil law*, onde o papel dominante na análise das provas e condução do processo é do juiz, representante do Estado, que possui o dever, mediante impulso oficial, de busca da verdade, não se limitando às provas trazidas pelas partes.

NARDELLI (2014, p. 337-338) ao estudar as diferenças entre os sistemas adversarial e inquisitorial afirma que:

> O sistema inquisitorial apresenta um grande apego à busca da verdade, o que não deixa de ser uma inevitável herança da inquisição canônica. Diante desse fim, ganha relevância o protagonismo do juiz na colheita do material probatório, uma vez que se tem como premissa que a verdade é de domínio público, deve ser buscada pelo juiz, não podendo os fatos serem relegados ao arbítrio das partes. O impulso oficial é a base do sistema inquisitório. O sistema adversarial, a seu turno, tem as partes como protagonistas, cabendo a elas a escolha do material probatório que será levado ao processo dentro dos critérios de relevância. (...) A essência da distinção entre os dois sistemas se situa, principalmente, na gestão da prova. Enquanto no sistema inquisitorial o papel dominante é desempenhado pelo juiz,

no adversarial são as partes as protagonistas. Neste último, o juiz é um mero espectador passivo das provas produzidas pelas partes, que preparam seus casos, decidem quais provas serão levadas ao juízo e em qual ordem, além de inquiri-las segundo seus propósitos. Se ambas as partes concordam em desistir de ouvir uma testemunha, normalmente a Corte não interfere. Por outro lado, no sistema inquisitorial o juiz chama as testemunhas e as inquire, enquanto as partes desempenham um papel subsidiário.

Nesse contexto é que se insere o instituto do *plea bargaining* norte americano, em que as partes – acusador de um lado e de outro, o acusado e seu defensor, em "igualdade de condições" –, poderão negociar um acordo em que, mediante uma declaração formal do acusado (*guilty plea*), este poderá obter vantagens com a aplicação de pena mais branda (*sentence bargaining*) ou terá a possibilidade de negociar acerca da imputação, trocando uma acusação maior por uma menor (*charge bargaining*).

Essa suposta "igualdade de condições" no processo negocial, todavia, na verdade é apenas formal, uma vez que após a fase inicial de investigação realizada pela polícia e pela promotoria de justiça, o promotor com todas as provas em mãos, formula as acusações, às vezes propondo até a prisão perpétua, momento em que o acusado irá avaliar, de acordo com as provas que ele próprio possui, se terá condições de sozinho enfrentar as acusações. Nesse ponto, observa-se uma total desigualdade das partes, e mais, a possibilidade enorme da condenação de inocentes que se dizem serem culpados em razão do medo da condenação ou perante a impossibilidade de arcarem com os custos do processo, já que todas as provas de defesa deverão ser produzidas pelos acusados.

Outros fatos que também desfavorecem a condição de igualdade do acusado: a ausência do interesse do juiz no processo diante do excesso de processos, a discricionariedade do Ministério Público[1] na acusação e produção de provas, a complexidade do Tribunal do júri, o interesse dos advogados nos acordos pela rapidez nos honorários, a possibilidade de obter penas mais brandas e a previsibilidade do resultado do processo, já que *a*

---

[1] "Dentre os abusos praticados pelo MP destacam-se a *overcharging* (o MP se vale da sua posição privilegiada para imputar mais crimes do que as provas permitem), a *overrecomendation* (o MP ameaça com pena maior que a recomendada pelos critérios de justiça) e a *bluffing* (o MP afirma mentirosamente ter mais provas do que realmente possui)" (GOMES; SILVA, 2015, p. 165).

plea bargaining põe fim ao processo. A mera declaração de culpa do acusado põe fim à busca pela verdade e à produção de provas, sendo suficiente para a aplicação da pena pelo juiz, observada a *plea bargaining*.

Considerando todos esses fatores, não é correto dizer que o acusado, ao firmar a *plea bargainig*, está em condições paritárias com a promotoria, ao contrário, está acuado e pressionado a assumir a culpa em troca de vantagens significativas.

Prova disso, é o elevado número de acordos e declarações de culpa proferidas, em que mais de 90% dos processos são resolvidos mediante acordo.[2] Especula-se, inclusive, que se porventura os acusados mudassem de conduta e resolvessem encarar os processos (*trial*), as cortes americanas não teriam estrutura adequada para conduzi-los.

Esse elevado percentual de acordos e de solução das demandas processuais, faz com que o instituto do *plea bargaining* ganhe notoriedade e destaque, já que se mostra extremante eficaz diante dos resultados obtidos (eficiência, celeridade, redução de custos e resultados efetivos). Por outro lado, abre espaço para a crítica no sentido de que possui uma racionalidade meramente utilitarista, em que os resultados e eficiência se colocam acima dos direitos fundamentais dos acusados (resultado a qualquer custo)[3], dentre eles, destacam-se a presunção da inocência, as garantias processuais individuais do acusado e o devido processo legal, entendendo ser o processo penal imprescindível à aplicação do Direito Penal.

---

[2] "Não nos esqueçamos da realidade que se vê no direito americano em matéria de consenso, decorrente do *plea bargaining*, com a expansão do Direito Penal (mais de 90% dos processos são resolvidos por acordos entre acusação e defesa, o que permite aumentar o estado penal, como se vê no número de presos, com quase 2,2 milhões de presos), coação e condenação de inocentes (há inocentes que se dizem culpados em razão do medo, das pressões ou para não gastar com processos), desigualdade das partes (imagine negociar um acordo no qual o outro lhe propõe prisão perpétua), morte do processo e violação do devido processo (o direito ao processo vira um luxo para os ricos e para os valentes, com todos os riscos inerentes)" (WEDY, 2016, p. 220)

[3] "Isso implica abrir mão da racionalidade baseada em princípios e lançar mão de uma racionalidade utilitária. Valendo-nos das palavras de Castanheira Neves, trata-se da conversão do direito em "técnica de gestão que visa promover o desenvolvimento econômico e social óptimo da cidade", tudo embasado na "ideologia tecnocrática" e na sua "legitimação pela performance ou a eficiência: uma coisa é boa se ela se mostra adequada ao fim prosseguido e este fim é ele próprio desejável se produz resultados que satisfaçam uma finalidade mais geral" (WEDY, 2016, p. 220-221)

Nesse contexto, é que se faz importante analisar a forma como o instituto da *plea bargaining* foi traduzido para o direito brasileiro (acordos de colaboração e leniência), em especial, a sua compatibilidade com os princípios da Constituição Federal de 1988.

2. A Tradução do *Plea Bargaining* no Direito Brasileiro

É inegável que a utilização da *plea bargaining* no sistema norte-americano é extremamente eficiente, diante do alto índice de soluções nos acordos (mais de 90%), no entanto, diante das diferenças do sistema jurídico adotado no Brasil, a sua tradução deve ser feita observando os princípios e regramentos nacionais, em especial, em estrita observância à Constituição Federal Brasileira.

No sistema processual penal brasileiro, cuja base constitucional revela tendência acusatória predominantemente, são assegurados aos acusados o devido processo legal, com o exercício pleno do contraditório, a ampla defesa e a presunção de inocência, como condição válida à imposição posterior de uma pena.

Diferentemente do sistema norte-americano, em que a negociação entre acusador e acusado é mais ampla e a declaração de culpa é admitida por si só como forma de extinção do processo na busca pela verdade dos fatos e como condição para aplicação imediata da pena, o modelo de justiça negocial adotado no Brasil, ao contrário, é mais restrito, pois a negociação entre o Ministério Público e o acusado, mediante a confissão dos crimes praticados, não basta por si só para a aplicação da pena, pois esta somente pode ser aplicada após um procedimento em que todos os requisitos legais tenham sido observados, tendo a confissão valor de elemento de prova, carecendo do devido processo penal para a sua validação.

Assim, é correto afirmar que o modelo de justiça negocial introduzido no Brasil se aproxima da lógica do *plea bargaining*, mas não pode ser com ele confundido, até mesmo por conta das restrições da própria estrutura do direito brasileiro.

Essa lógica de negociação, por sua vez, pode ser vista nos acordos de colaboração premiada e de leniência previstos no ordenamento jurídico brasileiro. Para fins de recorte metodológico, este artigo partiu da análise normativa tão somente dos seguintes instrumentos: Lei nº 12.529/11 (arts. 86 e 87 – acordo de leniência referente às infrações contra a ordem econômica); Lei nº 12.846/13 (arts. 16 e 17) e o Decreto nº 8.420/15 que a regulamenta (arts. 28 a 42) (acordo de leniência referente à prática de atos contra a administração pública); e, por fim, a Lei nº 12.850/13 (arts. 3º ao 7º – acordo de colaboração premiada referente às infrações penais praticadas por organização criminosa).

Embora os acordos de colaboração premiada e de leniência tenham se diferenciado do *plea bargaining*, com poucas semelhanças, a adoção das formas de consenso suscita, ainda, inúmeras reflexões, debates e até mesmo críticas, dividindo a doutrina quanto à admissibilidade ou não dos acordos de colaboração e leniência no ordenamento jurídico brasileiro.[4]

Dentre as críticas, está a renúncia ao direito da presunção de inocência, a dispensa das garantias processuais individuais do acusado e do devido processo legal, a disparidade no tratamento entre acusados, o incentivo oficial à quebra de confiança, deslealdade e traição como método de investigação e obtenção de provas.[5]

No entanto, tais críticas não descredenciam juridicamente a utilização dos institutos da colaboração premiada e leniência, pois o direito à presunção de inocência deve ser modulado em atenção a outras garantias e direitos, sem que isso represente uma violação aos direitos fundamentais.

---

[4] Essa divisão dos entendimentos doutrinários foi sintetizada por GOMES; SILVA (2015, p. 170), da seguinte forma: "A doutrina é dividida no que tange à admissibilidade ou não da colaboração premiada no ordenamento jurídico brasileiro. Em sentido crítico encontram-se Alberto Silva Franco (2007, p.343) , Eugenio Raúl Zaffaroni (1996, p. 45), Juarez Cirino dos Santos (1994, p. 214- 224), Silva Barona Vilar (1996, p. 85-106), Luiz Racovski (2011, p. 36), Gustavo H. R. I. Badaró e Magalhães Gomes Filho (2013, p. 36 citado por CUNHA; PINTO, 2013, p. 36) e Rômulo de Andrade Moreira (2014, p. 46). Favoravelmente opinam Carlos Fernando dos Santos (citado por FERRO, 2014, p. 93), José Paulo Baltazar Júnior (2014, p. 1290-1291), Renato Brasileiro de Lima (2014, 515516), Roberto Delmanto et alii (DELMANTO; DELMANTO JÚNIOR; DELMANTO, 2014, p. 1031), Rogério Sanches Cunha e Ronaldo Batista Pinto (2013, p. 36-39) e Guilherme de Souza Nucci (2012, p. 602-603)."

[5] "Um instrumento capaz de alcançar a Justiça. Mas, sempre é dever perguntar, a que preço? Um preço que, para nós, pode perverter uma sadia relação processual que deve ser equilibrada. Um preço que instaura, oficialmente, a quebra de confiança, a deslealdade, a traição, como método de investigação de Estado e de obtenção de provas. Um preço que sinaliza, para os cidadãos, que a gravidade do delito se pode minorar pela delação, por "acordos com as autoridades". Ou seja, pode-se delinquir, pois, se forem pegos ou considerados suspeitos, terão sempre a possibilidade de "negociar" com as autoridades reduções ou isenções de pena. Para nós, não há dúvida de que esse instrumental poderá instaurar uma metódica potencialmente corruptora e instigadora da prática delitiva, ao contrário daqueles que observam na delação uma forma redutora de delitos." (WEDY, 2016, p.226-227)

E mais, a confissão na justiça criminal negocial, que deve ser espontânea, preservando a autonomia da vontade, não possibilita a aplicação imediata da pena, mas carece de outras provas e do devido processo penal para a sua validade e utilidade. A confissão por si só, se não acompanhada de outras provas, não passará de meros indícios, sem a possibilidade de legitimar a aplicação da pena. Outro ponto relevante é que os acordos somente serão válidos após a competente homologação do juiz, que deverá auferir se todos os direitos e as garantias constitucionais estão preservados. Exige-se juridicidade e legalidade, o que impede de dizer que os acordos de colaboração e leniência violam direitos constitucionais.[6]

Tanto é que, mesmo sem consenso doutrinário, é crescente o número de acordos de leniência e colaboração premiada celebrados no Brasil, em especial, no combate à corrupção e às organizações criminosas que, por sua vez, têm sido uma preocupação tanto nacional quanto internacional.

Além de inúmeras investigações que têm se utilizado do regime de colaboração, a título exemplificativo, destaca-se o "caso Lava Jato", consistente num conjunto de investigações realizados pela Polícia Federal do Brasil, que cumpriu mais de mil mandados de busca e apreensão, de prisão temporária, de prisão preventiva e de condução coercitiva, visando apurar crimes de corrupção ativa e passiva, gestão fraudulenta, lavagem de dinheiro, organização criminosa, obstrução da justiça, operação fraudulenta de câmbio e recebimento de vantagem indevida, envolvendo membros administrativos da empresa estatal petrolífera Petrobras, políticos dos maiores partidos do Brasil, incluindo presidentes da República, presidentes da Câmara dos Deputados e do Senado Federal e governadores de estados, além de empresários de grandes empresas brasileiras. A operação teve início em março/2014, sendo que desde o seu início inúmeros acordos de leniência e colaboração premiada foram homologados. E mais: tais acordos possibilitaram o desmantelamento de organizações criminosas e o deslindo de crimes que, sem a colaboração dos próprios acusados, dificilmente teriam sido descobertos na proporção alcançada, diante das limitações do próprio poder investigativo estatal.

---

[6] "O juiz deve funcionar como o semáforo do sistema: se der luz verde para arbitrariedades ou se ele mesmo é o responsável por elas, violado resulta o Estado de Direito; se usar a luz vermelha para as arbitrariedades estará convalidando o instituto da colaboração dentro dos contornos do Estado democrático de Direito (restando, nesse caso, apenas a discussão sobre a eticidade do instituto)."(GOMES; SILVA, 2015, p. 171)

Acerca da falência da capacidade investigativa do Estado destaca Branco (2008, p. 143):

À medida que se agrava a falência da capacidade investigativa do Estado e, proporcionalmente, cresce a sensação de impunidade, procuram-se soluções que possam trazer, na prática, resultados imediatos, preferencialmente publicistas e panfletários, capazes de apaziguar as angústias sociais. Pouco ou nada importam as questões éticas, vistas apenas como pequenos obstáculos a serem transpostos em busca do objetivo maior, consubstanciado na rápida prestação jurisdicional, seja ela qual for.

Nesse sentido, é inegável que o regime de colaboração trouxe inúmeros benefícios, na medida em que favorece a elucidação dos crimes já praticados, suprindo a carência do Estado em relação à capacidade investigativa, bem como contribui significativamente para reprimir a prática de novos crimes. Mas, por outro lado, diante da crescente utilização dos instrumentos de colaboração, torna-se relevante aperfeiçoar o seu regime jurídico, com o objetivo de gerar maior segurança jurídica nos acordos celebrados e, com isso, atrair um número ainda maior de colaboradores, com a celebração de acordos de colaboração bem formulados, tendo como consequência a prevenção e repressão de crimes de forma mais efetiva, com menores custos e maior celeridade. É necessário dar maior segurança jurídica na utilização desse sistema negocial para que, com o passar do tempo, não possam acarretar, ao invés de benefícios, problemas jurídicos, podendo desestimular a sua utilização, prejudicando assim a apuração e prevenção de crimes.

2.1. Acordo de Colaboração Premiada

A Lei nº 12.850/13, que define a organização criminosa, veio substituir a Lei nº 9034/95, representando uma evolução normativa significativa pois, além de prever aspectos do direito material penal, trouxe, ainda, o aspecto procedimental. Dentre essas inovações, destaca-se a regulamentação do instituto da colaboração premiada, que já havia sido previsto no ordenamento jurídico brasileiro em leis diversas (tais como, Lei nº 8.072/90, Lei nº 7.492/86, Lei nº 8.137/90, Lei nº 11.343/06, Lei nº 9.613/98, Lei nº 9.807/99), no entanto, a legislação que o previu era imprecisa e não cuidava a contento dos aspectos procedimentais do referido instrumento jurídico, realidade esta que se alterou significativamente com a publicação da Lei nº 12.850/13.

A despeito da referida Lei possuir também algumas imperfeições e imprecisões, fato é que houve uma evolução expressiva no tratamento da colaboração premiada, podendo, inclusive, a Lei nº 12.850/13 ser tomada como uma lei geral em relação à colaboração premiada, muito embora esteja relacionada com o crime de organização criminosa[7].

A colaboração premiada, por sua vez, consiste em um acordo entre o titular da ação penal pública – Ministério Público – e o autor do crime, ou, nos autos do inquérito policial, entre o delegado de polícia, com a manifestação do Ministério Público, e o autor do crime, cabendo a este colaborar, efetivamente e voluntariamente, com a investigação e com o processo criminal, identificando as infrações penais cometidas e os demais

---

[7] Acerca da Lei nº 12.850/13 ser considerada lei geral que regula o instituto da colaboração premiada, MENDONÇA (2017, p. 6-7) afirma que a colaboração pode ser aplicada para qualquer tipo penal, embasando, inclusive, o seu entendimento conforme a jurisprudência do STJ, assim ementada: PENAL E PROCESSO PENAL. RECURSO ESPECIAL DO PRIMEIRO RECORRENTE (ÂNGELO). DIVERGÊNCIA JURISPRUDENCIAL. DOSIMETRIA DA PENA. REEXAME FÁTICO-PROBATÓRIO. IMPOSSIBILIDADE. SÚMULA 7/STJ. ROUBO MAJORADO. EMPREGO DE ARMA DE FOGO. APREENSÃO E PERÍCIA. DESNECESSIDADE. UTILIZAÇÃO DE OUTROS MEIOS DE PROVA. ERESP 961.863/RS. RECURSO ESPECIAL NÃO CONHECIDO. 1. Cabe ao aplicador da lei, em instância ordinária, fazer um cotejo fático e probatório a fim de analisar a adequada pena-base a ser aplicada ao réu. Incidência do enunciado de Súmula nº 7 do Superior Tribunal de Justiça. 2. Firmou-se nesta Corte, a partir do julgamento dos Embargos de Divergência nº 961.863/RS, a compreensão de que é prescindível a apreensão e perícia da arma de fogo para a aplicação da causa de aumento pelo emprego desta, desde que comprovada sua utilização por outros meios de prova. 3. Recurso especial não conhecido. RECURSO ESPECIAL DO SEGUNDO RECORRENTE (CRISTIANO). CÂMARA FORMADA MAJORITARIAMENTE POR JUÍZES DE PRIMEIRO GRAU CONVOCADOS. VIOLAÇÃO AO PRINCÍPIO DO JUIZ NATURAL. INOCORRÊNCIA. REPERCUSSÃO GERAL. RE Nº 597.133/RS. DISSÍDIO JURISPRUDENCIAL. VIOLAÇÃO AOS ARTS. 13 E 14 DA LEI 9.807/99. OCORRÊNCIA. BENEFÍCIOS DA DELAÇÃO PREMIADA. AUSÊNCIA DE RESTRIÇÃO PELO TIPO DE DELITO. RECURSO ESPECIAL A QUE SE DÁ PARCIAL PROVIMENTO. 1. Não há se falar em nulidade em virtude do julgamento colegiado ter sido proferido por juízes convocados, haja vista o Supremo Tribunal Federal ter decidido, sob o regime de repercussão geral, que não viola o postulado constitucional do juiz natural o julgamento de recurso por órgãos fracionários de tribunais compostos majoritariamente por juízes convocados. 2. A Lei 9.807/99 (Lei de Proteção a Vítimas e Testemunhas), que trata da delação premiada, não traz qualquer restrição relativa à sua aplicação apenas a determinados delitos. 3. Recurso especial a que se dá parcial provimento, para determinar o retorno dos autos à origem, para que seja analisado o preenchimento dos requisitos legais para aplicação dos benefícios da delação premiada. (Resp 1109485/DF, Rel. Ministra MARIA THEREZA DE ASSIS MOURA, SEXTA TURMA, julgado em 12/04/2012, DJe 25/04/2012).

coautores e partícipes da organização criminosa, revelar a estrutura hierárquica e divisão de tarefas da organização, prevenir novas infrações, recuperar totalmente ou parcialmente o produto do crime ou localizar eventual vítima com a integridade física preservada, resultados esses em troca de um "prêmio" previsto em lei (perdão judicial, redução da pena e progressão especial de regime).[8]

Já o conteúdo desse acordo, deve ser transcrito em um termo de acordo firmado pelo colaborador e seu advogado, devendo conter, obrigatoriamente, os seguintes elementos (art. 6º, da Lei 12.850/13):

I   o relato da colaboração e seus possíveis resultados;
II as condições da proposta do Ministério Público ou do delegado de polícia;
III a declaração de aceitação do colaborador e de seu defensor;
IV as assinaturas do representante do Ministério Público ou do delegado de polícia, do colaborador e de seu defensor;
V   a especificação das medidas de proteção ao colaborador e à sua família, quando necessário.

A estruturação do conteúdo do acordo e sua dimensão é de suma importância, pois é a partir dele que as premissas para a aferição do seu efetivo cumprimento ou descumprimento pelas partes são estabelecidas.

Com relação às consequências jurídicas do eventual descumprimento do acordo de colaboração, a Lei nº 12.850/13 foi silente, dando indícios de que as referidas consequências serão acordadas pelas partes.

Nesse contexto de ausência normativa, surgem algumas indagações pendentes de respostas, quais sejam: com a rescisão do referido acordo, o colaborador perderá por completo todos os benefícios alcançados ou pode ser mantido algum benefício? É possível o aproveitamento e a utilização das provas obtidas contra o colaborador, coautores e partícipes? Pode ser celebrado novo acordo de colaboração premiada após a rescisão de acordo anterior?

---

[8] Cf. art. 4º da Lei nº 12.840/13.

Sendo o acordo fruto do instituto da barganha no processo penal[9], poder-se-ia afirmar que, inexistindo disposição legal acerca das consequências em caso do descumprimento, os parâmetros seriam livremente pactuados entre as partes, desde que não contrariasse disposições legais diversas e observasse os princípios do direito. Assim, as consequências para o descumprimento seriam determinadas a cada acordo, inexistindo, portanto, a vedação para a manutenção de determinados benefícios, ainda que em caso de descumprimento do acordo, bem como, sendo possível o aproveitamento das provas obtidas, mesmo contra o colaborador que teve o seu acordo rescindido pelo descumprimento, a despeito de ser possível, também, a celebração de um novo acordo, mesmo após ter havido descumprimento anterior.

Tal hipótese, por outro lado, pode acarretar uma desproporcionalidade exacerbada, já que o colaborador, em determinadas situações de uso indevido do instituto da prisão preventiva, encontra-se "pressionado" a fazer um acordo de colaboração premiada a qualquer custo, já que teve a sua prisão temporária convertida em preventiva e, aos seus olhos, a única forma de responder ao processo em liberdade seria por meio de um acordo de colaboração premiada.

Nessas condições, não se mostra razoável deixar ao bel alvitro das partes a formulação das consequências jurídicas nos casos de descumprimento de um acordo de colaboração. Mas, ao contrário, que ao menos, a lei pudesse prever as condições mínimas para os casos de descumprimento, gerando maior segurança às partes envolvidas no acordo.

A Lei n° 12.850/13 também não foi clara o bastante em relação aos limites do acordo, podendo-se indagar quais seriam de fato os crimes a serem delatados pelo colaborador. Ele deve confessar todos os crimes que cometeu em sua vida, ou apenas aqueles que compõem o contexto da investigação? Nesse último caso, o que se entende por investigação? Quais seus limites?

E ainda, o acordo de colaboração premiada na esfera penal não prevê a proteção do colaborador em relação a outras esferas de investigação e punição autônomas à seara penal. É possível estender os benefícios do acordo para eventuais ações civis públicas ou para processos administrativos?

---

[9] Acerca do assunto, destaca-se o estudo de VASCONCELOS (2015) que analisou o tema da "Barganha e Justiça Criminal Negocial".

Outra crítica que merece ser destacada é o alto grau de discricionariedade dos responsáveis pela celebração do acordo, Ministério Público ou o delegado de polícia, pois a decisão fica a cargo exclusivo destes, que "podem" celebrar o acordo ou não. Inexiste uma garantia de que, se preenchidos os requisitos estabelecidos em lei, o acordo será celebrado. Assim, gera-se insegurança e risco aos colaboradores que, ao proporem o acordo, não possuem a garantia de que será aceito.[10]

Bechara e Smanio (2016, p. 277) ao ponderarem acerca da discricionariedade do Ministério Público, afirmam:

> No caso do Ministério Público, o risco se traduz no eventual excesso de discricionariedade, tendo em vista a liberdade de convencimento, cujo controle se materializa pela necessidade de uma manifestação fundamentada, amparada na lei, e sujeita ao controle jurisdicional.

Além disso, existem normas carreadas de alta subjetividade e imprecisão, principalmente em relação às hipóteses em que o Ministério Público poderá deixar de oferecer denúncia. Veja-se:

- Art. 4º, §4º, I, Lei nº 12.850/13[11]: nas hipóteses de inexistir um líder da organização criminosa, tal fato afasta a possibilidade do não oferecimento da denúncia pelo MP?;
- Art. 4º, §4º, II, Lei nº 12.850/13[12]: como o colaborador saberá se será o primeiro a prestar efetiva colaboração em investigação sigilosa?
- Art. 4º, §2º, Lei nº 12.850/13[13]: na hipótese de o delegado de polícia pretender celebrar o acordo de colaboração premiada e o Ministério

---

[10] "Art. 4º (...) § 2º Considerando a relevância da colaboração prestada, o Ministério Público, a qualquer tempo, e o delegado de polícia, nos autos do inquérito policial, com a manifestação do Ministério Público, poderão requerer ou representar ao juiz pela concessão de perdão judicial ao colaborador, ainda que esse benefício não tenha sido previsto na proposta inicial, aplicando-se, no que couber, o art. 28 do Decreto-Lei nº 3.689, de 3 de outubro de 1941 (Código de Processo Penal)."
[11] "Art. 4º (...) § 4º Nas mesmas hipóteses do caput, o Ministério Público poderá deixar de oferecer denúncia se o colaborador: I - não for o líder da organização criminosa;"
[12] "Art. 4º (...) § 4º II - for o primeiro a prestar efetiva colaboração nos termos deste artigo."
[13] "Art. 4º (...)§ 2º Considerando a relevância da colaboração prestada, o Ministério Público, a qualquer tempo, e o delegado de polícia, nos autos do inquérito policial, com a manifestação

Público se manifestar de forma contrária, o juiz poderá homologar o acordo? (nota-se a imprecisão normativa e insegurança jurídica).

Não obstante a discricionariedade e a subjetividade ora demonstradas, observa-se, ainda, a existência de um alto risco a ser assumido pelos colaboradores, pois nos casos de rejeição da proposta de acordo ou em caso de retratação pelas partes, a lei assegurará tão somente de que as provas autoincriminatórias não poderão ser utilizadas exclusivamente em desfavor do colaborador (tratamento desigual entre acusados). No entanto, após a apresentação dos fatos pelo proponente, nada impede que seja instaurada investigação para a apuração dos fatos e obtenção de provas. Tal risco pode ser observado no art.4º, § 10: "As partes podem retratar-se da proposta, caso em que as provas autoincriminatórias produzidas pelo colaborador não poderão ser utilizadas exclusivamente em seu desfavor".

A ausência de segurança jurídica, com regras claras e objetivas, e a discricionariedade exacerbada do MP podem colocar o instituto da colaboração premiada em risco, acarretando problemas jurídicos futuros que desestimulem a sua utilização, sendo, portanto, necessário o aperfeiçoamento do referido instituto e a correção das deficiências já identificadas.

2.2. Acordo de Leniência

O acordo de leniência, seguindo a mesma racionalidade da colaboração premiada, consiste no acordo celebrado entre o investigado e o poder público, no sentido de colaborar com as investigações de uma determinada infração, tendo a obrigatoriedade de cessar a prática infratora e identificar os demais envolvidos, sob a recompensa da não aplicação ou a minoração da punição.

Acerca da previsão legal do acordo de leniência, cita-se a Lei nº 12.529/11 (arts. 86 e 87), que prevê tal acordo no âmbito das infrações contra a ordem econômica, e a Lei nº 12.846/13 (arts. 16 e 17) e o Decreto nº 8.420/15 que a regulamenta (arts. 28 a 42), que prevê o acordo de leniência referente à prática de atos contra a administração pública.

---

do Ministério Público, poderão requerer ou representar ao juiz pela concessão de perdão judicial ao colaborador, ainda que esse benefício não tenha sido previsto na proposta inicial, aplicando-se, no que couber, o art. 28 do Decreto-Lei nº 3.689, de 3 de outubro de 1941 (Código de Processo Penal)."

Em relação à Lei nº 12.529/11 (infrações contra a ordem econômica), o acordo de leniência é celebrado perante o CADE – Conselho Administrativo de Defesa Econômica por intermédio da Superintendência Geral e somente pode ser celebrado com a primeira pessoa jurídica que se dispor a confessar acerca da infração investigada. O acordo pode ser celebrado, também, por pessoas físicas, que devem confessar a prática das infrações cometidas, ter cessado de cometê-las e contribuir para a elucidação das infrações.

Outro requisito à sua obtenção é que a Superintendência Geral não disponha de provas suficientes para assegurar a condenação da empresa ou pessoa física por ocasião da propositura do acordo.

Um destaque na Lei nº 12.529/11 é o fato de que o acordo de leniência provoca efeitos na seara penal, determinando a suspensão do curso do prazo prescricional e impedindo o oferecimento da denúncia com relação ao agente beneficiário da leniência acerca da prática dos crimes contra a ordem econômica, tipificados na Lei nº 8.137/90 e nos demais crimes diretamente relacionados à prática de cartel, tais como os tipificados na Lei nº 8.666/93 e os tipificados no art. 288 do Código Penal. E cumprido o acordo, extingue-se automaticamente a punibilidade dos referidos crimes.

Já a Lei nº 12.846/13 (arts. 16 e 17) e o Decreto nº 8.420/15 que a regulamenta (arts. 28 a 42), que prevê o acordo de leniência referente à prática de atos contra a administração pública, previstos na Lei nº 12.846/13, na Lei nº 8.666/93, e em outras normas de licitações e contratos, o acordo compete à autoridade máxima de cada órgão ou entidade pública, competindo à Controladoria Geral da União, no âmbito do Poder Executivo federal, tendo como requisito a colaboração efetiva do colaborador com as investigações e o processo administrativo, devendo resultar dessa colaboração a identificação dos demais envolvidos na infração administrativa, quando couber; a obtenção célere de informações e documentos que comprovem a infração sob apuração; ser a pessoa jurídica a primeira a manifestar interesse em cooperar para a apuração do ato lesivo específico, quando tal circunstância for relevante; ter cessado completamente seu envolvimento no ato lesivo a partir da data da propositura do acordo; e admitir sua participação na infração administrativa.

Diferentemente da Lei nº 12.529/11, a Lei nº 12.846/13 não prevê a celebração do acordo por pessoas físicas, nem tampouco provoca efeitos na esfera penal.

Ponto comum a ambas as leis é o alto grau de discricionariedade dos responsáveis pela celebração do acordo, pois a decisão fica a cargo exclusivo dos responsáveis designados em lei[14], que "podem" celebrar o acordo ou não. Inexiste uma garantia de que se preenchidos os requisitos estabelecidos em lei, o acordo será celebrado. Assim, gera-se insegurança e risco aos colaboradores que, ao proporem o acordo, não possuem a garantia de que este será aceito.

Além disso, as normas estão carreadas de alta subjetividade e imprecisão, principalmente em relação às condições exigíveis para a sua celebração (art. 86, *caput*, Lei nº 12.529/11[15]; art. 16, *caput*, Lei nº 12.846/13[16]). Veja-se:

- Art. 86, *caput*, Lei nº 12.529/11; art. 16, *caput*, Lei nº 12.846/13; e, art. 28, Decreto nº 8.420/15[17]: o que de fato seria colaborar "efetivamente com as investigações e o processo administrativo"?;
- Art. 86, § 1º, I, Lei nº 12.529/11[18]; art. 16, § 1º, I, Lei nº 12.846/13[19]; e art. 30, I, Decreto nº 8.420/15[20]: como o leniente saberá se será o

---

[14] Nos acordos de leniência regidos pela Lei nº 12.529/11, caberá à Superintendência-Geral do Cade a sua celebração. Já nas hipóteses previstas pela Lei nº 12.846/13 e Decreto nº 8.420/15, o acordo será de faculdade da autoridade máxima de cada órgão ou entidade pública, competindo à Controladoria-Geral da União no âmbito do Poder Executivo federal.

[15] "Art. 86. O Cade, por intermédio da Superintendência-Geral, poderá celebrar acordo de leniência, com a extinção da ação punitiva da administração pública ou a redução de 1 (um) a 2/3 (dois terços) da penalidade aplicável, nos termos deste artigo, com pessoas físicas e jurídicas que forem autoras de infração à ordem econômica, desde que colaborem efetivamente com as investigações e o processo administrativo e que dessa colaboração resulte (...)"

[16] "Art. 16. A autoridade máxima de cada órgão ou entidade pública poderá celebrar acordo de leniência com as pessoas jurídicas responsáveis pela prática dos atos previstos nesta Lei que colaborem efetivamente com as investigações e o processo administrativo, sendo que dessa colaboração resulte (...)"

[17] "Art. 28. O acordo de leniência será celebrado com as pessoas jurídicas responsáveis pela prática dos atos lesivos previstos na Lei nº 12.846, de 2013, e dos ilícitos administrativos previstos na Lei nº 8.666, de 1993, e em outras normas de licitações e contratos, com vistas à isenção ou à atenuação das respectivas sanções, desde que colaborem efetivamente com as investigações e o processo administrativo, devendo resultar dessa colaboração (...)"

[18] "Art. 86. (...)§ 1º O acordo de que trata o caput deste artigo somente poderá ser celebrado se preenchidos, cumulativamente, os seguintes requisitos: I – a empresa seja a primeira a se qualificar com respeito à infração noticiada ou sob investigação;"

[19] "Art. 16. (...) § 1º O acordo de que trata o caput somente poderá ser celebrado se preenchidos, cumulativamente, os seguintes requisitos: I – a pessoa jurídica seja a primeira a se manifestar sobre seu interesse em cooperar para a apuração do ato ilícito;"

[20] "Art. 30. A pessoa jurídica que pretenda celebrar acordo de leniência deverá: I – ser a primeira a manifestar interesse em cooperar para a apuração de ato lesivo específico, quando

primeiro a se qualificar com respeito à infração noticiada ou sob investigação sigilosa?;
- Art. 86, § 1º, III, Lei nº 12.529/11[21]: como o leniente saberá que a Superintendência-Geral não dispõe de provas suficientes para assegurar a condenação da empresa ou pessoa física por ocasião da propositura do acordo? O que se entende por provas suficientes? (alto teor de subjetividade);
- Art. 86, § 4º, I; § 7º, Lei nº 12.529/11 [22]: como se verifica a ausência de conhecimento prévio da infração pela Superintendência-Geral ou conhecimento prévio pelo CADE? Seria a inexistência de uma investigação formal ou a inexistência de denúncia formal ou a inexistência de procedimento administrativo já instaurado?

Não obstante a discricionariedade e subjetividade, nota-se, ainda, a existência de um alto risco a ser assumido pelos lenientes, pois nos casos de rejeição da proposta de acordo, a lei assegurará tão somente que os fatos por ele delatados não importarão em confissão quanto à matéria de fato, sendo resguardado o sigilo de divulgação. No entanto, após a apresentação dos fatos pelo proponente, nada impede que seja instaurada investigação para a apuração dos fatos e obtenção de provas. Tal risco pode ser observado nos seguintes dispositivos legais: art. 86, § 10, Lei nº 12.529/11[23];

---

tal circunstância for relevante;"

[21] "Art. 86. (...) § 1º O acordo de que trata o caput deste artigo somente poderá ser celebrado se preenchidos, cumulativamente, os seguintes requisitos: (...) III – a Superintendência-Geral não disponha de provas suficientes para assegurar a condenação da empresa ou pessoa física por ocasião da propositura do acordo;"

[22] "Art. 86. (...)§ 4º Compete ao Tribunal, por ocasião do julgamento do processo administrativo, verificado o cumprimento do acordo: I – decretar a extinção da ação punitiva da administração pública em favor do infrator, nas hipóteses em que a proposta de acordo tiver sido apresentada à Superintendência-Geral sem que essa tivesse conhecimento prévio da infração noticiada; (...) § 7º A empresa ou pessoa física que não obtiver, no curso de inquérito ou processo administrativo, habilitação para a celebração do acordo de que trata este artigo, poderá celebrar com a Superintendência-Geral, até a remessa do processo para julgamento, acordo de leniência relacionado a uma outra infração, da qual o Cade não tenha qualquer conhecimento prévio."

[23] "Art. 86. (...)§ 10. Não importará em confissão quanto à matéria de fato, nem reconhecimento de ilicitude da conduta analisada, a proposta de acordo de leniência rejeitada, da qual não se fará qualquer divulgação."

art. 16, §§ 6º e 7º, Lei nº 12.846/13[24]; e, arts. 31, § 1º, 33 e 35 do Decreto nº 8.420/15[25] – pergunta-se: é razoável admitir que o colabararador tenha interesse em assumir um risco dessa magnitude, sem garantias[27]?

Desta feita, essa ausência de segurança jurídica, com regras claras e objetivas, pode colocar o instituto do acordo de leniência em risco, acarretando problemas jurídicos futuros que desestimulem a sua utilização, sendo necessário o aperfeiçoamento do referido instituto e correção das deficiências já identificadas.

3. Possíveis Ajustes

Apesar da evolução dos mecanismos de justiça negocial no Brasil, com resultados satisfatórios, verifica-se ainda a existência de espaços de oportunidade para o seu aprimoramento, notadamente com o objetivo de gerar maior segurança jurídica nos acordos firmados.

Dos problemas identificados, destaca-se uma legislação ainda imprecisa e com excesso de discricionariedade no processo de tomada de decisão, o que acarreta sérios riscos aos colaboradores.

Por exemplo, o primeiro modelo norte-americano de programa de leniência do Departamento de Justiça fracassou em virtude do elevado grau de subjetivismo e discricionariedade ao analisar a possibilidade de concessão de anistia. Na época, o delator não conseguia prever as condições e vantagens ou desvantagens em celebrar o acordo de colaboração, o que contribuiu para o desestímulo à sua utilização.

[24] "Art. 16. § 6º A proposta de acordo de leniência somente se tornará pública após a efetivação do respectivo acordo, salvo no interesse das investigações e do processo administrativo. § 7º . Não importará em reconhecimento da prática do ato ilícito investigado a proposta de acordo de leniência rejeitada."

[25] "Art. 31. (...)§ 1º A proposta apresentada receberá tratamento sigiloso e o acesso ao seu conteúdo será restrito aos servidores especificamente designados pela Controladoria-Geral da União para participar da negociação do acordo de leniência, ressalvada a possibilidade de a proponente autorizar a divulgação ou compartilhamento da existência da proposta ou de seu conteúdo, desde que haja anuência da Controladoria-Geral da União.

Art. 33. Não importará em reconhecimento da prática do ato lesivo investigado a proposta de acordo de leniência rejeitada, da qual não se fará qualquer divulgação, ressalvado o disposto no § 1º do art. 31.

Art. 35. Caso o acordo não venha a ser celebrado, os documentos apresentados durante a negociação serão devolvidos, sem retenção de cópias, à pessoa jurídica proponente e será vedado seu uso para fins de

No entanto, a partir de 1993, foi realizada uma reforma dos critérios de elegibilidade do colaborador, retirando o alto teor de subjetividade e discricionariedade. De igual forma, a União Europeia, a partir de 2002, caminhou no mesmo sentido.

Branco (2008, p. 147) comparando o regime de leniência brasileiro com o dos Estados Unidos e União Europeia, afirmou que "Enquanto EUA e União Européia erradicaram fórmulas altamente discricionárias, que as respectivas experiências mostraram ser ineficazes, a leniência no Brasil espelha-se exatamente nos sistemas obsoletos daqueles programas"[26].

A Organização para a Cooperação e Desenvolvimento Econômico (OCDE) ao abordar especificamente a utilização da leniência no combate aos cartéis, no ano de 2002 elaborou uma síntese destacando quais as características de um programa de clemência efetivo, ponderando que[27]:

Clareza, certeza e prioridade são elementos críticos, na medida em que as firmas estarão dispostas a comparecer se as condições e os benefícios prováveis de tal ação são suficientemente claros. Para maximizar os incentivos para a delação e encorajar a quebra dos cartéis com maior rapidez, é importante não apenas que o primeiro a confessar receba "o melhor trato" mas também que os termos do trato sejam os mais claros possíveis desde o início.

Uma oferta geral para reduzir as penalidades em troca de informação pode não ser suficiente para encorajar as firmas a entregar-se. Os benefícios da permanência no cartel podem parecer maiores e mais certos que uma recompensa desconhecida que resultaria da confissão.

---

[26] O autor BRANCO (2008) ao analisar o grau de subjetividade e a ausência de garantias adverte: "Entretanto, a perspectiva de premiação do leniente, no âmbito penal, consubstancia-se em algo incerto, calcado em elementos altamente subjetivos que não trazem ao delator a garantia da extinção da sua punibilidade. A incerteza gerada ao denunciante, motivando-o à não-celebração do acordo, conseqüentemente, coloca em risco a eficácia do instituto, prejudicando substancialmente a elucidação dos crimes de cartel. (p. 139-140)"

[27] Cf. BRANCO, 2008, p. 152. O referido autor ao refletir acerca do posicionamento da OCDE, conclui que "a eficácia do acordo de leniência depende, necessariamente, da implementação de regras claras e confiáveis, capazes de seduzir e encorajar o delator a quebrar o "pacto de silêncio" que norteia a prática de cartel. A pletora de imprecisões e o alto grau de discricionariedade da legislação brasileira levam à conclusão de que o acordo de leniência, antes de estímulo à delação e ao conseqüente desbaratament o da ação criminosa dos cartéis, é, muito mais, fator de inestimável risco ao delator: seja pelo aspecto jurídico, porque carrega indisfarçável ineficácia pela forma obscura como vem estruturado; seja pela pecha de transgressão ética e moral que ficará indissociavelmente vinculada à sua vida." (p. 152-153)

Desta feita, de igual forma, torna-se relevante que o direito brasileiro também se amolde a essas características e implemente uma revisão dos dispositivos legais identificados outrora, com vistas a eliminar a discricionariedade, subjetividade e imprecisão já identificados, trazendo clareza e certeza nas condições e benefícios prováveis, mitigando ao máximo o risco dos colaboradores, bem com suprindo as lacunas existentes, uma vez que tais problemas trazem insegurança jurídica, com sérios riscos aos colaboradores e que podem ensejar em desestímulo à sua adesão.

Outro ponto que merece destaque, é a necessidade de revisão legislativa para permitir que os acordos de leniência e colaboração abranjam todas as esferas possíveis de responsabilização (penal, administrativo e civil), reunindo em um único instrumento a solução definitiva de responsabilização referente às irregularidades, às ilegalidades e aos crimes praticados, contribuindo para uma maior segurança jurídica aos colaboradores, que se sentirão estimulados à sua adesão, evitando, assim, a multi-institucionalidade.

Conclusão

A transformação do sistema de justiça criminal brasileiro, sustentada pela busca por métodos alternativos de solução de conflitos, revela-se ao mesmo tempo inovadora, do ponto de vista do potencial de maior eficiência no processo de responsabilização, e desafiadora do ponto de vista da segurança jurídica dos acordos, seja em razão do aumento da discricionariedade seja em razão da necessidade de maior previsibilidade objetiva.

A questão central que se coloca a nosso ver é menos sob a perspectiva da eventual violação das garantias do processo justo, notadamente presunção de inocência, contraditório e ampla defesa, e paridade de armas, e mais sob a ótica do risco ao desincentivo no uso dos mecanismos de acordo em razão do excesso de discricionariedade na interpretação dos seus requisitos, condições e limites. É menos uma preocupação de validade, uma vez que os acordos são regulados por lei e submetidos à reserva da jurisdição. É mais uma preocupação de mérito, decorrente do bom ou mau uso dos mecanismos de justiça negocial.

Referências

BECHARA, Fábio Ramazzini Bechara e Gianpaolo Smanio. Colaboração premiada segundo a teoria geral da prova nacional e estrangeira. *Cadernos de Relações Internacionais*, v. 7, n. 13, 2016.

BRANCO, Fernando Castelo. Reflexões sobre o acordo de leniência: moralidade e eficácia na apuração dos crimes de cartel. In: VILARDI, Celso Sanchez; PEREIRA, Flávia Rahal Bresser; DIAS NETO, Theodomiro. *Direito penal econômico: crimes econômicos e processo penal*. São Paulo: Saraiva, 2008, p.137-159.

BRASIL. Lei nº 12.529/11, de 30 de novembro de 2011. Estrutura o Sistema Brasileiro de Defesa da Concorrência; dispõe sobre a prevenção e repressão às infrações contra a ordem econômica; altera a Lei nº 8.137, de 27 de dezembro de 1990, o Decreto-Lei nº 3.689, de 3 de outubro de 1941 - Código de Processo Penal, e a Lei nº 7.347, de 24 de julho de 1985; revoga dispositivos da Lei nº 8.884, de 11 de junho de 1994, e a Lei nº 9.781, de 19 de janeiro de 1999; e dá outras providências. *Diário Oficial da República Federativa do Brasil*. Brasília, DF, 30 nov. 2011. Disponível em: http://www.planalto.gov.br/ccivil_03/_ato20112014/2011/Lei/L12529.htm. Acesso: 17/09/17.

_____. Lei nº 12.846/13, de 1 de agosto de 2013. Dispõe sobre a responsabilização administrativa e civil de pessoas jurídicas pela prática de atos contra a administração pública, nacional ou estrangeira, e dá outras providências. *Diário Oficial da República Federativa do Brasil*. Brasília, DF, 1 ago. 2013. Disponível em: http://www.planalto.gov.br/ccivil_03/_ato2011-2014/2013/lei/l12846.htm. Acesso: 17/09/17.

_____. Lei nº 12.850, de 2 de agosto de 2013. Define organização criminosa e dispõe sobre a investigação criminal, os meios de obtenção da prova, infrações penais correlatas e o procedimento criminal; altera o Decreto-Lei nº 2.848, de 7 de dezembro de 1940 (Código Penal); revoga a Lei nº 9.034, de 3 de maio de 1995; e dá outras providências. *Diário Oficial da República Federativa do Brasil*. Brasília, DF, 2 ago. 2013. Disponível em: http://www.planalto.gov.br/ccivil_03/_ato2011-2014/2013/lei/l12850.htm Acesso: 03/10/17.

_____. Decreto nº 8.420, de 18 de março de 2015. Regulamenta a Lei nº 12.846, de 1º de agosto de 2013, que dispõe sobre a responsabilização administrativa de pessoas jurídicas pela prática de atos contra a administração pública, nacional ou estrangeira e dá outras providências. *Diário Oficial da República Federativa do Brasil*. Brasília, DF, 18 mar. 2015. Disponível em: http://www.planalto.gov.br/ccivil_03/_ato2015-2018/2015/decreto/D8420.htm. Acesso: 03/10/17.

GOMES, Luiz Flávio; SILVA, Marcelo Rodrigues da. Criminalidade organizada e justiça penal negociada: delação premiada. *Revista de Filosofia do Direito, do Estado e da Sociedade*. Fides, aceito em 4 de maio de 2015. Disponível em: http://www.revistafides.com/ojs/index.php/br/article/view/476/755>. Acesso em: 01/11/17.

MOURA, Maria Thereza de Assis e Pierpaolo Cruz Bottini. *Colaboração premiada*. São Paulo: RT, 1ª edição, 2018.

MENDONÇA, Andrey Borges de. A colaboração premiada e a nova Lei do Crime Organizado (Lei 12.850/2013). In: *Revista Custos Legis on-line*. v. 4. Rio de Janeiro. 2013. Disponível em: http://www.prrj.mpf.mp.br/sala-de-imprensa/publicacoes/custos-

-legis/a-colaboracaopremiada-e-a-nova-lei-do-crime-organizado-lei-12.850-2013/at_download/file Acesso: 10.09.2017.

NARDELI, Marcella Alves Mascarenhas. A expansão da justiça negociada e as perspectivas para o processo justo: a plea bargaining norte-americana e suas traduções no âmbito da *civil law*. *Revista Eletrônica de Direito Processual – REDP*. v. XIV. ISSN 1982-7636. Disponível em: http://www.e-publicacoes.uerj.br/index.php/redp/article/view/14542>. Acesso em: 01/11/17.

SOUZA, Artur de Brito Gueiros; ALENCAR, Matheus de; e outros. Aspectos controvertidos dos acordos de leniência no Direito brasileiro. *Revista de Estudos Jurídicos*. UNESP, Franca, ano 20, n. 31, p. 165-197, jan/jun. Disponível em: http://seer.franca.unesp.br/index.php/estudosjuridicosunesp/index>. Acesso em: 01/10/17.

VASCONCELLOS, Vinicius Gomes de. *Barganha e Justiça Criminal Negocial: Análise das tendências de expansão dos espaços de consenso no processo penal brasileiro*. São Paulo: IBCCRIM, 2015.

_____. *Colaboração premiada no processo penal*. São Paulo: RT, 1ª edição. 2017.

WEDY, Miguel Tedesco. A colaboração premiada entre o utilitarismo e a racionalidade de princípios. *Revista Direito e Liberdade – RDL – ESMARN –* v. 18, n. 3, p. 213-231, set./dez. 2016. Disponível em: https://bdjur.stj.jus.br/jspui/bitstream/2011/107725/ colaboração_ premiada_utilitarismo_wedy.pdf >. Acesso em: 01/10/17.

Parte II – Criminal *Compliance*

Part II – Clinical Significance

20 Anos de *Compliance* e Políticas Públicas de Combate e Prevenção à Corrupção e Lavagem de Dinheiro

Patricie Barricelli Zanon

Lucas Alfredo de Brito Fantin

Introdução

Segundo dados do Índice de Percepção da Corrupção – IPC[1] referentes ao ano de 2017, o Brasil sofreu uma queda de 17 posições no ranking que mede a percepção da corrupção, em relação à última avaliação (de 2016), assumindo o 96º lugar, com 37 pontos, e agravando o resultado insatisfatório (pontuação abaixo de 50, que indica a apresentação de sérios problemas de corrupção).

Embora tenham sido revelados nos últimos anos inúmeros esquemas de corrupção institucionalizada, frequentemente associada ao crime de lavagem de dinheiro, fator que contribui para o aumento do índice da percepção de tais crimes no Brasil, a sua existência remonta à era da colonização do país e da instituição de uma cultura patrimonialista, que, segundo

---

[1] TRANSPARCENY INTERNATIONAL. **Corruption Perception Index 2016**. 2017. Disponível em: <https://www.transparency.org/news/feature/corruption_perceptions_index_2016>. Acesso em: 19. abr. 2018.

Weber[2], permite uma confusão entre governantes ou funcionários e os meios da administração, o que permite que estes se beneficiem de seus cargos, possibilitando a apropriação privada de recursos públicos e, portanto, favorecendo a prática de atos corruptos.

Frise-se que os crimes de corrupção e lavagem de dinheiro vêm, desde o princípio, afligindo a democracia e a cidadania brasileira, pois conforme explica Avritzer,[3] a corrupção vai contra os pressupostos fundamentais, a igualdade política, a participação, além de reduzir a influência da população na tomada de decisão, seja por meio de fraudes, seja pela desconfiança e suspeita que dissemina entre os cidadãos com relação ao governo e às instituições democráticas.

Entretanto, não obstante a preocupação com o combate à corrupção e à lavagem de dinheiro exista há muito tempo, pode-se dizer que sob uma perspectiva jurídica, a criação de um sistema de combate e prevenção a tais crimes é um acontecimento relativamente recente, e vem se desenvolvendo de forma crescente nos últimos vinte anos. Ressalte-se que tal sistema reflete não apenas na construção de políticas públicas, mas também na valorização de padrões éticos.

Ante tais fatos, este artigo tem por finalidade refletir sobre as principais políticas públicas instituídas no Brasil nos últimos vinte anos, que contribuíram para o surgimento da cultura do *criminal compliance* na sociedade brasileira. Primeiramente, busca-se evidenciar a relação do *compliance* com o combate à nova criminalidade, representada notadamente pelos crimes de lavagem de dinheiro, corrupção e terrorismo. A seguir, passa-se a refletir sobre as políticas que foram instituídas no Brasil no decorrer do referido período, buscando identificar avanços e oportunidades de aprimoramento para o administrador público.

Entretanto, vale observar que, por se tratar de uma breve retrospectiva, não temos a ambição de esgotar a matéria. Pelo contrário, reconhecemos no assunto a complexidade inerente à temática das políticas públicas, que inspira calorosas discussões, a exemplo do que temos vivenciado no contexto sociopolítico atual em diferentes esferas da sociedade.

---

[2] WEBER, Max. **Economia e sociedade: fundamentos da sociologia compreensiva.** Tradução de Regis Barbosa e Karen Elsabe Barbosa. Brasília: Editora UNB, 2000, p. 148.
[3] AVRITZER, Leonardo; FIGUEIRAS, Fernando. **Corrupção e sistema político no Brasil.** Rio de Janeiro: Civilização Brasileira, 2011, p. 64.

Assim, o propósito maior do presente texto é instigar a reflexão sobre as políticas públicas elaboradas no período e a cultura do *compliance* no Brasil por elas disseminada.

1. *Compliance* e Políticas Públicas como Mecanismos de Combate e Prevenção a Crimes

Nas últimas décadas temos assistido principalmente à intensificação de condutas criminosas complexas e à proliferação da corrupção nas diversas esferas e contextos. Os esforços investigativos e a revelação de redes criminosas é algo louvável. Mas, é preciso que se diga que a intensificação do número de ações coercitivas e de prisões certamente não é a solução desejada a longo prazo, devendo ser coibidas sempre que ferirem direitos constitucionalmente assegurados.

Nesse contexto, faz-se necessária a análise do sistema anticorrupção brasileiro, o qual compreende políticas públicas não apenas de caráter repressivo, mas também de faceta preventiva, as quais abrangem o *compliance*, que tem origens na década de 1990, nos Estados Unidos.

Diante da ocorrência de inúmeros escândalos corporativos associados às crises econômicas originadas nos países asiáticos e da bolha imobiliária norte-americana, verificou-se a necessidade de criar determinados padrões éticos e legais aos quais as corporações estariam sujeitas e deveriam observar efetivamente.

Na virada do século XX, portanto, começaram a emergir nos Estados Unidos as chamadas agências reguladoras, cujo objetivo era regular ou fiscalizar a atividade exercida por empresas integrantes de determinado setor e, a seguir, foram criadas inúmeras normas visando o controle.

Nesse sentido, Andrade e Shecaira[4] afirmam que o *compliance* surgiu como "novo mecanismo compensatório das políticas radicais neoliberais praticadas pelas próprias empresas".

Insta salientar que o setor precursor, em relação ao desenvolvimento do *compliance*, foi o setor financeiro, a partir da criação do *Federal Reserve System* (Banco Central dos EUA), bem como de diversas regulamentações que buscavam trazer estabilidade e segurança a partir do cumprimento

---

[4] ANDRADE, Pedro Luiz Bueno de SHECAIRA, Sérgio Salomão. *Compliance* e o direito penal. Boletim 222. São Paulo: *Instituto Brasileiro de Ciências Criminais – IBCCRIM*, 2011, p. 2.

adequado das leis. À título de exemplo, pode-se citar a promulgação do *Foreign Corrupt Practices Act* – FCPA, a lei federal norte-americana de combate à corrupção que prevê a obrigação de manutenção de livros e registros que reflitam a realidade da empresa, bem como a implementação de um sistema adequado de controles internos, e a promulgação do *Bank Secrecy Act*, que determina que as instituições financeiras cumpram as obrigações relativas ao sigilo bancário, dentre as quais se destacam as normas de *Anti Money Laundering*, ou seja, normas antilavagem de dinheiro, cujo cumprimento é fiscalizado pela *Financial Industry Regulatory Authority* – FINRA.

Cumpre observar, que, do mesmo modo, as instituições financeiras foram as pioneiras no que tange ao desenvolvimento do *compliance* no Brasil, conforme explicam Cappellari e Figueiredo[5]:

Os bancos brasileiros são precursores do reconhecimento da necessidade de controles internos e de *compliance* em suas atividades, na medida em que tais funções seguem um modelo administrativo, primordialmente, com o cumprimento das determinações do Conselho Monetário Nacional, que se utiliza dos parâmetros dos Acordos de Basiléia para editar as resoluções e de normas e regulamentos administrativos, como por exemplo, a Resolução n. 2.554/1998 do Conselho Monetário Nacional. Em sede de legislação, vislumbra-se previsão de obrigações de *compliance* na Lei Complementar n. 105/2001 (Lei do sigilo de informações de operações financeiras), na Lei de Lavagem de Dinheiro (n. 12.683/2012) e na nova Lei Anticorrupção (Lei n. 12.846/2013).

Dessa forma, é possível, a partir do contexto em que se desenvolveu, definir o instituto do *compliance* como a adoção de verdadeiros padrões e processos éticos que pretendem guiar a atuação de uma empresa a partir da implementação de políticas que visem diminuir o risco e promover a fiscalização das atividades diárias, com o intuito de evitar eventuais danos aos interesses corporativos e individuais. Nessa esteira, complementam Gabardo e Castella[6] ao afirmar que o *compliance* não só pode, como deve

---

[5] CAPPELLARI, Álisson dos Santos; FIGUEIREDO, Vicente Cardoso de. O criminal *compliance* como instrumento de prevenção da criminalidade econômica no âmbito das instituições financeiras. *Revista Fórum de Ciências Criminais – RFCC*, Belo Horizonte, nº 3, n. 6, jul./dez. 2016.

[6] GABARDO, Emerson; CASTELLA, Gabriel Morettini e. A nova lei anticorrupção e a importância do *compliance* para as empresas que se relacionam com a administração pública. **Revista de Direito Administrativo e Constitucional**, ano 15, n. 60, p. 129-147, abr./jun. 2015, p. 134.

ser utilizado como uma ferramenta de proteção, controle e prevenção de possíveis práticas criminosas nas empresas, seja como um instrumento de transferência de responsabilidade, seja evitando ou amenizando a responsabilidade da pessoa jurídica no momento da ocorrência de alguma prática corruptiva.

Assim, como bem ressaltam Ribeiro e Diniz[7] não se deve confundir o *compliance* com o mero cumprimento de regras, uma vez que este não se limita aos sistemas de controles internos de uma instituição para gerenciar riscos e prevenir a realização de eventuais operações ilegais, mas pode ser dividido em dois campos de atuação: um subjetivo, que compreende regulamentos internos, e outro, objetivo, obrigado por Lei, como é o caso dos artigos 10 e 11 da Lei nº 9.613/1998 (Lei de Lavagem de Dinheiro).

Adotada então essa noção ampla de *compliance*, que vai além do mero cumprimento de leis e da implementação do sistema de controles, faz--se mister abordar a questão do criminal *compliance* como espécie desse gênero e que se encontra intimamente relacionada à questão do combate e prevenção à lavagem de dinheiro.

Ocorre que a preocupação com a gestão de danos que passa a existir em nível global reflete-se também na política criminal nacional e, por conseguinte, na esfera jurídico-penal, a qual cada vez mais passa a incriminar condutas que antecipam a proteção do objeto tutelado visando reduzir o risco de dano. Nesse diapasão, desenvolve-se o *criminal compliance*. Conforme ensina Cappellari e Figueiredo[8], o *criminal compliance* surge como instrumento que visa afastar a responsabilidade penal da empresa e de seu corpo diretivo, mediante a adoção de práticas preventivas com intuito de evitar a realização de práticas criminosas, por meio da disseminação da conduta de *compliance* em todos os pilares da organização.

Outrossim, considera-se como um dos marcos históricos do criminal *compliance* no Brasil a promulgação da Lei de Lavagem de Dinheiro. Não obstante a maioria das instituições financeiras já adotassem políticas de prevenção e combate à lavagem de dinheiro como forma de atender à Resolução nº 2.554, de 1998, do Conselho Monetário Nacional, o art. 10 da referida lei criou a obrigação legal, ao apresentar requisitos regulató-

---

[7] RIBEIRO, Márcia Carla Pereira; DINIZ, Patrícia Dittrich Ferreira. *Compliance* e lei anticorrupção nas empresas. *Revista de Informação Legislativa do Senado Federal*, Brasília, ano 52, n. 205, jan./mar., 2015, p. 88.
[8] CAPPELLARI, Álisson dos Santos; FIGUEIREDO, Vicente Cardoso de, op. cit, p. 8.

rios que se tornam obrigatórios para as instituições financeiras, sob pena de imputação de sanções administrativas e responsabilização criminal daquele que deveria garantir o cumprimento da norma.

Assim, verifica-se que o *criminal compliance*, desde sua origem, constitui um instrumento de combate e prevenção a diversos crimes, dentre os quais se destacam a corrupção e a lavagem de dinheiro, uma vez que pretende instituir uma cultura de observância de práticas preventivas e assim afastar a necessidade de responsabilização penal em virtude do cometimento de condutas criminosas.

Frise-se que, ao tratar do aspecto objetivo do *compliance*, isto é, a adoção de medidas impostas por lei, é possível falar em uma relação intrínseca com a temática das políticas públicas.

É cediço que políticas públicas constituem tema interdisciplinar, o qual pode ser estudado sob diversas perspectivas: política, econômica, orçamentária, jurídica etc. Contudo, considerando o enfoque jurídico do artigo em tela, essa será a visão adotada e, nessa senda, apresenta-se a definição de políticas públicas segundo Dallari Bucci[9]:

Política pública é o programa de ação governamental que resulta de um processo ou conjunto de processos juridicamente regulados – processo eleitoral, processo de planejamento, processo de governo, processo orçamentário, processo legislativo, processo administrativo, processo judicial – visando coordenar os meios à disposição do Estado e as atividades privadas para a realização de objetivos socialmente relevantes e politicamente determinados.

De tal definição, depreende-se que políticas públicas consistem em ações governamentais resultantes de um processo regulado cujo objetivo é organizar esforços para a concretização de objetivos socialmente importantes definidos com base em uma decisão política.

Saliente-se que, ainda de acordo com Duarte[10], os marcos regulatórios, ou seja, o conjunto de leis que disciplinam determinado ramo do Direito, não esgotam a política pública, revelando apenas uma de suas expressões,

---

[9] DALLARI BUCCI, Maria Paula. O conceito de políticas públicas em direito. In: BUCCI, Maria Paula Dallari. *Políticas públicas: reflexões sobre o conceito jurídico*. São Paulo: Editora Saraiva, 2006, p. 39.

[10] DUARTE, Clarice Seixas. O ciclo das políticas públicas. *In:* SMANIO, Gianpaolo Poggio; BERTOLIN, Patrícia Tuma Martins; BRASIL, Patricia Cristina. **O Direito e as Políticas Públicas no Brasil**. São Paulo: Atlas, 2013, p. 19.

sendo ela algo mais amplo, que demanda uma série de outras medidas administrativas, financeiras etc.

Dessa forma, verifica-se que, muito embora os diplomas legais, os quais impõem obrigações e restrições às atividades empresariais, como forma de preservar e assegurar os direitos sociais que a corrupção e a lavagem de dinheiro afligem, não possam ser considerados políticas públicas em si, o processo decisório e organizacional resultante de uma análise conjunta do Estado e entidades privadas que levou à edição de tais leis, podem assim ser classificados e demonstram claramente que a elaboração de políticas públicas eficientes configura um instrumento altamente relevante no âmbito do sistema de combate e prevenção aos referidos crimes.

Insta ainda salientar que, neste cenário de economia globalizada, devem também ser consideradas as políticas externas, uma vez que estas podem influenciar na elaboração e na concretização das políticas públicas brasileiras.

Assim, compreendida a relevância das políticas públicas e do *criminal compliance* enquanto importantes mecanismos do sistema de combate e prevenção à corrupção e à lavagem de dinheiro, a seguir serão apresentadas as principais políticas públicas que contribuíram para disseminação da cultura do *compliance* desenvolvidas no Brasil nos últimos 20 anos.

2. Principais Políticas Públicas Instituídas nos Últimos 20 Anos e a Cultura do *Compliance* no Brasil

Em uma breve retrospectiva dos últimos vinte anos, deparamo-nos com importantes medidas conduzidas pelo Estado na esfera criminal, que são de interesse comum da sociedade. O surgimento de marcos legais alinhados a estratégias internacionais contribuiu para a cultura do *compliance*[11], pouco frequente até então. Verificamos também a criação de órgãos e a formação de grupos de trabalho envolvendo entidades públicas engajadas no combate à grande e organizada criminalidade.

---

[11] "Na sociedade informacional contemporânea, a mera notícia de que uma empresa está sendo investigada por um órgão regulatório ou persecutório já é suficiente para que sua credibilidade seja posta em dúvida e o seu valor no mercado acionário sofra significativos abalos". (SARCEDO, Leandro. **Compliance e responsabilidade penal jurídica: construção de um novo modelo de imputação baseado na culpabilidade corporativa.** São Paulo: LiberArs, 2016. p. 45).

Como primeira política pública em revelo, inserida no período em análise, destacamos o marco legal representado pela criminalização da lavagem de dinheiro, mediante a edição da Lei nº 9.613, de 1998, que resultou da execução de compromissos internacionais assumidos pelo Brasil em momento anterior[12].

Por meio do referido diploma legal, criou-se a unidade de inteligência financeira brasileira, o Conselho de Controle de Atividades Financeiras (COAF)[13], que atua eminentemente na prevenção e combate à lavagem de dinheiro e ao financiamento do terrorismo[14].

Em termos de políticas públicas, constatamos, no contexto da legislação antilavagem de dinheiro, a criação de um sistema de governança envolvendo entidades públicas[15] e uma ampla rede normativa que delimita diferentes atribuições. A nosso ver, tais avanços foram positivos ao considerarmos a inteligência financeira desenvolvida no período ora visualizado. Ademais, diversas pessoas obrigadas nos termos da legislação foram impulsionadas para estarem em conformidade com a Lei e com as demais normas administrativas.

---

[12] Conforme aponta a Exposição de Motivos da Lei nº 9.613, de 1998:
"O Brasil ratificou, pelo Decreto nº 154, de 26 de junho de 1991, a "Convenção contra o Tráfico Ilícito de Entorpecentes e de Substâncias Psicotrópicas", que havia sido aprovada em Viena em 20 de dezembro de 1988 [...] em 1988, o Brasil assumiu, nos termos da Convenção, compromisso de direito internacional, ratificado em 1991, de tipificar penalmente o ilícito praticado com bens, direitos ou valores oriundos do narcotráfico. Posteriormente, com a participação do Brasil, a XXII Assembléia-Geral da OEA, em Bahamas, entre 18 e 23 de maio de 1992, aprovou o "Regulamento Modelo sobre Delitos de Lavagem Relacionados com o Tráfico Ilícito de Drogas e Delitos Conexos", elaborado pela Comissão Interamericana para o Controle do Abuso de Drogas – CICAD".

[13] O COAF, enquanto unidade de inteligência, não se confunde com as autoridades competentes para a persecução criminal. Vale lembrar que o COAF possui competência para comunicar àquelas autoridades sobre indícios de crimes de lavagem de dinheiro, a fim de que sejam conduzidos os procedimentos cabíveis.

[14] CONSELHO DE CONTROLE DE ATIVIDADES FINANCEIRAS (COAF) (Brasil). *Competências*. Disponível em: < http://www.coaf.fazenda.gov.br/acesso-a-informacao/Institucional/competencias>. Acesso em 14 abr. 2018.

[15] Inserem-se nesse sistema, além do COAF, as demais autoridades competentes nos termos da Lei nº 9.613, de 1998. Apesar da Lei não citar expressamente, referimo-nos, dentre outras autoridades, ao Banco Central do Brasil, à Comissão de Valores Mobiliários (CVM) e à Superintendência de Seguros Privados (Susep).

Em 2012, adequando-se aos padrões internacionais para a persecução penal do crime de lavagem se tornar mais eficiente[16], e em meio a pontos polêmicos e significativas alterações, a reforma realizada na legislação pela Lei nº 12.683/2012 ("Nova Lei Antilavagem") representou medida marcante para a criação da cultura de *compliance* no mercado financeiro, altamente suscetível a práticas criminosas.

A Nova Lei Antilavagem trouxe duas alterações relevantes: a ampliação do conjunto de crimes antecedentes à lavagem de dinheiro, representada antes pelo catálogo taxativo de delitos e o aperfeiçoamento da inteligência financeira, principalmente no campo das instituições financeiras[17].

Encontramos justamente no referido campo a criação de normas administrativas pelo Banco Central do Brasil – em linha com as mudanças trazidas pela Nova Lei Antilavagem –, que regulam o dever de as entidades atuantes nos mercados financeiro e de capitais de comunicarem operações suspeitas. Tais normas foram preparadas para implementar as políticas de prevenção a crimes na esfera privada[18] e, consequentemente, contribuíram em grande parte para o desenvolvimento de programas de *compliance* no contexto brasileiro.

Por outro lado, o uso racional das informações analisadas, provenientes dos sujeitos regulados pelas referidas normas, e a articulação de esforços entre as autoridades representa hoje um dos maiores desafios a serem superados a nosso ver.

Ademais, de modo a se aproximar das principais discussões internacionais sobre o combate e prevenção à criminalidade, relembramos que o Brasil passou a integrar o Grupo de Ação Financeira contra a Lavagem de Dinheiro e o Financiamento do Terrorismo (GAFI/FATF) enquanto membro efetivo a partir do ano de 2010.

---

[16] "No ápice da corrente de alterações legislativas posiciona-se, agora, a Lei nº 12.683/2012, que produziu profunda reforma no instituto jurídico da lavagem de capitais. Por força dessa reforma, a legislação nacional sobe um degrau na escalada mundial de combate à lavagem, pois atinge o patamar [...] de 'terceira geração' de leis editadas com o fim de tornar mais eficiente a persecução penal dos crimes de lavagem". (BARROS, Marco Antonio de. *Lavagem de Capitais e obrigações civis correlatas: com comentários, artigo por artigo, à Lei 9.613/1998*. 4. ed. São Paulo: Revistas dos Tribunais, 2013, p. 32.)

[17] SAAD-DINIZ, Eduardo. A nova lei de lavagem dinheiro: compreendendo os programas de criminal *compliance*. *Revista Digital IAB*, v. 4, n. 18, p. 100-107, abr./jun. 2013. Disponível em: < http://bdpi.usp.br/item/002465128>. Acesso em 20 abr. 2018.

[18] Ibid.

Certamente, tal medida impulsionou a criação pelo Estado Brasileiro de políticas públicas destinadas ao combate dos crimes em questão, alinhadas a recomendações internacionais. Atualmente, o principal propósito do organismo é fomentar políticas nacionais e internacionais de combate aos crimes de lavagem de dinheiro e ao financiamento do terrorismo.

Nesse sentido, tomando-se como base a última avaliação do Brasil pelo GAFI/FATF[19], constatamos que um dos apontamentos fazia referência à pequena variedade de crimes antecedentes[20], algo superado a partir da edição da Nova Lei Antilavagem. Atualmente, a maior preocupação do GAFI/FATF em relação ao Brasil diz respeito ao combate do financiamento do terrorismo[21].

Inserida no período em análise, outra iniciativa relevante no que toca o tema das políticas públicas e *compliance* é a criação da Estratégia Nacional de Combate à Lavagem de Dinheiro – ENCLA em 2003. Ressalte-se que tal estratégia não constitui uma política pública em si mesma, mas foi instituída como um mecanismo de articulação interinstitucional e um vetor de políticas públicas. A estratégia era inicialmente voltada ao combate e à prevenção de lavagem de dinheiro, e no final de 2006, passou a ter como escopo também o fomento de políticas públicas anticorrupção, quando foi adicionada mais uma letra "c" (significando corrupção) à sigla referente à estratégia, passando a ser denominada ENCCLA.

Conforme já mencionado anteriormente, o marco regulatório de políticas públicas antilavagem e da cultura de *compliance* no Brasil remete à publicação da Lei nº 9.613/98. A despeito do avanço na área penal e processual

---

[19] Vide p. 30-32 do relatório de avaliação datado de 25 de junho elaborado pelo GAFI/FATF disponível no site:
<http://www.fatf-gafi.org/media/fatf/documents/reports/mer/MER%20Brazil%20full.pdf>. Acesso em 15 abr. 2018.

[20] SAADI, Ricardo Andrade. O Combate à Lavagem de Dinheiro. *Instituto Brasileiro de Ciências Criminais*: Boletim, São Paulo, v. 237, n. 20, p. 7, ago. 2012. Mensal. Disponível em: <http://www.ibccrim.org.br/site/boletim/pdfs/Boletim237.pdf>. Acesso em: 14 abr. 2018.

[21] Em reunião ocorrida entre os dias 21 e 23 de junho de 2017 em Valencia, Espanha, registrou-se que:
"The *FATF recognises that Brazil has taken several significant steps to improve its CFT regime; however deficiencies remain regarding targeted financial sanctions*". Disponível em: <http://www.fatf-gafi.org/countries/a-c/brazil/documents/outcomes-plenary-june-2017.html>. Acesso em 15 abr. 2018.

que tal lei representou, segundo Araújo[22], esta não se mostrava suficiente para implementar uma cultura de se investir na persecução desse tipo de crime por parte dos demais atores do sistema de justiça criminal, sendo que os informe do COAF não tinham muita utilidade se as técnicas de investigação policial eram ainda rudimentares, as estratégias processuais da acusação eram inadequadas, ou se o Judiciário ainda era resistente as medidas penais mais duras do novo regime. Assim, ainda de acordo com Araújo, faltava a cultura institucional e havia uma baixa difusão do tema, até mesmo dos órgãos persecutórios, o que resultava em quase nenhuma investigação por crimes de lavagem de dinheiro.

Nesse contexto, surge a ENCCLA, cinco anos após a promulgação da Lei Antilavagem, como um fórum de articulação secretariado pelo Ministério da Justiça, visando solucionar o referido problema de institucionalização de políticas públicas antilavagem e suprir as lacunas acima identificadas, potencializando o tratamento da lavagem de dinheiro no Brasil. Assim, a ENCCLA não existe enquanto ente da Administração Pública, pois não constitui um órgão público.

Ainda no que tange à organização dos atores institucionais, cumpre observar que o Departamento de Recuperação de Ativos e Cooperação Jurídica Internacional (DRCI/SNJ), integrante do Ministério da Justiça, é responsável por articular a implementação da ENCCLA, sendo que a Secretaria Nacional de Justiça e Cidadania coordena a Estratégia, em parceria com os demais órgãos que a compõem, ficando internamente sob a responsabilidade da Coordenação-Geral de Articulação Institucional.

Ressalte-se que hoje, após incremento em seu número de participantes, a ENCCLA é formada por mais de 70 órgãos, dos três poderes da República, Ministérios Públicos e da sociedade civil, que atuam, direta ou indiretamente, na prevenção e combate à corrupção e à lavagem de dinheiro e compreende todas as fases de atuação do Estado: prevenção, fiscalização, controle, investigação e persecução. Na opinião de Sobrinho[23], o envol-

---

[22] ARAÚJO, Felipe Dantas de. Uma análise da Estratégia Nacional Contra a Corrupção e a lavagem de dinheiro (ENCCLA) por suas diretrizes. *Revista Brasileira de Políticas Públicas*, Brasília, v. 2, n. 1, p. 53-82, jan./jun. 2012, p. 64.

[23] SOBRINHO, Jorge Hage. A articulação institucional como instrumento fundamental de combate á corrupção. In: Secretaria Nacional de Justiça. *ENCCLA - Estratégia nacional de combate à corrupção e à lavagem de dinheiro*: 10 anos de organização do estado brasileiro contra o crime organizado. Brasília, Ministério da Justiça, 2012. p. 11-12. Disponível em: <http://

vimento dessa quantidade e diversidade de órgãos representa a força da ENCCLA. Por outro lado, há quem entenda de maneira diversa, compreendendo essa característica, associada ao fato de que a estratégia não constitui uma entidade, também como um ponto que pode gerar dificuldades na interação dos atores, a exemplo de Mohallem e Ragazzo[24]:

Houve crescimento do número de participantes na ENCCLA. Atualmente, somam 78. De um lado, isso denota a crescente importância da Estratégia como fórum de discussão e tomada de decisões, assim como uma maior diversidade de vozes que a integram. De outro, surgem inerentes dificuldades de coordenação, agravadas pelas limitações materiais e de pessoal da sua secretaria executiva."

De qualquer modo, é inegável que por meio das ações previstas anualmente, desenvolvidas por tais órgãos, no âmbito dos grupos de trabalho que se inserem, cuja execução é devidamente monitorada, a ENCCLA tem obtido importantes resultados no que concerne ao combate da corrupção e da lavagem de dinheiro, dentre os quais destacam-se: a criação do Programa Nacional de Capacitação e Treinamento para o Combate à Corrupção e à Lavagem de Dinheiro – PNLD, a partir do qual, desde 2004, cerca de 15 mil agentes foram capacitados em todas as regiões do país; a elaboração de diversos anteprojetos e propostas de alterações a projetos de lei em andamento, nos temas organizações criminosas, lavagem de dinheiro (Lei nº 12.683/12), extinção de domínio (perdimento civil de bens relacionados a atos ilícitos), prescrição penal, intermediação de interesses (lobby), sigilo bancário e fiscal, improbidade administrativa, responsabilização da pessoa jurídica, aprimoramento do sistema normativo; a Criação da Métrica ENCCLA de Transparência, com a consequente aplicação e avaliação de órgãos e poderes das três esferas e divulgação do Ranking da Transparência; e o desenvolvimento do aplicativo "As diferentonas", que permite ao cidadão identificar padrões diferenciados na distribuição de recursos públicos e comparar os recursos recebidos e gastos por municípios parecidos – maior controle e transparência, dentre muitos outros.

---

www.justica.go v.br/sua-protecao/lavagem-de-dinheiro/arquivos_ane xos/enccla-10-anos.pdf>. Acesso em: 18 abr. 2018, p. 11.

[24] MOHALLEM, Michel; RAGAZZO, Carlos Emmnauel Joppert. *Diagnóstico institucional: primeiros passos para um plano nacional anticorrupção*. Rio de Janeiro: Escola de Direito do Rio de Janeiro da Fundação Getulio Vargas, 2017. Disponível em: < http://bibliotecadigital.fgv.br/dspa ce/handle/10438/18167>. Acesso em 17 nov. 2017, p. 9.

Ademais, nesse contexto, vale destacar, dentre as ações previstas para 2018, a ação nº 1, a qual compreende a elaboração e aprovação do Plano Nacional de Combate à Corrupção.

Por outro lado, Mohallem e Ragazzo[25] apontam para a questão orçamentária como problema da Estratégia, capaz de limitar sua atuação e resultados, uma vez que os recursos destinados à realização de seus objetivos fazem parte da dotação orçamentária do departamento que integram, o Departamento de Recuperação de Riscos e Cooperação Jurídica Internacional, o que demonstra a ausência de recursos e aparatos próprios, fato que pode comprometer a segurança institucional e jurídica de seu funcionamento, além de contribuir para a limitação de suas atividades, sendo que a ENCCLA realiza no máximo 14 ações por ano e, em 2017, já houve uma redução desse número para apenas 11.

Assim, consideradas as supracitadas características da ENCCLA, pode-se observar que ela apresenta alguns obstáculos a serem superados em relação à eficiência das políticas públicas que promove, sendo o principal deles a organização da coordenação e articulação dos órgãos, sem a qual pode haver a sobreposição e descontinuidade das ações.

Entretanto, importa mencionar que os órgãos integrantes da ENCCLA estão cientes de tais deficiências e desafios e já vêm trabalhando na sua superação. À guisa de exemplo, verifica-se que 5 das 14 ações previstas para o ano de 2016 referiam-se ao desenvolvimento de mecanismos de cooperação e integração entre tais órgãos, inclusive no que toca ao compartilhamento de informações, e que tais preocupações permaneceram presentes no rol de ações previstas para 2017, sendo que a ação nº 7 de 2017, por exemplo, dispunha sobre a necessidade de ampliação do compartilhamento de dados para combate à corrupção e à lavagem de dinheiro.

Ante o exposto, ainda que existam desafios e obstáculos a serem superados pela ENCCLA, não se pode negar que ela é considerada uma iniciativa única no Brasil, sendo ainda reconhecida internacionalmente pelo GAFI/FATF, conforme bem lembra Biasoli[26].

---

[25] MOHALLEM, Michel; RAGAZZO, Carlos Emmnauel Joppert, op.cit., p. 52.
[26] BIASOLI, Roberto. ENCCLA: um exemplo de união. In: Secretaria Nacional de Justiça. **ENCCLA - Estratégia nacional de combate à corrupção e à lavagem de dinheiro**: 10 anos de organização do estado brasileiro contra o crime organizado. Brasília, Ministério da Justiça, 2012. p. 58. Disponível em: <http://www.justica.gov.br/sua-protecao/lavagem-de-dinheiro/arquivos_anexos/enccla-10-anos.pdf>. Acesso em: 18 out. 2017, p. 58.

Por fim, resta clara a relevância da ENCCLA para o sistema de combate e prevenção à corrupção e lavagem de dinheiro, enquanto vetor de políticas públicas e disseminação da cultura de *compliance* no Brasil.

Nesse sentido, outra política pública em destaque no período de 20 anos ora analisado é representada pela Lei nº 12.846/13, que estabelece a responsabilidade objetiva de pessoas jurídicas pela prática de atos de corrupção e institui o compliance como circunstância de atenuação na aplicação das sanções, matéria a qual foi objeto das ações nº 3/2015 e nº 5/2016 da ENCCLA.

A Lei nº 12.846/2013, que ficou conhecida como Lei Anticorrupção, foi promulgada como uma resposta ao clamor popular em razão da descoberta de um dos maiores esquemas de corrupção em 2005, a qual resultou na Ação Penal nº 470, aliado ao fato de que à época, embora os dirigentes ligados ao quadro societário daquelas pessoas jurídicas tivessem sido condenados durante o julgamento de tal ação, as pessoas jurídicas em si não sofreram sanções governamentais. Ademais, outro fator que contribuiu para edição da lei em questão, foram os compromissos internacionais assumidos pelo Brasil, à exemplo da Convenção sobre o Combate da Corrupção de Funcionários Públicos Estrangeiros em Transações Comerciais Internacionais da Organização para Cooperação e Desenvolvimento Econômico, dos quais decorria a obrigação de punir de efetivamente as pessoas jurídicas que praticassem atos de corrupção, em especial, corrupção ativa de funcionários públicos e organizações internacionais, conforme bem observam Ribeiro e Diniz[27].

Nesse sentido, com o intuito de suprir a referida lacuna legislativa e apaziguar os ânimos, em 2013 foi publicada a Lei Anticorrupção, que entrou em vigor no dia 01 de fevereiro de 2014, e dispõe sobre a responsabilização administrativa e civil de pessoas jurídicas pela prática de atos contra a administração pública, nacional ou estrangeira. Note-se que a redação da referida lei buscou inspiração nas principais legislações estrangeiras de anticorrupção: o *Foreign Corrupt Practices Act* (EUA), e o *UK Bribery Act*, e, posteriormente foi regulamentada pelo Decreto nº 8420/2015.

Como importantes previsões da Lei Anticorrupção, pode-se destacar: a responsabilização objetiva das pessoas jurídicas, a desconsideração compulsória da pessoa jurídica, a possibilidade de realização do acordo de

---

[27] RIBEIRO, Márcia Carla Pereira; DINIZ, Patrícia Dittrich Ferreira, op. cit, p. 98.

leniência entre a Administração Pública e as pessoas jurídicas que efetivamente colaborarem com a investigação e com o processo administrativo, a imposição de sanções pecuniárias e não pecuniárias mediante apuração por meio de um Processo Administrativo de Responsabilização e o estabelecimento de prazo prescricional. Contudo, a principal medida legal para fins deste artigo, o qual não tem a pretensão de esgotar a análise da lei, mas sim focar nos aspectos de *compliance,* é a consideração da adoção de programas de integridade pelas empresas no momento da aplicação da sanção.

De acordo com o artigo 7º da referida lei, dentre as circunstâncias que serão consideradas na dosimetria para aplicação de sanções, está a existência de mecanismos e procedimentos internos de integridade, auditoria, incentivo à denúncia de irregularidades e a aplicação efetiva de códigos de ética e de conduta, ou seja, a existência de um verdadeiro e efetivo programa de *compliance*. Ressalte-se que o decreto regulamentador da lei em questão cuidou de estabelecer elementos e parâmetros básicos para a análise e consideração de efetivos programas de integridade.

Note-se, portanto, que a referida lei pretendeu criar verdadeiro sistema de estímulos para a implementação da cultura do *compliance* no âmbito empresarial, ao considerar os programas efetivos de integridade como atenuantes na aplicação da pena. Ainda, segundo Magalhães[28], outra vantagem da adoção do *compliance* decorre do caráter objetivo das sanções aplicadas: se praticadas ações ilícitas tipificadas, sem que haja conhecimento dos dirigentes e administradores, a responsabilidade objetiva poderá ser elidida se houver estrutura que se ocupe de divulgar uma cultura organizacional ética, além de controlar a legalidade das ações empresariais. Ou seja, ainda que praticado o ilícito, os efetivos esforços para prevenção serão considerados como atenuantes.

Não obstante, Ribeiro e Diniz[29] entendem que, embora a lei em análise traga dispositivos de incentivo à adoção do *compliance,* há outras disposições que apresentam falhas e podem comprometer sua eficiência, a exemplo do artigo 2º, que impõe como condição de responsabilização o fato de que o ato coibido tenha implicado benefício em favor da empresa ou em seu favor e de terceiro, gerando incerteza quanto ao benefício quando o

---

[28] MAGALHÃES, João Marcelo Rego. Pontos relevantes da lei anticorrupção empresarial brasileira – Lei nº 12.846, de 1º de agosto de 2013. In: **Revista da Procuradoria Geral do Banco Central**, v. 8, n. 1, jun. 2014, p. 65.

[29] RIBEIRO, Márcia Carla Pereira; DINIZ, Patrícia Dittrich Ferreira, op. cit, p. 101.

ato for praticado exclusivamente em favor de terceiro, bem como o artigo 4º, § 2º, que tem a potencialidade de aumentar o custo de transação.

No mesmo sentido, Di Carli[30] parte de cálculos hipotéticos com base nos parâmetros de dosimetria das sanções constantes do Decreto nº 8.420/2015 e conclui que o efeito mitigador dos programas de *compliance* conferido pela lei não representa um incentivo adequado para que empresas os implementem. A autora afirma que a consideração do *compliance* como uma entre dez circunstâncias a serem consideradas na dosimetria da sanção não autoriza que a empresa deixe de ser processada ou responsabilizada quando da prática de um ato isolado e ela tenha adotado medidas razoáveis de prevenção e correção. Na sua opinião, o estímulo seria maior se o *compliance* pudesse ser considerado no âmbito da aplicação das sanções cíveis, no âmbito do processo judicial.

Assim, verifica-se que a abordagem da Lei Anticorrupção e seu decreto regulamentador, no que tange à questão do *compliance*, parece estarem longe de serem perfeitas, dando margem a uma série de questionamentos pertinentes.

Entretanto, a publicação da Lei nº 12.846/2013, como parte de uma política pública de combate e prevenção à corrupção, tem uma grande importância para o sistema brasileiro, uma vez que solucionou um problema de lacuna legal em relação à responsabilização por atos de corrupção e configurou um marco legal do *compliance* no Brasil, sendo que eventuais imperfeições (cujas alegações não se restringem ao âmbito do *compliance*) podem, certamente, ser objeto de reforma.

Conclusão

Diante da análise das principais políticas públicas desenvolvidas no âmbito do combate e prevenção à corrupção e lavagem de dinheiro nos últimos 20 anos, as quais contribuíram para a disseminação da cultura do *compliance* no Brasil, é possível se constatar a existência de um processo evolutivo que compreende a criação de importantes leis, órgãos e normas administrativas.

A nosso ver, o Brasil avançou muito em relação à capacidade e à governança sobre a prevenção aos crimes de corrupção e lavagem de dinheiro,

---

[30] DI CARLI, Carla Veríssimo. **Compliance: incentivo à adoção de medidas anticorrupção.** Rio Grande do Sul: Saraiva, 2017, p. 267.

principalmente levando-se em consideração a inteligência financeira produzida.

Relembramos que a unidade de inteligência financeira brasileira, representada pelo COAF, completa 20 anos de existência, período em que alcançou importantes resultados que tornaram a prevenção da lavagem de dinheiro e ao financiamento ao terrorismo uma nova realidade no país. Diversos relatórios de inteligência financeira destinados às autoridades competentes foram e vêm sendo produzidos para o avanço das investigações. Ademais, o COAF coordena hoje a participação brasileira nos principais organismos internacionais que discutem esses crimes, tal como o GAFI/FATF.

As políticas públicas implementadas no país nos últimos 20 anos, principalmente por meio da criação de um sistema normativo complexo visando a combater a nova criminalidade, são perceptíveis e louváveis. Falar que pouco foi feito nos últimos vinte anos em termos de avanços é o mesmo que negar inúmeros esforços e conquistas, reconhecidos inclusive por organismos internacionais.

Os avanços podem ser reconhecidos, portanto, seja pelo alinhamento da legislação nacional aos padrões internacionais, mas também pela criação de instituições sólidas. Nesse sentido, destacamos o sistema de governança criado por meio da Lei nº 9.613 destinado ao combate à lavagem de dinheiro. Inserem-se nesse sistema diversas pessoas sujeitas aos mecanismos legais de controle, que devem identificar seus clientes e comunicar ao COAF e às demais autoridades competentes operações suspeitas.

No campo da formulação de políticas públicas, deparamo-nos com a criação da ENCCLA no ano de 2003, que desde então contribui inegavelmente para a formulação pelo Estado de políticas públicas voltadas ao combate e à prevenção da lavagem de dinheiro e à corrupção. As contribuições da ENCCLA para a sociedade brasileira são verificadas em ações formuladas pela rede e no acompanhamento dos resultados advindos dessas ações.

No contexto do combate à corrupção, destacamos o advento da Lei nº 12.846/13, a qual não apenas instituiu o regime de responsabilidade objetiva para pessoas jurídicas por atos de corrupção suprindo uma lacuna legal, como também disseminou a cultura do *compliance* no âmbito empresarial.

Inobstante tenham sido identificados em nossa análise alguns pontos falhos em relação à construção das referidas políticas públicas, em especial no que se refere à coordenação de esforços e o uso racional das informações produzidas, há que se observar que o reconhecimento de tais oportunidades de aprimoramento representa o primeiro passo em direção à correção de deficiências visando a efetividade na implementação das políticas.

Dessa forma, conclui-se que embora ainda existam desafios a serem superados, constatamos que o desenvolvimento dessas políticas públicas nos últimos 20 anos instigou o *compliance* e em conjunto com este, constituem relevantes mecanismos de combate e prevenção à grande criminalidade.

Referências

ANDRADE, Pedro Luiz Bueno de; SHECAIRA, Sérgio Salomão. Compliance e o direito penal. *Boletim 222*. São Paulo: Instituto Brasileiro de Ciências Criminais – IBCCRIM, 2011.

ARAÚJO, Felipe Dantas de. Uma análise da Estratégia Nacional Contra a Corrupção e a Lavagem de Dinheiro (ENCCLA) por suas diretrizes: 10.5102/rbpp.v2i1.1649. *Revista Brasileira de Políticas Públicas*, Brasília, v. 2, n. 1, p. 53-82, 27 jan. 2012. Centro de Ensino Unificado de Brasilia. http://dx.doi.org/10.5102/rbpp.v2i1.1649.

AVRITZER, Leonardo; FIGUEIRAS, Fernando. *Corrupção e sistema político no Brasil*. Rio de Janeiro: Civilização Brasileira, 2011.

BARROS, Marco Antonio de. *Lavagem de Capitais e obrigações civis correlatas: com comentários, artigo por artigo, à Lei 9.613/1998*. 4. ed. São Paulo: Revistas dos Tribunais, 2013. 478 p.

BIASOLI, Roberto. ENCCLA: um exemplo de união. In: Secretaria Nacional de Justiça. ENCCLA – *Estratégia nacional de combate à corrupção e à lavagem de dinheiro*: 10 anos de organização do estado brasileiro contra o crime organizado. Brasília, Ministério da Justiça, 2012. p. 58. Disponível em: <http://www.justica.gov.br/sua-protecao/lavagem-de-­dinheiro/arquivos_anexos/enccla-10-an os.pdf>. Acesso em: 18 out. 2017.

BRASIL. *Exposição de Motivos da Lei Nº 9.613, de 1998*: EM no 692 / MJ. Brasília, 18 dez. 1996. Disponível em: <http://www.coaf.fazenda.gov.br/menu/legislacao-e-normas/legislacao-1/Exposicao de Motivos Lei 9613.pdf/view>. Acesso em: 06 abr. 2018.

CAPPELLARI, Álisson dos Santos; FIGUEIREDO, Vicente Cardoso de. O criminal *compliance* como instrumento de prevenção da criminalidade econômica no âmbito das instituições financeiras. *Revista Fórum de Ciências Criminais* – RFCC, Belo Horizonte, ano 3, n. 6, jul./dez. 2016.

CONSELHO DE CONTROLE DE ATIVIDADES FINANCEIRAS (COAF) (Brasil). *Vídeo Institucional dos 20 anos do COAF*. Disponível em: <http://coaf.fazenda.gov.br/videos/video-coaf-20-anos.mp4/view>. Acesso em 14 abr. 2018.

CONSELHO DE CONTROLE DE ATIVIDADES FINANCEIRAS (COAF) (Brasil). *Competências*. Disponível em: < http://www.coaf.fazenda.gov.br/acesso-a-informacao/Institucional/competencias>. Acesso em 14 abr. 2018.

DALLARI BUCCI, Maria Paula. O conceito de políticas públicas em direito. In: BUCCI,

Maria Paula Dallari. *Políticas públicas*: reflexões sobre o conceito jurídico. São Paulo: Editora Saraiva, 2006.

DUARTE, Clarice Seixas. O ciclo das políticas públicas. In: SMANIO, Gianpaolo Poggio; BERTOLIN, Patrícia Tuma Martins; BRASIL, Patricia Cristina. *O Direito e as Políticas Públicas no Brasil.* São Paulo: Atlas, 2013.

ESTELLITA, Heloisa; BOTTINI, Pierpaolo Cruz. Alterações na legislação de combate à lavagem: primeiras impressões. *Instituto Brasileiro de Ciências Criminais:* Boletim, São Paulo, v. 237, n. 20, p.2-2, ago. 2012. Mensal. Disponível em: <http://www.ibccrim.org.br/site/boletim/pdfs/Boletim237.pdf>. Acesso em: 14 abr. 2018.

ESTRATÉGIA NACIONAL DE COMBATE À CORRUPÇÃO E À LAVAGEM DE DINHEIRO (ENCCLA) (Brasil). *Quem somos.* 2018. Disponível em: <http://enccla.camara.leg.br/quem-somos>. Acesso em: 6 abr. 2018.

GABARDO, Emerson; CASTELLA, Gabriel Morettini e. A nova lei anticorrupção e a importância do *compliance* para as empresas que se relacionam com a administração pública. *Revista de Direito Administrativo e Constitucional,* ano 15, n. 60, p. 129-147, abr./jun. 2015.

MAGALHÃES, João Marcelo Rego. Pontos relevantes da lei anticorrupção empresarial brasileira – Lei nº 12.846, de 1º de agosto de 2013. In: *Revista da Procuradoria Geral do Banco Central,* v. 8, n. 1, jun. 2014.

MOHALLEM, Michael Freitas; RAGAZZO, Carlos Emmanuel Joppert. *Diagnóstico Institucional: primeiros passos para um plano nacional anticorrupção.* Rio de Janeiro: FGV Direito Rio – CJUS, abr. 2017. Disponível em: <http://bibliotecadigital.fgv.br/dspace/handle/10438/18167>. Acesso em 14 abr. 2018.

NOTARI, Márco Bonini; LEAL, Rogério Gesta. O crime de lavagem de dinheiro no âmbito da OCDE e as políticas públicas de combate à corrupção. *Revista do Direito Público,* Londrina, v. 10, n. 2, p.187-206, 1 set. 2015. Universidade Estadual de Londrina. http://dx.doi.org/10.5433/1980-511x.2015v10n2p187.

RIBEIRO, Márcia Carla Pereira; DINIZ, Patrícia Dittrich Ferreira. *Compliance* e lei anticorrupção nas empresas. *Revista de Informação Legislativa do Senado Federal,* Brasília, ano 52, n. 205, jan./mar., 2015.

O Conflito de Instâncias na Aplicação dos Instrumentos de Combate à Corrupção e os Efeitos sobre o *Compliance*

Anderson Pomini

Flávio Henrique Costa Pereira

Introdução

O processo de combate à corrupção no Brasil e no mundo, para sua plena eficácia, exige a atuação do Estado por meio das mais diversas instituições, o que implica iniciativas administrativas e judiciais nas áreas civil, administrativa e penal. Cada nação, observados seus aspectos culturais e históricos, define seus critérios objetivos sobre o que é corrupção e normatiza instrumentos preventivos e repressivos sobre esse tema[1].

---

[1] "Ao tentar delimitar um critério objetivo para se definir corrupção, Felipe Eduardo Hideo Hayashi argumenta que dentro de um sistema jurídico é a lei que diz o que é considerado corrupção. Por sua vez, o Direito pauta-se na observação da realidade no seu entorno (observando a cultura, os costumes e os valores impregnados em um dado momento histórica da sociedade). Deste modo é que são classificadas certas condutas como ilícitos de natureza penal, civil ou administrativa. Tudo depende do contexto geográfico e cronológico em que se insere a questão." (GABARDO, Emerson; CASTELLA, Gabriel Morettini e. *A nova lei anticorrupção e a importância do compliance para as empresas que se relacionam com a Administração Pública*. A&C - Revista de Direito Administrativo & Constitucional. Belo Horizonte, ano 15, n. 60, p. 129-147, abr/jun, 2015).

Atributo fundamental do Estado, a soberania o faz titular de competências. Identificamos o Estado quando seu governo não se subordina a qualquer autoridade que lhe seja superior, não reconhece nenhum poder maior de que dependam a definição do exercício de suas funções. Logo, um governo que se deixa ser controlado ou que tenha a sua atuação induzida pelas diretrizes estabelecidas pelo Poder Econômico, é ilegítimo e não possui sustentáculo para a formação de um Estado.

Ao exercício pleno da soberania, dentro da lógica organizacional do Estado, há uma clara desvinculação entre Estado e domínio econômico, pois, caso contrário, a dominação do poder econômico acabaria por moldar o Estado às suas expensas, como se uma marionete fosse. A incorporação, pelo Estado brasileiro, de medidas contra a corrupção dispostas em acordos internacionais, importou na edição de novas leis com forte impacto no regime sancionatório e nos processos de investigação dessas práticas, resultando em um imbricamento de normas que exigem do aplicador do direito árdua interpretação sistemática, com forte impacto na segurança jurídica de diversos institutos.

Com o advento da Lei Anticorrupção no Brasil, foi possível notar a evolução do *Compliance*, tanto na esfera privada quanto na pública. Referido avanço normativo reforçou esse instrumento como meio de percepção da corrupção e de desvios de conduta.

Nesse mesmo sentido, como ponderam Gabardo e Castella[2], a doutrina também se esforça para estabelecer modelos explicativos acerca da existência de corrupção no mundo, dado que a corrupção é um fenômeno capaz de influenciar até mesmo o desenvolvimento econômico-social de todo um país.

Porém, a inclusão dos instrumentos internacionais de combate à corrupção no Brasil se realizou sem o cuidado de se estabelecer procedimentos claros para sua formalização, notadamente quanto aos regimes de competência e atribuição, o que vem gerando grave dificuldade no avanço sobre a matéria, notadamente pela insegurança jurídica decorrente.

Em decorrência, é de se esperar grave impacto sobre a incorporação da cultura do *compliance* no país, na medida em que ao se assumir os riscos

---

[2] GABARDO, Emerson; CASTELLA, Gabriel Morettini. A nova lei anticorrupção e a importância do *compliance* para as empresas que se relacionam com a Administração Pública. A&C - *Revista de Direito Administrativo & Constitucional*. Belo Horizonte, ano 15, n. 60, p. 129-147, abr/jun, 2015.

inerentes a esse sistema de governança, qual seja, a explicitação de práticas irregulares e ilegais por ato próprio da empresa (autoregulação regulada), principalmente por meio da atuação do Whistleblower[3], o empresário não goza, do Poder Público, de garantias mínimas necessárias quanto aos caminhos para estabelecer acordos de leniência e, até mesmo, colaborações premiadas[4].

E tudo isso simplesmente por inexistir no universo normativo sobre esses institutos elementos objetivos e claros sobre procedimentos, processos e, para o que aqui nos interessa, regras de competência e atribuição. Nesse cenário, impera o subjetivismo[5], com forte prejuízo à confiabilidade do sistema.

---

[3] "A expressão whistleblowing designa o ato de informar o cometimento de um ilícito. Aquele que "denuncia" é chamado de whistleblower, isto é, a pessoa que "assopra o apito", delatando a irregularidade perpetrada. Como esclarece Ragués i Vallès, essa expressão não se refere a um informante qualquer, senão ao que possui uma relação com a organização empresarial objeto das irregularidades, como, por exemplo, empregados atuais e anteriores de uma corporação que denunciam, ante seus superiores, às autoridades ou a terceiras pessoas a prática de atos ilícitos, concernentes às atividades empresariais, realizados pela própria organização ou por seus membros".

[4] Contudo, a carência de regulamentação em relação à dosimetria da pena, além da ausência de objetividade em relação aos reais benefícios a serem concedidos à empresa que tiverem política de *Compliance* efetivo, podem fazer com que a referida Lei Anticorrupção brasileira não seja concebida como uma verdadeira estrutura de incentivos, pois não demonstra claramente que os benefícios advindos de sua implantação serão maiores que os prejuízos em caso da não implantação. Dessa forma, 'é preciso que a discricionariedade seja reduzida ao máximo, tornando o critério de estabelecimento das penalidades o mais objetivo possível', uma vez que, 'do jeito que está formatada, esta 'superlei' é perigosa e de difícil aplicação', o que pode comprometer sua eficácia. (RIBEIRO, Marcia Carla Pereira. DINIZ, Patrícia Patrícia Dittrich Ferreira. *Compliance* e Lei Anticorrupção nas Empresas. *Revista de Informação Legislativa do Senado Federal*, a. 52, n. 205, jan./mar. 2015, pg. 102).

[5] "Além de trazer elemento de forte caráter subjetivo ("efeito negativo produzido pela infração"), e do fato de que as situações de colaboração com as autoridades e de efetividade não são acompanhadas de previsão de controle jurídico de sua aplicação, as noções de proporcionalidade na atribuição da responsabilidade administrativa ainda estão longe de alcançar parâmetros mais adequados à regulação de comportamentos econômicos, ao menos no que diz respeito à reflexão crítica acerca do grau de dependência econômico específico das atividades empresariais." (SILVEIRA, Renato de Mello Jorge; SAAD-DINIZ, Eduardo. *Compliance, direito peal e lei anticorrupção*. São Paulo: Saraiva, 2015, pgs. 318/319)

1. Breve Histórico Legislativo do *Compliance* no Brasil

A origem da normatização ao combate a corrupção remonta os EUA, na década de 1950, ocasião na qual surgiu a ideia da criação da *Prudential Securities*. Na década seguinte, outro importante marco na história foi a regulação da *Securities and Exchange Commission (SEC)*. Já em 2002, a Sarbanes Oxley-Act foi estruturante aos avanços legais para combater a corrupção, fortalecendo a garantia das informações disponibilizadas pelas empresas ao mercado.

Os mecanismos de controle da corrupção, instituído pelo *Bribery Act*, no Reino Unido e pelo *aufsichtspflicht,* na Alemanha, denotaram a responsabilidade individual do empregado que comete corrupção. Mais recentemente, em 2009, o Chile, também apontou progressos com a sua criteriosa legislação de responsabilidade penal empresarial.

No Brasil, nos últimos anos, em compasso (não tão estreito) com os movimentos internacionais de combate à corrupção, promoveu importante deslocamento do foco das estratégias de combate ao crime, para acrescer, ao lado do risco social de segurança, a estabilidade das atividades negociais[6].

Neste cenário, a corrupção, assim considerada em seu significado laico, qual seja, todos os atos ofensivos ao patrimônio material e imaterial da Administração Pública (corrupção propriamente dita, peculato, improbidade administrativa, nepotismo, suborno etc)[7], ganhou especial atenção

---

[6] "Se bem é verdade que essa transição ainda é em grande medida questionável no Brasil, fato é que nos últimos anos seguimos certo processo de alinhamento às tendências internacionais que voltam a mirada dos penalistas à criminalidade do ardil. Admitindo certa redução na construção de cenário, nos últimos anos e especialmente a partir dos anos 1990, com a abertura dos mercados internacionais, esses novos processos de vitimização passaram a determinar a feição mais atualizada da preocupação penal: ao risco de andar nas ruas com insegurança se soma a redução das incertezas da vida negocial. No lugar de técnicas de inocuização de determinados indivíduos ou grupos para preservar a segurança da sociedade, o foco passou a ser a estabilidade e confiança nas relações negociais, sobretudo no que diz respeito às possibilidades que cada indivíduo pode ter em relação à veracidade de informações e à capacidade de planejamento funcional de suas atividades." (SAAD-DINIZ, Eduardo. Novos modelos de responsabilidade empresarial: A agenda do direito penal corporativo. *In*: SAAD-DINIZ, Eduardo (org). *Tendências em governança corporativa e compliance*. São Paulo: LibersArs, 2016. p. 92).

[7] GABARDO, Emerson; CASTELLA, Gabriel Morettini e. A nova lei anticorrupção e a importância do *compliance* para as empresas que se relacionam com a Administração Públi-

do legislador com a ampliação de medidas de combate a esse grave problema do país em todas as ordens, quais sejam, civil, administrativa e penal.

Nas últimas duas décadas, destacaram-se a Lei de combate à *lavagem de dinheiro* (Lei nº 9.613, de 1998, com as alterações promovidas pela Lei nº 12.683, de 2012), Lei de *Combate à Organização Criminosa* (Lei nº 12.850, de 2013), Lei de *Defesa da Concorrência* (Lei nº 12.529, de 2011), Lei da *Ficha Limpa* (Lei Complementar nº 135, de 2010) e a Lei *Anticorrupção Empresarial* (Lei nº 12.846, de 2013). Essas normas, ao lado, dentre outras, da *Lei de Licitações* (Lei nº 8.666, de 1993), Lei de *Improbidade Administrativa* (Lei nº 8.429, de 1992), Lei de *Proteção à Ordem Econômica* (Lei nº 8.884, de 1994), Lei do *Mercado de Valores Imobiliários* (Lei nº 6.385, de 1976) e o próprio *Código Penal*, formam um amplo arcabouço jurídico em favor da atuação do Estado no combate à corrupção.

A nova ordem jurídica atende aos reclamos da comunidade internacional, consubstanciados nas convenções subscritas pelo Brasil como Estado parte, destacando-se: (i) a Convenção sobre o Combate à Corrupção de Funcionários Públicos Estrangeiros em Transações Comerciais Internacionais aprovadas pela Organização para a Cooperação e Desenvolvimento Econômico – OCDE; (ii) Convenção Interamericana contra a Corrupção aprovada pela Organização dos Estados Americanos (OEA); (iii) Convenção das Nações Unidas contra a Corrupção aprovada pela Organização das Nações Unidas (ONU).

Nesse arranjo legislativo, a Lei nº 12.846, de 2013, em seu art. 7º, inciso VIII atribui à existência de *compliance* nas empresas (mecanismos e procedimentos internos de integridade) como elemento de ponderação na aplicação de sanções por ato de corrupção.

2. Diversidade de Instâncias

Como já destacamos, a eficácia dos modernos instrumentos de combate à corrupção tem na fragilidade da legislação vigente forte componente de limitação à sua expansão, em razão da precariedade na formatação de procedimentos e estabelecimento de competências e atribuições.

Sem a pretensão de esgotar o tema neste trabalho, é certo que nas três áreas de atuação no combate à corrupção observa-se, especialmente no manejo pragmático das novas normas supranacionais[8], dificuldades que exigem a adoção de novas políticas públicas[9] para solucionar os problemas já constatados.

Vejamos, no âmbito do direito penal, civil e administrativo, algumas questões pontuais que evidenciam o imbricamento de instâncias e seus efeitos.

2.1. Direito Penal

É importante destacar, de início, que seguindo a tradição brasileira, até mesmo em decorrência da origem romano-germânica de nosso direito, o legislador optou por não prever a pessoa jurídica como sujeita às normas penais de combate à corrupção. Em que pese a legislação ambiental já impor a responsabilidade penal da pessoa jurídica no país[10], é certo que esse tema ainda enfrenta forte resistência[11].

---

[8] Como é o caso do Decreto Municipal de São Paulo, nº 55.107, de 13 de maio de 2014, que regulamenta, no âmbito do Poder Executivo, a Lei Federal nº 12.846, de 1º de agosto de 2013, que dispõe sobre a responsabilização administrativa e civil de pessoas jurídicas pela prática de atos contra a Administração Pública. Dentre outras disposições, a norma supracitada disciplina o processo administrativo destinado à apuração da responsabilidade administrativa de pessoas jurídicas pela prática de atos contra a Administração Pública Municipal Direta e Indireta.

[9] O conceito de políticas públicas que adotamos inclui o processo legislativo como instrumento de seu aperfeiçoamento, como assim já reconhecido: "Como fenômeno jurídico, notamos que as Políticas Públicas se traduzem por um complexo de normas jurídicas e assim pode ser definidas. Normas especiais, como proposto por Eros Grau, com fixação de objetivos a serem alcançados, mas também podendo realizar normas de conduta e normas de organização, como propôs Patrícia Helena Massa-Arzabe." (SMANIO, Gianpaolo Poggio. Os Direitos e as Políticas Públicas no Brasil. In: SMANIO, Gianpaolo Poggio e BERTOLIN, Patrícia Tuma Martins (Org.). *Legitimidade jurídica das políticas públicas: a efetivação da cidadania*. São Paulo: Atlas, 2013, p. 10).

[10] Lei no 9.605, de 1998: "Art. 3º. As pessoas jurídicas serão responsabilizadas administrativa, civil e penalmente conforme o disposto nesta Lei, nos casos em que a infração seja cometida por decisão de seu representante legal ou contratual, ou de seu órgão colegiado, no interesse ou benefício da sua entidade".

[11] "No Brasil, a obscura previsão do art. 225, § 3º, da CF, relativamente ao meio ambiente, tem levado alguns penalistas a sustentar, equivocadamente, que a Carta Magna consagrou a responsabilidade penal da pessoa jurídica. No entanto, a responsabilidade penal ainda se encontra limitada à responsabilidade subjetiva e individual. Nesse sentido, manifesta-se

Ainda, merece destaque o fato de que a corrupção é considerada crime apenas na esfera pública, inexistindo previsão de crime dessa natureza quando se trata de condutas limitadas ao âmbito privado, como ocorre em outros países[12].

Assim, na esfera penal, o *compliance* possui contornos diferenciados em relação a diversos países subscritores dos mesmos acordos internacionais que levaram à incorporação dos novos instrumentos de combate à corrupção no Brasil, na medida em que a responsabilidade de pessoas jurídicas por ato de corrupção se limita aos contornos da relação público-privada e o sancionamento é exclusivo às pessoas físicas, inclusive nos crimes empresariais.

No Brasil, criminaliza-se as condutas definidas como corrupção ativa (art. 333, do CP) e corrupção passiva (art. 317, do CP), tendo como objetividade jurídica a preservação da probidade na Administração Pública[13]. Nessas regras, a tipicidade, em um olhar amplo, se encontra na ação de receber, oferecer ou prometer qualquer forma de vantagem em troca da prática, omissão ou retardamento de ato de ofício, pelo funcionário público.

Não é preciso grande esforço para se perceber a identidade dessas ações com o direito civil no tocante à responsabilidade pelos danos causados ao erário em decorrência dos atos de corrupção.

Ainda, há identidade dessas condutas nas descrições previstas na Lei nº 8.429, de 1992, no que tangem aos atos de improbidade administrativa.

Na seara administrativa, a corrupção, tal como definida no Código Penal, implica atos ilegais e efeitos em diversos diplomas, tais como estatuto dos servidores públicos de todos os níveis, licitações públicas (art. 3º, § 1º, incisos I e II da Lei nº 8.666, de 1993), processo administrativo (Lei nº 9.784, de 1999).

René Ariel Dotti, afirmando que 'no sistema jurídico brasileiro, a responsabilidade penal é atribuída, exclusivamente, às pessoas físicas. Os crimes ou delitos e as contravenções não podem ser praticados pelas pessoas jurídicas, posto que a imputabilidade jurídico-penal é uma qualidade inerente aos seres humanos'". (BITENCOURT, Cezar Roberto. *Direito Penal das Licitações*. São Paulo: 2012, Saraiva, pg. 88)

[12] Por exemplo: art. 288, do Código Penal Espanhol (Lei Orgânica 05/2010); Art. 2.635, do Código Civil Italiano (Disposições Penais).
[13] (DA COSTA, 2016, pg. 94)

Como se percebe, o imbricamento da corrupção com os demais ramos do direito é inegável, o que, inclusive, é objeto de contínua análise pela jurisprudência pátria.[14]

---

[14] "Direito penal e processual penal. nulidade de processo administrativo. autonomia da esfera criminal. cerceamento de defesa. quebra do sigilo fiscal de terceiros. inocorrência. crime material contra a ordem tributária. art. 1º, inciso i, da lei 8.137/90. autoria e dolo não demonstrados. Absolvição.
1. A discussão quanto a eventuais incorreções do lançamento se dá perante o juízo competente para julgar matéria tributária. Não cabe discutir perante o juízo criminal eventuais vícios do processo administrativo.
2. Ao juiz, destinatário da prova, cabe ponderar acerca da necessidade de sua produção. A prova do recebimento de valores por terceiros (deduções indevidas), não importa prejuízo, na medida em que tais deduções não foram glosadas pela autoridade fazendária.
3. As infrações que constituem crime material contra a ordem tributária dão ensejo, de um lado, ao lançamento do tributo e de multa de ofício, e, de outro, à responsabilização penal, forte no que dispõe a Lei 8.137/90. A responsabilização penal exige a configuração de dolo genérico e prova da autoria; não demonstrados, impõe-se a absolvição do réu (art. 386, VII, CPP)." (BRASIL. Tribunal Regional Federal da Quarta Região. Acórdão na Apelação Criminal nº 0000833-19.2008.4.04.7201/SC. Relator: PAULSEN, Leandro. Publicado no D.E. de 28-07-2015)
"administrativo e processual civil. servidor público. agravo regimental no recurso especial. razões de recurso que não impugnam, especificamente, os fundamentos da decisão agravada. súmula 182/stj. investigador de polícia. demissão. absolvição, na esfera criminal, por ausência de provas. irrelevância. autonomia das instâncias criminal e administrativa. matéria fática. reexame. impossibilidade. súmula 7/stj. agravo regimental parcialmente conhecido, e, nessa parte, improvido.
Interposto Agravo Regimental com razões que não impugnam, especificamente, os fundamentos da decisão agravada, mormente quanto à incidência das Súmulas 282/STF, aplicada por analogia, e 211/STJ, não prospera o inconformismo, em face da Súmula 182 desta Corte. A jurisprudência do Superior Tribunal de Justiça firmou-se no sentido de que, diante da independência das esferas criminal e administrativa, somente haverá repercussão, no processo administrativo, quando a instância penal manifestar-se pela inexistência material do fato ou pela negativa de sua autoria.
Hipótese em que, à luz do conjunto probatório dos autos, entendeu o Tribunal de origem que a absolvição do autor, ora agravante, na esfera criminal, deu-se pela não comprovação de ter o autor concorrido para o cometimento da infração penal, não interferindo, assim, nas conclusões firmadas na instância administrativa. A revisão dessa premissa demanda o revolvimento de matéria fático-probatória, o que atrai a incidência da Súmula 7/STJ. Agravo Regimental parcialmente conhecido, e, nessa parte, improvido". (BRASIL. Superior Tribunal de Justiça. Acórdão no Agravo Regimental no Recurso Especial nº 1.280.204 - SP. Relatora: Magalhães,Assusete. Publicado no DJe de 09-03-2016)

No tocante ao direito penal, o instituto da colaboração premiada[15], introduzido no Brasil a partir da Lei da Organização Criminosa (Lei nº 12.850, de 2013), é o instrumento mais relevante dentre as novas medidas de combate à corrupção.

Sua aplicação tem ensejado inúmeros debates que implicam a multiplicidade de atuações de diversas instâncias. Exemplo direto sobre o tema é a discussão acerca da possibilidade da Polícia Federal estabelecer acordos de colaboração premiada.

Quanto a esse assunto, a Procuradoria Geral da República ajuizou, no Supremo Tribunal Federal[16], Ação Direta de Inconstitucionalidade (ADI 5508). O Procurador-Geral que assina a peça indica que há trechos, na referida lei, que ao atribuírem a delegados de polícia legitimidade para negociar acordos de colaboração premiada e propor diretamente ao juiz concessão de perdão judicial ao investigado, contrariam os princípios do devido processo legal e da moralidade. Ainda argumenta que essa disposição vai de encontro à regra constitucional que atribuiu titularidade exclusiva da ação penal pública aos membros Ministério Público legitimamente investidos na função.

---

[15] A adoção da colaboração premiada vai ao encontro da previsão constante do art. 50 da Convenção das Nações Unidas contra a Corrupção, promulgada pelo Decreto nº 5.687, de 2006, que dispõe: "Art. 50. 1. A fim de combater eficazmente a corrupção, cada Estado Parte, na medida em que lhe permitam os princípios fundamentais de seu ordenamento jurídico interno e conforme às condições prescritas por sua legislação interna, adotará as medidas que sejam necessárias, dentro de suas possibilidades, para prever o adequado recurso, por suas autoridades competentes em seu território, à entrega vigiada e, quando considerar apropriado, a outras técnicas especiais de investigação como a vigilância eletrônica ou de outras índoles e as operações secretas, assim como para permitir a admissibilidade das provas derivadas dessas técnicas em seus tribunais."

[16] Segundo informações do site do Supremo Tribunal Federal, para Rodrigo Janot, Procurador-Geral da República, "... compete ao Ministério Público dirigir a investigação criminal, no sentido de definir quais provas considera relevantes para promover a ação penal, com oferecimento de denúncia ou arquivamento. 'Isso não exclui nem diminui o importante trabalho da polícia criminal nem implica atribuir ao MP a 'presidência' de inquérito policial, função que o Ministério Público nunca pleiteou, e de que não necessita para exercer suas funções constitucionais'. Para Janot, a investigação deve ocorrer em harmonia com as linhas de pensamento, de elucidação e de estratégia firmadas pelo MP, 'pois é a este que tocará decidir sobre propositura da ação penal e acompanhar todas as vicissitudes dela, até final julgamento' ". Disponível em: < http://www.stf.jus.br/portal/cms/verNoticiaDetalhe.asp?idConteudo=315678> Acesso em: 01/09/2017.

No que diz respeito ao *compliance*, mostram-se evidentes os prejuízos decorrentes desse conflito entre instâncias, pois não há segurança aos interessados quanto ao titular da atribuição de firmar a colaboração premiada. Logo, toda e qualquer empresa que instituir o *compliance* em sua organização exporá seus dirigentes, empregados e colaboradores ao risco de sofrer perseguição de natureza penal caso haja a comunicação da prática de crime de corrupção no interior da pessoa jurídica, sem saber sequer quem são os titulares da atribuição de firmar a colaboração premiada, que constitui o instrumento de compensação ao ato de informação da corrupção às autoridades públicas competentes. Ou seja, o problema se apresenta já de início.

Superada a questão da atribuição, o que, neste momento, poderia se resolver com a negociação do acordo diretamente com o Ministério Público, outro grave problema se insere na falta de melhor disciplinamento legal do instituto, pois, tanto o Ministério Público quanto a autoridade policial possuem alto grau de subjetivismo para definir a quem conceder a colaboração premiada e seus efeitos, como já demonstrado acima, deixando incerto o resultado da ação de informação da prática de corrupção por iniciativa das própria empresa.

2.2. Direito Administrativo

Na esfera do direito administrativo enfrenta-se os maiores questionamentos. Para este trabalho, o tema a ser discutido é o do acordo de leniência, que não é uma novidade no direito brasileiro. Comum à área concorrencial, a Lei nº 12.846, de 2013, inseriu em seu capítulo V a possibilidade de uso desse instrumento por pessoa jurídica responsável pela prática dos atos previstos na própria lei, que constituem atos contra a administração pública nacional e estrangeira. Também é previsto o acordo de leniência relacionados a atos ilícitos previstos na Lei nº 8.666, de 1993.

A atribuição para celebrar o acordo de leniência é da autoridade máxima de cada órgão ou entidade pública, cabendo à Controladoria-Geral da União essa competência quando relacionados a atos praticados no âmbito do Poder Executivo Federal[17].

---

[17] "(...) 10. A autoridade competente para firmar o acordo de leniência, no âmbito do Poder Executivo Federal é a Controladoria Geral da União (CGU).
11. Não há impedimentos para que haja a participação de outros órgãos da administração pública federal no acordo de leniência como a Advocacia Geral da União, o Ministério Público

Como efeito, o acordo de leniência possibilita à pessoa jurídica isentar-se de responder pelas sanções de publicação extraordinária de decisão condenatória e proibição de receber incentivos, subsídios, doações ou empréstimos de órgãos ou entidades públicas e de instituições financeiras públicas ou controladas pelo poder público, além de possibilitar a redução da multa civil aplicada até o montante correspondente a 2/3 de seu valor.

Não há previsão de participação do Ministério Público nestes acordos e o principal objetivo nesses casos de leniência é obter provas de ilícitos praticados contra a Administração Pública[18], no afã de punir responsáveis e ressarcir o erário de seus prejuízos.

A forma como se encontra disciplinada a matéria apresenta grande empecilho à efetividade dos objetivos inerentes aos acordos de leniência. É que o ato de confissão, pela pessoa jurídica, de práticas ilícitas contidas no art. 5º da Lei nº 12.846, de 2013, significará a confissão, por diretores,

---

Federal e o Tribunal de Contas da União, havendo, portanto, a necessidade de uma atuação harmônica e cooperativa desses referidos entes públicos.

[12.] O acordo de leniência firmado pelo Grupo Odebrecht no âmbito administrativo necessita ser re-ratificado pelo ente competente, com participação dos demais entes, levando-se em conta o ressarcimento ao erário e a multa, sob pena de não ensejar efeitos jurídicos válidos.

[13.] Enquanto não houver a re-ratificação do acordo de leniência, a empresa deverá permanecer na ação de improbidade, persistindo o interesse no bloqueio dos bens, não porque o MP não pode transacionar sobre as penas, mas porque o referido acordo possui vícios que precisam ser sanados para que resulte íntegra sua validade, gerando os efeitos previstos naquele ato negocial." (BRASIL. Tribunal Regional Federal da Quarta Região. Agravo de Instrumento nº 5023972-66.2017.4.04.0000/PR. Relatora Desembargadora Federal Vânia Hack de Almeida. Julgado em 22-08-2017).

[18] "O acordo de leniência é uma modalidade de abrandamento das sanções aplicáveis via da colaboração do infrator e em resumo constitui forma de mitigação da responsabilidade e penalização na medida da colaboração e dentro de certos limites que a lei fixa. Num esforço inovador o legislador moderno vem acolhendo medidas negociadas de inspiração estrangeira para o esclarecimento de fatos, circunstancias e viabilização de provas por outro modo de difícil equação na via tradicional. Assim, por exemplo, na Lei n. 8.884/94 (art. 35 e s., e parágrafos), com respeito às infrações contra a ordem econômica e que foi declarada inspiração desta. Também na Lei n. 12.529, de 30-11-2011 (Lei do Cade, arts. 86 e 87), e na Lei n. 12.850, de 2-8-2013 (Lei das Organizações Criminosas, arts. 4º a 6º), instituiu-se mecanismo de colaboração do infrator como modalidade de indicação de provas ou de revelação de elementos da infração com contrapartida na redução ou extinção da pena." (DIPP, Gilson Et al. Comentários sobre a Lei Anticorrupção. São Paulo: 2016, Saraiva, pgs. 78/79.)

sócios e outros representantes das pessoas jurídicas, da prática de infração penal e ato de improbidade administrativa[19].

O acordo de leniência, por falta de previsão legal e ante a ausência de participação do Ministério Público em sua celebração, significará, para o representante do leniente, sujeição a ações judiciais de graves consequências, podendo, em última instância, significar a perda de sua liberdade pela confissão de crimes contra a administração pública, bem como a perda de direitos políticos, proibição temporária de contratar com o Poder Público, dentre outras sanções. Isso porque o acordo de leniência possui previsão de incidência tão somente no âmbito administrativo, sem qualquer efeito, para a própria pessoa jurídica leniente, sobre possíveis ações judiciais.

Conforme previsão constante do art. 3º, da Lei nº 8.429, de 1992, a pessoa jurídica responde por improbidade administrativa em conjunto com o agente público ímprobo quando participar ou concorrer com o ato, bem como sempre que se beneficiar do ato ímprobo[20].

Logo, os principais benefícios decorrentes da Lei Anticorrupção das Pessoas Jurídicas poderão ser cancelados mediante condenação da empresa em ação de improbidade administrativa, ante a previsão das sanções de multa e proibição de contratar com o Poder Público contida no art. 12 da Lei nº 8.429, de 1992.

---

[19] "Após esses apontamentos e advertências, os autores alertam para o fato de que na quase totalidade dos casos, admitida a prática do ilícito para a celebração do acordo de leniência, a empresa estaria admitindo a sua participação em ato de improbidade administrativa, ficando sujeito às gravíssimas sanções previstas no artigo 12 da Lei n. 8.429/92." (SANTOS, Kleber Bispo dos. *Acordo de Leniência na Lei de Improbidade Administrativa e na Lei Anticorrupção*. 2016. Dissertação de Mestrado em Direito – Pontifícia Universidade Católica de São Paulo, São Paulo, 2016.)

[20] "O terceiro pode *participar* do ato ímprobo induzindo, persuadindo ou encorajando o agente público a fazer ou deixar de fazer determinado ato relativo às suas atribuições que seja contrário ao interesse público e favorável ao interesse privado. O terceiro concorre quando atua em conluio com o agente público, realizando materialmente os atos que visam determinado fim ilícito contra a administração pública. Beneficia-se do ato de improbidade administrativa o terceiro, pessoa física ou jurídica, que usufrui ou recebe, do agente público ou de outra pessoa por ele designada, vantagens diretas (tais como os próprios bens ou valores desviados, nomeação em cargo de confiança, emprego, promoção e outros) ou indiretas (presentes adquiridos com o dinheiro subtraído ou rendimentos de bens adquiridos com os valores subtraídos)." (MARQUES, Silvio Antonio. *Improbidade Administrativa, Ação Civil e Cooperação Jurídica Internacional*. São Paulo: Saraiva, 2010, p. 64).

Fica evidente que a atual legislação torna inócuo o uso da leniência como instrumento isolado de combate à corrupção, pois, sem a garantia de preservação de seus termos perante o Poder Judiciário, a insegurança jurídica decorrente impedirá os avanços necessários.

2.3. Direito Civil

No que tange aos aspectos civis, merece destaque a questão referente ao ressarcimento de danos causados ao erário. O problema que se apresenta é o risco do *bis in idem*, pois pessoas físicas e jurídicas que praticam atos contra a administração pública estão sujeitos a ser responsabilizados pelo pagamento de prejuízos nas instâncias penal, administrativa e civil[21].

As inconsistências são de tal forma incongruentes que seria possível um leniente interessado em colaborar mediante a limitação dos riscos financeiros do ato de corrupção, após ter acordado, em sede de leniência com a autoridade máxima do órgão público prejudicado, o pagamento de valores pré-determinados, sofrer condenações para restituir valores outros pelo Tribunal de Contas e pelo Poder Judiciário em ações civis públicas de improbidade administrativa e ações populares[22].

A realidade que se coloca decorre da falta de previsão de efeitos do acordo de leniência sobre ações judiciais e, principalmente, a não sujeição do Ministério Público aos termos pactuados, aos tribunais de contas e outros órgãos que poderão agir com total independência sobre os fatos que subsidiaram a leniência.

---

[21] "A independência entre as instâncias civil, penal e administrativa não pode justificar automática dupla punição de jurisdicionado ou administrado, com quebra da proporcionalidade, ou um conjunto de soluções contraditórias, sob pena de afronta ao princípio da razoabilidade e da proporcionalidade e à boa-fé objetiva que se exige permanentemente do Estado, com o que se fulminaria, também, a segurança jurídica." (OSÓRIO, Fábio Medina. Improbidade Administrativa. Temas Atuais e Controvertidos. *In:* MARQUES, Mauro Campbell (Org.). *A inter-relação das decisões proferidas nas esferas administrativa, penal e civil no âmbito da improbidade.* Rio de Janeiro: Forense, 2017, pg. 111)

[22] "Destarte, se a Administração Pública resolve aplicar à pessoa jurídica alguma sanção administrativa ou celebrar acordo de leniência com lastro na Lei 12.846/2013, essa decisão não se comunica à instância judicial-civil da improbidade administrativa e, muito menos, à penal, podendo ali o Ministério Público e o Poder Judiciário exercer sua convicção em sentido adverso". (ROSA, Márcio Fernando Elias. MARTINS JUNIOR, Wallace Paiva. Estudo Comparativo entre as Leis 8.429/92 e 12.846/2013. Revista dos Tribunais, vol. 947/2014 , p. 295 – 310, Set/2014)

Garantir a segurança jurídica do jurisdicionado ou administrado em suas relações com o Estado, nas suas mais diversas instâncias, é medida que precisa ser imposta, até mesmo para assegurar a legitimidade dos órgãos públicos perante a sociedade brasileira.

Conclusão

Pelas considerações até aqui expostas, resta evidenciado que a institucionalização do *compliance* importa assunção de riscos para empresários e a organização empresarial como um todo. Nesse contexto, é preciso estabelecer mecanismos claros e objetivos de atuação das diversas autoridades públicas que possuem competências e atribuições imbricadas sobre atos de corrupção, de modo a dar eficácia aos efeitos dos modernos instrumentos de combate a esse mal.

Com isso, se construirá um caminho mais favorável ao desenvolvimento da cultura do *compliance* no Brasil, cujos efeitos sobre o desenvolvimento econômico em decorrência do afiançamento da reputação de empresas são de grande importância para o país. Acreditamos que a edição de legislação específica, regulamentando a atuação conjunta de todos os órgãos da administração pública direta e indireta vitimados por atos de corrupção, juntamente com o Ministério Público, seja a melhor forma de resolução desse problema.

Essa atuação conjunta deverá se dar por meio da participação de todos os órgãos responsáveis pela atuação contra os atos ilícitos praticados, garantindo um acordo com efeitos sobre as áreas penal, administrativa e civil[23].

---

[23] "Por fim, verifica-se a necessidade de estabelecer, de forma clara e precisa, o necessário diálogo institucional quando uma determinada conduta corruptiva está em concurso material com outras condutas contrárias à lei de licitações e contra a ordem econômica. A MP 703/2015, mantendo a competência de cada órgão fiscalizador previa a possibilidade de acordos conjuntos. Não se pode estabelecer esferas absolutamente autônomas de acordos quando as condutas têm implicações em diversos âmbitos de fiscalização pois podem se tornar verdadeiro, além de correr risco de inviabilizar economicamente o cumprimento dos valores acordados a título de multa ou ressarcimento.

A análise dos acordos feitos no âmbito da Lava Jato demonstram que não há clareza ou segurança jurídica para efetivação de acordo. A decisão do próprio Ministério Público Federal de realizar autonomamente termos de Leniência partem de interpretações elásticas que exigem do intérprete um forte grau de discricionariedade e subjetivismo. Verifica-se que o denominado termo de leniência se transveste de delação premiada, no âmbito penal, pois

Essa norma deverá, também, dispor sobre os efeitos da leniência e da colaboração premiada sobre atos de improbidade administrativa, em cujo diploma específico (Lei n° 8.429, de 1992) há vedação a qualquer forma de acordo. Vale lembrar que a Lei da Ação Civil Pública (Lei nº 7.347, de 1985), estabelece, em seu art. 5º, § 6º[24], a possibilidade de celebração de compromisso de ajustamento de conduta com o objetivo de fazer cumprir as exigências legais, não como instrumento de obtenção de prova e confissão das práticas ilícitas, demonstrando que essa solução não é alheia ao direito já aplicado no país.

Essa solução tem como mérito estabelecer organicidade ao sistema[25], afastando burocracias que prejudicam a aplicação de instrumentos eficientes no combate à corrupção. Também, não se pode perder de vista que a incorporação da cultura do *compliance* tem relevantes efeitos na própria estrutura da sociedade, na medida em que a obediência à legislação vigente e a condução dos trabalhos sob a perspectiva dos valores éticos consagrados na atividade são inerentes a essa forma de governança corporativa.

Como também identificado neste trabalho, a falta de objetividade na legislação vigente acerca dos efeitos e procedimentos nos acordos de leniência consistem em relevantes elementos de dissuasão na implantação do *compliance*. Na Europa, essa mesma realidade se impôs nos primórdios dos procedimentos de leniência, o que exigiu dos países do velho conti-

---

senão como justificar a cláusula de acordo em que o MPF se compromete a não denunciar os prepostos, dirigentes ou acionistas das empresas colaboradoras, se tal possibilidade não esta amparada na Lei anticorrupção, e esta fora do âmbito da Lei da Livre concorrência?" (de Morais, Flaviane de Magalhães Barros Bolzan. BONACCORSI, Daniela Villani. A colaboração por meio do acordo de leniência e seus impactos junto ao processo penal brasileiro – Um estudo a partir da "Operação Lava Jato" Revista Brasileira de Ciências Criminais, vol. 122/2016, p. 93 – 113, Set - Out/2016)

[24] Art. 5º, § 6º da Lei 7.347, de 1985: "§ 6º Os órgãos públicos legitimados poderão tomar dos interessados compromisso de ajustamento de sua conduta às exigências legais, mediante cominações, que terá eficácia de título executivo extrajudicial".

[25] A ideia de coerência e harmonia entre as instâncias é, hoje, um postulado global imanente à tutela dos direitos fundamentais, direitos indisponíveis, e que reclamam especial proteção no campo da improbidade administrativa, tendo em vista a significativa gravidade das sanções. Os fenômenos de graves desonestidades e ineficiências funcionais dos homens públicos, dentro da má gestão pública, demandam remédios diferenciados e proporcionais, embora numa perspectiva crescentemente unitária e coerente. (OSÓRIO, Fábio Medina. O.c., pgs. 111/112).

nente uma evolução no sistema, de modo a facilitar a obtenção de plena imunidade.[26]

Portanto, aperfeiçoar os institutos de combate à corrupção se faz necessário para garantir segurança jurídica ao sistema, o que permitirá um maior desenvolvimento da cultura do *compliance* no país, com inegáveis benefícios à sociedade brasileira, pois significará um meio de fortalecimento dos aspectos éticos e legais na governança das grandes empresas instaladas no território brasileiro.

Referências

BRASIL. Superior Tribunal de Justiça. *Acórdão no Agravo Regimental no Recurso Especial nº 1.280.204 - SP*. Relatora: Magalhães, Assusete. Publicado no DJe de 09-03-2016.

BRASIL. Tribunal Regional Federal da Quarta Região. *Acórdão na Apelação Criminal nº 0000833-19.2008.4.04.7201/SC*. Relator: PAULSEN, Leandro. Publicado no D.E. de 28-07-2015.

BRANCO, Fernando Castelo. Reflexões sobre o acordo de leniência. Moralidade e eficácia na apuração dos crimes de cartel. In.: VILARDI, Celso Sanches. PEREIRA, Flávio Rahal Bresser. DIAS NETO, Theodomiro (org.). *Revista Direito Penal Econômico*, Série GVLaw, Fundação Getúlio Vargas, v. IV, fechamento 17/03/2008

DA COSTA, Alvaro Mayrink. *Direito penal*. Parte especial, Injustos contra a administração pública, v. 7, 6. ed. Rio de Janeiro: Forense, 2011.

DE MORAIS, Flaviane de Magalhães Barros Bolzan. BONACCORSI, Daniela Villani. A colaboração por meio do acordo de leniência e seus impactos junto ao processo penal brasileiro – Um estudo a partir da "Operação Lava Jato". *Revista Brasileira de Ciências Criminais*, v. 122/2016, p. 93-113, set./out., 2016.

DIPP, Gilson *et al. Comentários sobre a Lei Anticorrupção*. São Paulo: 2016, Saraiva.

GABARDO, Emerson; CASTELLA, Gabriel Morettini e. A nova lei anticorrupção e a importância do compliance para as empresas que se relacionam com a Administração Pública. *A&C – Revista de Direito Administrativo & Constitucional*. Belo Horizonte, ano 15, n. 60, p. 129-147, abr./jun., 2015.

JUSTEN FILHO, Marçal. Desconsideração da personalidade societária e responsabilização de terceiros na lei de improbidade administrativa e na lei anticorrupção. *RSTJ*, a

---

[26] Da mesma forma, a União Europeia, que, em 1996, havia instituído o programa de leniência, submeteu-o, seis anos depois, em 2002, a profunda reformulação, buscando torná-lo mais atraente e eficaz, diminuindo a discricionariedade da Comissão Europeia e, ao mesmo tempo, aumentando as possibilidades de os pretensos delatores obterem imunidade plena (BRANCO, Fernando Castelo. Reflexões sobre o acordo de leniência. Moralidade e eficácia na apuração dos crimes de cartel. *Im.:* VILARDI, Celso Sanches. PEREIRA, Flávio Rahal Bresser. DIAS NETO, Theodomiro (org.). *Revista Direito Penal Econômico*, Série GVLaw, Fundação Getúlio Vargas, Vol. IV, fechamento 17/03/2008, pg. 153).

28, (241): 429-668, jan./mar., 2016.

MARQUES, Silvio Antonio. *Improbidade Administrativa, Ação Civil e Cooperação Jurídica Internacional*. São Paulo: Saraiva, 2010.

RIBEIRO, Marcia Carla Pereira. DINIZ, Patrícia Dittrich Ferreira. Compliance e Lei Anticorrupção nas Empresas. *Revista de Informação Legislativa do Senado Federal*, a. 52, n. 205, jan./mar. 2015.

ROSA, Márcio Fernando Elias. MARTINS JUNIOR, Wallace Paiva. Estudo Comparativo entre as Leis 8.429/92 e 12.846/2013. *Revista dos Tribunais*, v. 947/2014, p. 295 – 310, Set/2014.

SAAD-DINIZ, Eduardo. Novos modelos de responsabilidade empresarial: A agenda do direito penal corporativo. In: SAAD-DINIZ, Eduardo (org). *Tendências em governança corporativa e compliance*. São Paulo: LibersArs, 2016.

SANTOS, Kleber Bispo dos. *Acordo de Leniência na Lei de Improbidade Administrativa e na Lei Anticorrupção*. 2016. Dissertação de Mestrado em Direito – Pontifícia Universidade Católica de São Paulo, São Paulo, 2016.

SILVEIRA, Renato de Mello Jorge; SAAD-DINIZ, Eduardo. *Compliance, direito peal e lei anticorrupção*. São Paulo: Saraiva, 2015.

SMANIO, Gianpaolo Poggio. Os Direitos e as Políticas Públicas no Brasil. In: SMANIO, Gianpaolo Poggio e BERTOLIN, Patrícia Tuma Martins (Org.). *Legitimidade jurídica das políticas públicas: a efetivação da cidadania*. São Paulo: Atlas, 2013.

OSÓRIO, Fábio Medina. Improbidade Administrativa. Temas Atuais e Controvertidos. In: MARQUES, Mauro Campbell (Org.). *A inter-relação das decisões proferidas nas esferas administrativa, penal e civil no âmbito da improbidade*. Rio de Janeiro: Forense, 2017.

VILARDI, Celso Sanches. PEREIRA, Flávio Rahal Bresser. DIAS NETO, Theodomiro (org.). *Revista Direito Penal Econômico*, Série GVLaw, Fundação Getúlio Vargas, v. IV, fechamento 17/03/2008.

Atos com Repercussão Transnacional e o *Compliance* Criminal da Empresa Sujeita a Múltiplos Ordenamentos Jurídicos

Alexandre Izubara Mainente Barbosa

Gabriel Druda Deveikis

Leandro Moreira Valente Barbas

Introdução

As principais referências legislativas anticorrupção nos dias de hoje são marcadas, indubitavelmente, pela extensão de sua aplicabilidade para além das fronteiras nacionais do país que as tenha promulgado. Caso evidente e exemplificativo dessa realidade é o do *Foreign Corrupt Practices Act* (FCPA), dos Estados Unidos da América, que prevê que determinados atos, mesmo se ocorridos inteiramente fora dos limites territoriais do referido país, serão nessa lei enquadrados. Para sujeitar-se ao ordenamento jurídico americano e suas disposições, por exemplo, basta que o ato praticado tenha feito uso de qualquer disponibilidade que transite pelo país[1]. Até o envio

---

[1] A legislação norte-americana prevê a aplicabilidade de jurisdição do FCPA a qualquer um que tenha feito uso de *"intrastate use of any interstate means of communication, or any other interstate instrumentality"* (uso intraestado de quaisquer meios interestaduais de comunicação, ou qualquer outra instrumentalidade interestadual). Cf. ESTADOS UNIDOS DA AMÉRICA.

de um e-mail, fax ou telefonema que transite pelos Estados Unidos, sem falar no uso de seu sistema bancário, podem vir a atrair a jurisdição do FCPA ao caso.

Essa forte característica legislativa impõe, já há algum tempo, à atuação empresarial, quando envolver qualquer nível de transnacionalidade, não poder mais deixar de levar em consideração questões relacionadas a *compliance* criminal em outras jurisdições. E esse "qualquer nível de transnacionalidade", frise-se, nem sempre faz referência ao que corriqueiramente se imagina como ato de tais características. Mesmo atos ocorridos inteiramente dentro do Brasil, por exemplo, podem gerar à empresa nacional, no âmbito de políticas de *compliance*, a obrigação de reportar o fato às autoridades estrangeiras. O fato de a contraparte em determinada operação ter negócios ou relações em outros países pode atrair obrigações para empresas ou pessoas não envolvidas nessas relações de terceiros.

Tal cenário afeta a segurança jurídica de negócios e, em última análise, o desenvolvimento nacional como um todo. Deve o Direito, assim, debruçar-se sobre essas questões a fim de remover quaisquer empecilhos à livre iniciativa ao mesmo tempo em que viabiliza a eficiente prevenção e repressão a condutas criminosas nacionais ou transnacionais. Cumpre ressaltar, igualmente, que essa questão adquire evidente caráter interdisciplinar, dialogando naturalmente com as áreas financeira, de gestão, administração, economia e outras, sendo evidentes as repercussões das práticas de *compliance* (ou a falta delas) na condução normal da atividade empresarial e na produção de resultados.

O presente texto se dedica a uma breve análise desse cenário cada vez mais sensível à atividade empresarial, mapeando e comentando as questões jurídicas relevantes daí advindas.

US Department of Justice; US Securities and Exchange Commission. *FCPA: A Resource Guide to the U.S. Foreign Corrupt Practices Act*. Estados Unidos: DOJ; SEC, 2012. p. 11-12, 97. Na p. 97 está o trecho com a citação específica do artigo de lei relevante.

1. A Crescente Transnacionalização das Atividades Criminosas, a Necessidade de Cooperação Jurídica Internacional e a Acentuada Importância de Políticas de *Compliance* Criminal

É evidente que os diferentes países necessitam entre si cooperar, de maneira altamente eficaz e compreensiva, no combate aos crimes transnacionais. Sem esse pressuposto fundamental, inviabiliza-se a prevenção e a persecução desses tipos de delitos. Ingolf Pernice resume bem a questão:
Na "constelação pós-nacional", como foi descrita por Jürgen Habermas, o Estado é incapaz por si só de preencher certas tarefas de interesse comum, tais como preservação da liberdade, paz, segurança e bem-estar de seus cidadãos: crime internacional e terrorismo, comércio global e mercados financeiros, mudança climática e ilimitada comunicação no mundo todo etc. fazem necessárias novas estruturas de governança. Os vários aspectos da globalização mostram que conceitos clássicos como soberania nacional e a crença de poderes ilimitados do Estado estão ultrapassados e não são mais do que acolhedoras – se não perigosas – ilusões.[2]

A incapacidade de um único Estado, isoladamente, fazer frente a crimes que deixam vestígios, causem repercussões ou dependam de provas e elementos localizados fora do país é realidade que se impõe. A cooperação jurídica internacional no combate a crimes com essas características, sem dúvidas, não é mais questão de opção ou conveniência de um ou outro país. Compreensível, assim, que a não rara transnacionalidade das práticas delituosas e os efeitos deletérios por elas causados nos mais diversos países tenham gerado a necessidade de alguma harmonização no tratamento do assunto ao longo das diferentes jurisdições.

É possível observar, então, uma quebra de paradigma no tocante à matéria, que até então estava adstrita ao limite territorial de cada país, alicer-

---

[2] No original: "In the "postnational constellation", as it was described by Jürgen Habermas, the State is unable on its own to fulfill certain tasks of common interest, such as the preservation of liberty, peace, security and welfare of their citizens: International crime and terrorism, global trade and financial markets, climate change and unlimited communication worldwide etc. need new structures of governance. The various aspects of globalization show that classical concepts such as national sovereignty and the belief in unlimited powers of the state are outdated and nothing more than cosy – if not dangerous – illusions". In: PERNICE, Ingolf. *Multilevel Constitucionalism in the European Union*. Alemanha: Walter Hallstein-Institut, für Europäisches Verdassungsrecht, Humboldt-Universität zu Berlin, WHI. p. 2. Disponível em: <http://www.whi-berlin.de/documents/whi-paper0502.pdf>. Acesso em: 11 Nov. 2017.

çada no conceito tradicional de soberania[3]. Ou seja: se cada país persistisse em interpretação estrita de seus conceitos de soberania, nenhum deles conseguiria oferecer resposta adequada aos crimes internacionais que lhe afetassem, por simples falta de reciprocidade.

A realidade atual das políticas anticorrupção, não por outro motivo, gira em torno da harmonização, determinando que o combate aos crimes transnacionais deva se dar de maneira alinhada, integrada e conjunta. Isso tudo sob pena de ser simplesmente impossível fazê-lo, dada a grande rapidez, complexidade e multiplicidade de jurisdições envolvidas nesses crimes. A tendência, nessa seara, é no sentido da harmonização justamente porque a grande variedade de culturas jurídicas existentes nos países torna inviável uma padronização (adoção de leis uniformes nos diversos países). Cada país, assim, combate a criminalidade transnacional à sua maneira e coopera com outros países de acordo com suas próprias leis, mas seguindo preceitos e princípios compartilhados[4].

---

[3] Já em 2008, a Suprema Corte da República Tcheca asseverou que em certos temas o conceito tradicional de soberania deveria ser revisitado: "However, today sovereignty can no longer be understood absolutely; sovereignty is more a practical matter. In this sense, the transfer of certain competences of the state, which arises from the free will of the sovereign and will continue to be exercised with the sovereign's participation, in a manner that is agreed on in advance and is reviewable, is not a conceptual weakening of the sovereignty of a state, but, on the contrary, can lead to strengthening it within the joint actions of an integrated whole". Em tradução livre: "Contudo, hoje, a soberania não pode mais ser entendida de maneira absoluta; soberania é uma questão mais de cunho prático. Nesse cenário, a transferência de certas competências do Estado, que surgem da vontade livre do soberano, vão continuar a ser exercidas com a participação do soberano, em uma maneira que é aceita previamente e que é renovável, não é uma fraqueza conceitual da soberania do Estado, mas, pelo contrário, pode levar ao fortalecimento dentro das ações conjuntas de um todo integrado." Disponível em: <http://www.usoud.cz/en/decisions/20081126-pl-us-1908-treaty-of-lisbon-i-1/>. Acesso em: 19 ago. 2017.

[4] É o que sustentam FÁBIO RAMAZZINI BECHARA, e, em outro escrito, JOHN JACKSON e SARAH SUMMERS. O primeiro expõe, em abreviado resumo, que a cooperação jurídica internacional encontra importante via para atingir a eficiência necessária se a produção de provas no exterior for pautada pelo padrão internacional dos direitos humanos, presente na grande maioria dos países. O foco na produção de provas em outros países, assim, recai sob a análise da presença de determinado conjunto de direitos humanos no processo de sua produção. Se presente, independentemente das regras processuais ou materiais específicas de cada país, tem-se a eficácia da prova. Já a mencionada dupla de autores vai no mesmo sentido ao afirmar que a cooperação jurídica internacional se move "na direção de princípios probatórios compartilhados" (*"towards shared evidentiary principles"*). Cf. BECHARA, Fábio Ramazzini. *Cooperação Jurídica Internacional Em Matéria Penal - Eficácia da Prova Produzida No Exterior*. São

Essa tendência harmônica na persecução da criminalidade transnacional, reforçada por legislações tais como o já citado FCPA, impõe que empresas e órgãos públicos não mais possam planejar suas atividades e conduzir suas operações levando em conta cada jurisdição separadamente, principalmente em referência a políticas de *compliance* criminal. Se a criminalidade é transnacional e se utiliza de empresas e órgãos das administrações públicas para que possa ocorrer, todos deverão engendrar esforços pessoais para procurar evitá-la e contribuir com seu combate, independentemente de fronteiras nacionais. Se a tecnologia permite maior capilaridade e inserção internacional de empresas e pessoas, dessa estrutura o crime pode também se utilizar, inviabilizando qualquer planejamento ou condução de atividades que deliberadamente ignore essa realidade para fins de *compliance* criminal. Em outras palavras, nenhum ente que esteja inserido em uma rede de relacionamentos de escala maior que a local poderá mais se esquivar das obrigações de tomar todos os cuidados para que suas estruturas não sejam utilizadas para a prática de crimes.

2. O *Compliance* Criminal de Empresas com Relações ou Repercussões Transnacionais. Necessidade Cada Vez Mais Corriqueira de Reportar Fatos a Autoridades de Outros Países, Independentemente do Local de Consumação do Delito

Conforme já ressaltado, é crescente a preocupação do Direito, bem como das áreas de gestão empresarial, com o fato de que um número cada vez maior de situações pode atrair o interesse de mais de um ordenamento jurídico. Esse cenário transnacional e integrado a que hoje se sujeita a persecução dos delitos econômicos afeta diretamente as obrigações daqueles que pretendem sustentar políticas de *compliance* criminal transparentes, pautadas pela cooperação com as autoridades públicas em caso de detecção de delitos, independentemente de o fato transgressor ter ocorrido inteiramente em outra jurisdição.

Paulo: Saraiva, 2011. Também JACKSON, John D.; SUMMERS, Sarah J. *The internationalisation of Criminal Evidence: Beyond the Common Law and Civil Law Traditions.* Inglaterra: Cambridge University Press, 2012. p. 3-29.

Para bem compreender a situação trazida pela realidade da persecução transnacional de crimes e suas relações com as políticas de *compliance* criminal nas entidades, podemos imaginar o caso de sociedade empresária legalmente constituída e sediada no Brasil, mas que é listada na *New York Stock Exchange* (Bolsa de Valores de Nova Iorque, nos Estados Unidos da América).

Suponha-se que referida sociedade empresária está envolvida em uma persecução criminal[5] no Brasil por supostos atos de corrupção que, sabe-se, não ultrapassaram o limite territorial do país, e que referida sociedade empresária tem interesse em colaborar com as investigações, fornecendo, assim, provas em contrapartida de benefícios oferecidos pelas autoridades brasileiras.

Uma análise equivocada do ponto de vista do *compliance* criminal em relação às obrigações de tal sociedade empresária perante diferentes autoridades pode lhe ser altamente prejudicial. Estaria equivocada a prática de gestão que concluísse que, em razão dos supostos atos criminosos terem sido praticados apenas no Brasil, a legislação a se aplicar é, tão somente, a brasileira, afinal, as supostas condutas de corrupção não tiveram seu *iter criminis*, muito menos consumação, em qualquer outro país.

Contudo, o fato de a empresa ter papéis listados em bolsa nos Estados Unidos da América atrai, indubitavelmente, a aplicação do FCPA norte-americano, pelo que a política de *compliance* criminal da empresa não tem como concluir que só tem assuntos a tratar com as autoridades brasileiras. E não nos parece que se trate de qualquer invasão da soberania brasileira pelos Estados Unidos da América, como uma análise preliminar poderia vir a sugerir. Ora, se a empresa capta recursos na economia americana, ali comercializando seus papéis e se beneficiando das vantagens oferecidas pelo mercado de capitais local, a prática delituosa engendrada pela empresa, mesmo que em outro país, certamente rompe a confiança que os investidores estrangeiros lhe confiaram, afetando a solidez de seus resultados. O mercado americano e, portanto, sua sociedade, são afetados diretamente em casos como esse, tendo em vista que tais atos, se não duramente reprimidos, tendem a minar a confiança popular no mercado de capitais. Não importa que o praticante do delito esteja fisicamente loca-

---

[5] O conceito de persecução criminal engloba a fase de investigação administrativa (inquérito policial, notícia de fato etc.), bem como a fase processual, até eventual trânsito em julgado.

lizado fora da jurisdição e que o ato tenha se consumado inteiramente em território estrangeiro. A presença da empresa na bolsa de valores local faz com que as repercussões negativas das condutas delituosas afetem também a sociedade americana.

Uma boa política de *compliance* criminal da empresa envolvida, assim, além de responder perante à justiça brasileira, impõe que também se prestem contas, mesmo que voluntariamente, à justiça norte-americana, no exemplo. Não o fazer significa falha na política de *compliance* criminal da empresa ou do grupo, porque ocasiona exposição inequívoca a punições nos Estados Unidos; significa também falha de gestão, pelo que a empresa fica exposta a repercussões negativas em suas operações e resultados em virtude do equívoco. A falha de gestão, aliás, é ainda maior na hipótese de a empresa prestar contas às autoridades brasileiras, mas não se reportar também às americanas, no exemplo, tendo em vista a criação deliberada de um passivo oculto.

Trata-se de um simples caso em que se faz presente uma multiplicidade de jurisdições aplicáveis ao fato, ensejando, assim, a análise conjunta das legislações por parte da pessoa jurídica envolvida. Portanto, há de se buscar as legislações aplicáveis e assim verificar similitudes e discrepâncias com o fim de garantir que, em caso de detecção de delitos, a empresa procure resolver a situação perante as autoridades de todos os países em que a conduta tiver repercussões, de acordo com a legislação de cada país. Não o fazer, como já dito, evidencia inequívoca falha de gestão, expondo a empresa a riscos ainda maiores de responsabilização. Por outro lado, eventuais provas e sinais de boa-fé exibidos em um país poderão, eventualmente, ser aproveitados em outras jurisdições. É o que impõe a realidade transnacional do combate à criminalidade.

Assim, se as obrigações da empresa parecem crescer, de um lado, com ela devendo cada vez mais monitorar-se quanto à prática de delitos por seus colaboradores, de outro, essas boas práticas de *compliance* criminal tendem a lhe beneficiar se bem executadas, facilitando a eliminação de contingências ao redor do mundo. O *compliance* criminal, em outras palavras, passa a impor que as empresas comecem a enxergar suas obrigações de maneira quase sempre internacionalizada. Portanto, eventual decisão de produção de prova processual penal não pode, hoje, preceder da análise da latente possibilidade de que o fato pode estar sob a égide de diversas jurisdições, o que implica numa harmonização de condutas dentro dos grupos empresariais, das empresas inseridas em redes, parcerias internacionais ou de empresas que simplesmente pratiquem atos com repercussão internacional.

3. O *Compliance* Processual Penal como Intrumento de Gestão de Riscos: a Necessária Observância de uma Cadeia de Custódia "Plurijurisdicional"

A atuação das sociedades empresárias no campo do *compliance* é marcada por uma contínua e incessante necessidade de produção de elementos probatórios a seu favor. É esse controle que lhe beneficiará na efetiva eliminação de contingências ao redor do mundo. Ao se falar em elementos probatórios, natural que se esteja falando não só mais em *compliance criminal*, mas também em *compliance processual criminal* ou *compliance processual penal*. Qualquer programa de *compliance* terá a função essencial de garantir que a empresa esteja sempre em estrito cumprimento da lei, mas também terá necessariamente esta outra faceta: a de organizar, produzir e armazenar provas capazes de demonstrar que a empresa, a todo instante, permaneceu nessa condição. O *compliance* processual penal, assim, é assentado em uma necessidade que as sociedades empresárias enfrentam na chamada "sociedade de risco": a necessidade de toda organização manter estruturas que lhe permitam, *caso necessário*, comprovar o estrito cumprimento da lei por ela e por quem a ela estiver vinculado. Não importa se o risco de questionamento (a necessidade de uso da prova) se concretizar ou não, sendo "prevenção" a palavra de ordem.

Parte integrante dessa gestão de riscos parece impor aos entes privados que estes estruturem suas atividades preventivas de forma a assegurar que o que for produzido possa ter sempre valor probatório, independentemente do local de utilização. Assim, além de simplesmente produzir provas, é necessário que elas tenham valor perante o ordenamento jurídico em que forem produzidas. E, da mesma maneira que no *compliance* criminal em si (garantia de estar se cumprindo a lei), a multiplicidade de jurisdições também é fato marcante no momento da atuação da sociedade empresária no *compliance* processual penal. A sociedade empresária com atuação em diversos países, assim, também deve enfrentar cenário "plurijurisdicional" quanto à aplicação de leis processuais penais – ter a certeza de que as provas coletadas valem tanto em um quanto em outro ordenamento jurídico. Nesse ponto, vale ressaltar que as legislações processuais penais muito pouco se comunicam entre países, apesar dos eventuais esforços internacionais no estabelecimento de diretrizes mais harmônicas e integradas[6]. Portanto, essa colheita de elementos probatórios como instrumento de mitigação de riscos[7] depende da constatação (assim como ocorre no campo do *compliance* criminal corriqueiro) de que a legalidade da colheita da prova[8] não pode estar dissociada das bases jurídicas de cada Estado no qual o ente privado exerça suas atividades. Se assim não for, o esforço probatório enfrentado pelo ente privado com o fim de se beneficiar da produção de prova a seu favor em um país poderá será inócuo, se não prejudicial, em outro[9].

Por exemplo, prova produzida conforme a legislação brasileira pode ser inválida perante a legislação italiana. Caso a empresa venha a responder na Itália por ato praticado no Brasil, pode haver questionamento sobre os pressupostos da produção da prova por ela apresentada em sua defesa. Fica claro, assim, que empresas transnacionais devem atentar-se também ao *compliance processual penal*, qual seja os pressupostos de licitude, idoneidade e aceitação do elemento probatório praticado em um país para utilização em outro.

Bom exemplo de caso que elucida bem essa realidade jurídica a qual os entes privados devem hoje enfrentar é o dos chamados cartéis internacionais. Segundo Eduardo Molan Gaban e Juliana Oliveira Domingues, cartéis internacionais são "(...) acordos ou ajustes entre empresas, não necessariamente concorrentes, que têm como objetivo alterar artificialmente con-

---

[6] Conforme narrado por BECHARA, Fábio Ramazzini. *Cooperação Jurídica Internacional Em Matéria Penal - Eficácia da Prova Produzida No Exterior*. São Paulo: Saraiva, 2011.
[7] Verdadeira busca por uma construção de elementos probatórios que possam, de alguma maneira, servir de base para que o ente privado, ao firmar eventual acordo com autoridades públicas, nacionais ou estrangeiras, tenha suas penalidades mitigadas.
[8] Coloca-se em aspas, pois pressupomos que a terminologia "prova" pode ser apenas utilizada quando o elemento de convicção seja submetido ao contraditório e ampla defesa.
[9] Prejudicial, pois a colheita de qualquer elemento em desrespeito à Constituição e legislação infraconstitucional resulta em prova ilícita. Tomemos como exemplo situação onde empregador quebra, desautorizadamente, algum sigilo de seu empregado com o fim de demonstrar que esse cometeu um crime. Evidente que o ato praticado pelo empregador, por desautorizado pela lei, produz prova ilícita.

dições do mercado com relação a certos bens ou serviços, e restringir ou eliminar a concorrência em âmbito internacional e até mundial"[10].

Continuando o mesmo raciocínio utilizado nos capítulos anteriores, tomemos por base o denominado cartel *hard core*:

Existe uma rede variada de organizações que podem ser descritas como cartéis internacionais, portanto, é muito importante fazer-se uma distinção entre os três tipos classificados: i) os cartéis *hard core*, criados por produtores privados de pelo menos dois países que cooperam no controle de preços ou dividem mercados no mundo; (...)"[11]

No caso de cartel *hard core* perpetrado por entes privados com atividades tanto aqui quanto nos Estados Unidos da América, por exemplo, certo é que o fato será apurado e eventualmente punido pelas autoridades públicas de ambos os países, nos limites de suas jurisdições. A conduta criminosa, então, será objeto de análise perante dois ordenamentos jurídicos distintos, que no caso não \ tem sua incidência excludente entre si, sendo ambos integral e legitimamente aplicáveis ao mesmo fato.

Considerando, ainda, que Brasil e Estados Unidos da América têm firmado acordo de cooperação jurídica em matéria penal[12], provável que ocorra o compartilhamento de provas entres os países. Observemos que se trata, então, de uma realidade processual que parte do pressuposto de haver harmonização entre sistemas na produção de prova processual penal por partes das autoridades públicas, sendo que essas próprias devem estar em *compliance* com o acordo firmado entre os países, para que eventual prova possa ser admissível, surtindo os efeitos buscados.

Se as autoridades persecutórias do crime, na hipótese acima, encontram pontos de integração e harmonização em seus sistemas processuais penais no que diz respeito à produção de provas, isso também se esperará da empresa privada. Ou seja, eventual produção de prova em proveito próprio para fins de celebração de acordos deve, necessariamente, estar pautada na análise conjunta das jurisdições aplicáveis ao caso. A sociedade empresária deve, da mesma maneira que as autoridades públicas brasileiras e americanas, estar em *compliance* para com toda a cadeia de custódia

---

[10] GABAN, Eduardo Molan; DOMINGUES, Juliana. **Direito Antitruste: o combate aos cartéis**. 2. ed. São Paulo: Saraiva, 2009, p. 192.

[11] GABAN, Eduardo Molan; DOMINGUES, Juliana. *Direito Antitruste: o combate aos cartéis*. 2. ed. São Paulo: Saraiva, 2009, p. 192.

[12] Decreto n. 3.810/2001.

do elemento probatório que pretende produzir, sob pena de restar atestada, eventualmente, a não admissibilidade, na outra jurisdição, daquilo que se apresenta em uma. Acerca da cadeia de custódia da prova processual penal, Geraldo Prado leciona:

O processo penal, pois, não deve traduzir mera cerimônia protocolar, um simples ritual que antecede a imposição do castigo previamente definido pelas forças políticas, incluindo-se nesta categoria os integrantes do Poder Judiciário.

Ao revés, somente o processo que se caracteriza *ab initio* pela incerteza e que reclama produção da certeza como meta, porém em seus próprios termos, isto é, em harmonia com preceitos que assegurem a dignidade da pessoa, estará de acordo com o ideal preconizado pela categoria jurídica "devido processo legal".[13]

Assim, o *compliance* para com múltiplas jurisdições deve nortear toda a produção da prova, desde o momento de sua obtenção até a efetiva apresentação do elemento colhido às autoridades brasileiras *e estrangeiras*. Qualquer falha nesse procedimento pode comprometer a integridade da cadeia de custódia de produção da prova, podendo até determinar sua imprestabilidade.

Invariavelmente, está cada vez mais frequente realidade processual penal, em que um ente privado se vê diante de mais de uma jurisdição aplicável ao caso concreto, com múltiplas autoridades cooperando por meio de atuação harmônica na produção de provas, é algo que impõe maior planejamento às empresas cujos atos repercutam transnacionalmente em qualquer escala. O *compliance* impõe que o ente privado tenha que se transformar diretamente em sujeito ativo em questões processuais penais, produzindo provas de maneira harmônica entre diferentes ordenamentos jurídicos. A constatação dessa realidade parece constituir verdadeira quebra de paradigma, assim como a releitura do conceito de soberania, comentado anteriormente.

Hoje, cumpre ao ente privado que atua transnacionalmente em qualquer escala papel de maior relevância e cautela dentro do contexto do direito penal e processual penal. A ele são aplicáveis, se não as mesmas regras processuais de produção de prova afetas às autoridades, um modelo

---

[13] PRADO, Geraldo. *Prova penal e sistema de controles epistêmicos: a quebra da cadeia de custódias das provas obtidas por métodos ocultos*. São Paulo: Marcial Pons: 2014, p. 17.

muito próximo, em que a cadeia de custódia da prova penal serve como base para que o elemento que a sociedade empresária busque produzir em seu favor seja visto como admissível não só perante o ordenamento jurídico brasileiro, mas também perante outros.

A cadeia de custódia da produção da prova processual penal, portanto, nem sempre será somente aquela atinente ao local de consumação do fato. O espectro a ser observado pelo ente privado que deseja produzir prova a seu favor é muito maior, havendo necessidade de atenção mais ampla a regras processuais penais atinentes à produção de provas válidas em outras jurisdições, eventualmente diferentes daquela em que a conduta tenha efetivamente ocorrido.

Conclusão

É inegável que, com a diminuição das fronteiras e a facilidade de se fazer negócios em escala global, um número cada vez maior de empresas esteja praticando atos com repercussão transnacional. Não importa que o ato tenha sido praticado apenas em uma jurisdição específica: a depender da cadeia de relações jurídicas do ente, é plenamente possível que esse ato lhe gere a obrigação de reportar ou responder por ele perante autoridades estrangeiras.

Essa realidade impõe que os programas de *compliance* criminal das empresas se estruturem de maneira a garantir que condutas com repercussões transnacionais sejam levadas à atenção de todas as autoridades potencialmente interessadas e não só naquelas do país onde a conduta tenha ocorrido. Quaisquer problemas ocorridos com a empresa, assim, devem receber o devido *clearance* em todas as jurisdições relevantes antes que a empresa possa considerar a contingência como eliminada. Em outras palavras, apegar-se ao ordenamento do país onde o ato foi praticado é má prática de gestão, porque contribui para a geração potencial de passivos ocultos.

Além do dever de reportar-se a autoridades de diversos países a depender do conjunto obrigacional da empresa, os programas de *compliance* criminal também tendem a atuar em frentes preventivas. Caso venha a ser necessário reportar-se a alguma autoridade, a empresa tem à sua disposição provas que demonstrem o cumprimento da lei a todo instante? Esses documentos foram produzidos de acordo com a legislação local? E, na eventualidade desses documentos terem que ser utilizados em defesa ou na obtenção de acordos em outros ordenamentos jurídicos, eles têm validade também no estrangeiro? O programa de *compliance* criminal, assim, para além de garantir que a entidade estará sempre cumprindo a lei, deve também garantir que os elementos probatórios produzidos preventivamente também estarão prontos para ser utilizados, com legitimidade, nos ordenamentos jurídicos relevantes.

O objetivo do presente texto foi o de expor, brevemente, essas cautelas essenciais que as entidades que pratiquem atos com repercussão transnacional devem passar a tomar tendo em vista a cada vez maior relevância e sensibilidade da estruturação de programas de *compliance* criminal e processual penal. Ressaltando que não há qualquer intenção de exaurir-se o tema, nossa proposta foi a de simplesmente salientar a conveniência e necessidade de estes programas atentarem-se cada vez mais à realidade transnacional que a empresa eventualmente vivenciar, com seus reflexos no cumprimento das leis de diferentes países e no esforço preventivo ou defensivo de produção de elementos probatórios.

Referências

BECHARA, Fábio Ramazzini. *Cooperação Jurídica Internacional Em Matéria Penal - Eficácia da Prova Produzida No Exterior*. São Paulo: Saraiva, 2011.

ESTADOS UNIDOS DA AMÉRICA. US Department of Justice; US Securities and Exchange Commission. *FCPA: A Resource Guide to the U.S. Foreign Corrupt Practices Act*. Estados Unidos: DOJ; SEC, 2012

GABAN, Eduardo Molan; DOMINGUES, Juliana. *Direito Antitruste: o combate aos cartéis*. 2. ed. São Paulo: Saraiva, 2009, p. 192

JACKSON, John D.; SUMMERS, Sarah J. *The internationalisation of Criminal Evidence: Beyond the Common Law and Civil Law Traditions*. Inglaterra: Cambridge University Press, 2012.

GODINHO, Thiago José Zanini. *Contribuições do Direito Internacional ao combate à corrupção*. Belo Horizonte: Revista da Faculdade de Direito da UFMG, n. 58, p. 347 a 386, jan./jun. 2011.

MARCHETTI, Anne. *Beyond Sarbanes-Oxley Compliance: Effective Enterprise Risk Management*. Estados Unidos: Wiley, 2005.

PERNICE, Ingolf. *Multilevel Constitucionalism in the European Union*. Alemanha: Walter Hallstein-Institut, für Europäisches Verdassungsrecht, Humboldt-Universität zu Berlin, WHI. p. 2. Disponível em: <http://www.whi-berlin.de/documents/whi-paper0502.pdf>. Acesso em: 11 nov. 2017.

PRADO, Geraldo. *Prova penal e sistema de controles epistêmicos: a quebra da cadeia de custódias das provas obtidas por métodos ocultos*. São Paulo: Marcial Pons: 2014

RIDER, Barry A. K. *Recovering the proceeds of corruption*. Paper for The International Association of Anti-Corruption Authorities, China, June, 2007 organised by the Supreme People's Procuratorate of the PRC.

Investigação e Prova nos Atos de Corrupção: *Compliance* e *Due Diligence*

Yuri Nathan da Costa Lannes

Tais Ramos

Introdução

O presente artigo tem como tema principal a abordagem do *due diligence* perante a sistemática anticorrupção no processo de *compliance*, ante a necessidade de combates direcionados à prática de corrupção, tanto na esfera pública quanto na esfera privada. Para tanto, é necessário abordar as próprias definições dos termos utilizados, bem como definir o âmbito de atuação e de realização do *compliance* na sistemática da corrupção nacional e internacional.

A problemática que se apresenta se coloca sobre a própria possibilidade do *due diligence* enquanto elemento das políticas de *compliance*, bem como no seu grau de atuação e confiabilidade nas práticas empresárias.

Objetiva-se assim, principalmente, abordar o *due diligence* como foco central da pesquisa, enquanto que restará aos objetivos específicos a delimitação e classificação das terminologias necessárias à compreensão da temática proposta.

O método utilizado no presente trabalho é o dedutivo atrelado às técnicas de pesquisa bibliográfica para se buscar possíveis respostas ao problema proposto.

Inicialmente, buscar-se-á trabalhar com a delimitação das terminologias abordadas pelo presente trabalho, para dar uma melhor definição para a abordagem prática dos elementos que compõem o *compliance* para, no momento seguinte, se debruçar sobre a questão do *due diligence*, seus limites e aplicabilidades aos elementos da busca pela moralização dos atos empresariais perante as diretrizes internas de comprometimento na luta anticorrupção.

1. *Compliance* Empresarial e as Esferas de Aplicabilidade de Preceitos Penais como Norteadores de Comportamento pela Política Anticorrupção

Neste capítulo será abordada a questão da norma e do ordenamento jurídico de caráter norteador de comportamento, analisando-se a estruturação direcional do direito visto de um pressuposto de análise econômica do direito, seus preceitos éticos, bem como as características das políticas de *compliance* empresarial no fomento de determinados comportamentos esperados pelo particular, atrelados ao elemento norteador das políticas anticorrupção.

Bobbio[1] trabalhará com a ideia de estruturação e das funções do direito, na busca dos interesses de uma sociedade mais adequada a partir de dois preceitos básicos normativos que se consubstanciam na propositura de normas positivas e negativas. Ao longo da história, o direito penal se caracteriza primordialmente por norma de diretrizes negativas, visto que "nas concepções em que o Estado assume a função de guardião da ordem pública, o direito se resume, pouco a pouco, ao direito penal. [...] composto, [...], de normas negativas".

Essas normas negativas têm como como finalidade impedir os membros do corpo social de fazerem o que não seria adequado ao bom andamento de uma sociedade. A exemplo dos preceitos de uma política anticorrupção engendrada com a finalidade de desmotivar determinados comportamen-

---

[1] BOBBIO, Norberto. *Da estrutura à função*: novos estudos de teoria do direito. Tradução de Daniela Beccaccia Versiani. Barueri: Manole, 2007, p. 4.

tos, no modal proibitivo indireto (próprio das normas penais brasileiras) prevendo como prática delituosa os atos de corrupção, tanto na esfera particular, como na esfera pública.

Entretanto, sabe-se que não se reduz à norma de preceito negativo o condão de regular os comportamentos que podem gerar caos à sociedade como um todo, mas também é possível vislumbrar práticas proativas com a finalidade de se alcançar um resultado mais proveitoso ao corpo social.

A função promocional do direito pode exigir determinados comportamentos com a finalidade de propiciar um conteúdo de benevolência a partir de determinadas práticas na esfera do comportamento, em alguns aspectos premiar determinados comportamentos pode ser tão eficaz como prometer uma determinada punição a um comportamento indesejado e, via de regra, os demais ramos do direito (que não o penal) atuam sobre essa perspectiva, visando um comportamento que se amolde às boas práticas sociais.

Amartya Sen[2] trabalhará, nas ramificações do comportamento ético e da ordem da economia com preceitos do comportamento autointeressado visando elementos instrumentalizadores de um comportamento direcionado a certas práticas.

Segundo Bobbio[3]:

> Na literatura filosófica e sociológica, o termo "sanção" é empregado em sentido amplo, para que nele caibam não apenas as consequências desagradáveis da inobservância das normas, mas também as consequências agradáveis da observância, distinguindo-se, no *genus* sanção, duas espécies: as sanções positivas e as sanções negativas.

Bobbio ainda trabalhará com as normas que determinarão um comportamento obrigatório, o que ele chama do "comportamento que serve à função de mudança e de inovação é aquele superconforme [o qual] entra

---

[2] SEN, Amartya. *Sobre ética e economia*. Tradução de Laura Teixeira Mota. 8. reimp. São Paulo: Companhia das Letras, 2012.
[3] BOBBIO, Norberto. *Da estrutura à função*: novos estudos de teoria do direito. Tradução de Daniea Beccaccia Versiani. Barueri: Manole, 2007, p. 7.

em funcionamento a técnica do encorajamento pelo emprego das sanções positivas [...] prêmio este que tem a função de promover a inovação"[4].

Tal promoção da inovação apresentada acima tem como escopo o desenvolvimento de atividades que superam o *status quo* das relações sociais permeadas pela estrutura do ordenamento jurídico. Ou seja, aquele comportamento que vai além do esperado, que supera as expectativas na administração das contas, políticas institucionais e de práticas anticorrupção, por exemplo.

Percebe-se que a função social da empresa, com base no princípio da dignidade empresarial, direciona o comportamento empresarial em determinados sentidos que a fazem assumir um papel preponderante na superação do *status quo*, aos moldes do que fora apresentado. Nessa perspectiva, Ferreira[5], aponta algumas perspectivas, *ipsis litteris*:

A dignidade empresarial se expressa através do exercício da atividade econômica de forma equilibrada, sem abusos, cumprindo com as funções econômica e social, de forma adequada aos preceitos constitucionais, delimitados pelo abuso do poder econômico, a concorrência e a proteção ao direito do consumidor. A ética empresarial, também, é observada quando a empresa inclui na relação custo x benefício, a dimensão do benefício social.

À primeira vista, essa adaptação da ética empresarial acontece *per si*, com base na função social da empresa que conduziria a responsabilidade social, que direta e indiretamente resvalaria nos elementos componentes da corrupção, levando o sujeito de direitos para além dos seus interesses individuais, como apresentado por Cristina Brandão Nunes (2004, p. 114)[6]:

O número de empresas que adotam um comportamento socialmente responsável é cada vez maior, pela própria exigência do mercado, o que implica um esforço adaptativo sem o qual dificilmente sobreviverão no mundo atual. O conceito de moralidade do mercado exprime a moralidade que a maioria das empresas se esforça por praticar, levando a que outras empresas assumam práticas semelhantes, adotando aquelas que são

---

[4] BOBBIO, Norberto. *Da estrutura à função*: novos estudos de teoria do direito. Tradução de Daniela Beccaccia Versiani. Barueri: Manole, 2007, p. 20-21.

[5] FERREIRA, Jussara Suzi Assis Borges Nasser Ferreira. Função social e função ética da empresa. *Revista Jurídica da UNIFIL*, Centro Universitário Filadelfia, Londrina, v. II, n. 2, p. 67-85, 2005, p. 78.

[6] NUNES, Cristina Brandão. *A Ética Empresarial e os Fundos Socialmente Responsáveis*. São Paulo: Vida Econômica, 2004, p. 114.

necessárias para a sua sobrevivência económica. Este tipo de comportamentos morais é entendido, assim, como uma vantagem competitiva das empresas, o que contribui para que estas se tornem empresas de sucesso.

Esse comportamento responsável, no âmbito de políticas anticorrupção, não é apensa um elemento normativo do direito interno brasileiro, mas também referência de preceitos no direito estrangeiro, aos moldes da norma norte-americana *Foreign Corrupt Practices Act* (FCPA) e do *Bribery Act* britânico, sem contar os elementos de diretrizes do próprio comportamento empresarial na esfera econômica aos moldes da gestão capitalista que prioriza o desenvolvimento responsável.

Assim, tem-se que alguns elementos normativos precisam ser incorporados à gestão do ordenamento jurídico com a finalidade de amoldar determinados comportamentos à prática de comportamentos éticos que priorizem a potencialização dos movimentos econômicos, também propiciando, em última análise, um bem-estar social.

Isso porque se sabe que a prática de corrupção retira da sociedade valores que poderiam ser empregados em outros ramos da administração pública, bem como prioriza a prática de comportamentos escusos ao maior interesse de desenvolvimento tanto na esfera privada quanto da esfera pública, tendo o estado um papel preponderante na determinação de diretrizes comportamentais que se mostra adequadas à concorrência mais justa e equilibrada.

2. Compliance e *Due Diligence*

A partir deste momento, há que se ressaltar a preocupação com as definições dos termos primordiais a serem desenvolvidos no presente trabalho, para, então, partir para a análise desses elementos na estruturação empresarial da perspectiva criminal.

A terminologia *compliance* tem origem do verbo inglês *to comply with*, ou seja, *cumprir com*[7].

Em termos gerais, a questão passou a ser utilizada, também, pelo Direito Penal Econômico. [...] se existir uma responsabilidade da empresa por obediência de preceitos que a mesma deve seguir, vale dizer, em novas

---

[7] SILVEIRA, Renato e Mello Jorge; SAAD-DINIZ, Eduardo. *Compliance, direito penal e lei anticorrupção*. São Paulo: Saraiva, 2015, p. 65.

responsabilidades assumidas por esse ente jurídico, deve-se imaginar as dimensões de responsabilidade vinculadas à autorregulação e ao modo que o Direito Penal Econômico deve lidar com tal realidade.[8]

Aqui, nesta análise, há o dever de cumprir com determinados comportamentos de boas práticas para as atividades empresariais, com a finalidade de se garantir um melhor desenvolvimento de atividades empresariais condizentes com as boas práticas.

O comportamento ético empresarial, conforme apontado anteriormente, não caminha por si só em uma direção de efetividade de direitos, ou elementos de dignidade da pessoa, sendo necessária a intervenção estatal na modelação de comportamentos, utilizando-se de técnicas normativas que potencializam ou favorecem determinados comportamentos com o viés econômico necessário à formulação preceitual.

Nesse sentido, Amartya Sen[9] aponta:

> Evidentemente, é preciso admitir desde já que direitos morais ou liberdade não são, de fato, conceitos aos quais a moderna economia dá muita atenção. Na verdade, na análise econômica, os direitos são vistos tipicamente como entidades puramente legais com uso instrumental, sem nenhum valor intrínseco. [...] Contudo, pode-se dizer que uma formulação adequada de direitos e liberdades pode fazer bom uso do raciocínio consequencial do tipo tradicionalmente encontrado em economia.

Nessa seara, é o direito que efetivamente instrumentaliza preceitos comportamentais que serão capazes de dimensionar os comportamentos mais adequados, afinal de contas, se *complience* parte da ideia de cumprir com algo, esse algo precisa ser estabelecido no plano normativo, para que seja dada eficácia comportamental, ou estará fadada à inobservância de preceitos vagos e amplos, nos quais se esperará que a empresa cumpra com algo que não está previamente delimitado em sua abrangência, o que gera, por si só, uma vagueza que o direito penal dificilmente poderá assimilar.

---

[8] SILVEIRA, Renato e Mello Jorge; SAAD-DINIZ, Eduardo. *Compliance, direito penal e lei anticorrupção*. São Paulo: Saraiva, 2015, p. 65.
[9] SEN, Amartya. *Sobre ética e economia*. Tradução de Laura Teixeira Mota. 8. reimp. São Paulo: Companhia das Letras, 2012, p. 87.

Com surgimento nos Estados Unidos da América do Norte, os *compliance programs* têm, em sua origem, claro propósito de prevenção de delitos econômicos empresariais através de uma corregulação estatal e privada, estabelecendo o que Sieber denomina de sistemas autorrefereiciais de autorregulação regulada, modalidade particular da própria autorregulação. Com base em códigos de conduta empresariais, autores como Navas Mondaca mencionam que tais códigos (que se mostram como o pano de fundo de toda a questão do *criminal compliance*) são reais produtos dos processos de autorregulação, vista como uma autoimposição voluntária de *standards* de conduta por parte dos seus organizadores e dos próprios indivíduos.[10]

A preocupação do *criminal compliance* é fundamentalmente estabelecida em cima de preceitos empresariais que buscarão na atividade empresarial o não cometimento de práticas criminosas por parte da empresa. Quer dizer, busca-se apresentar políticas empresariais de aspecto econômico que ultrapasse a barreira da eticidade de suas atividades, buscando ela própria a prevenção, em caráter de internalização de políticas de cumprimento de deveres, evitando as práticas previstas pelo ordenamento jurídico como comportamentos criminosos, especialmente nas práticas de corrupção.

Na esteira da preocupação com comportamentos anticorrupção, atrelados à prática de *compliance*, segue a ideia da *due diligence*, que segundo Dirceu Pereira de Santa Rosa[11], se consubstancia como sendo:

Uma consequência da autônoma da vontade das partes que, fixando livremente certas práticas, criam mecanismo que garante ao adquirente ou investidor a possibilidade de realizar uma investigação prévia sobre a empresa a ser adquirida ou que receberá investimentos (e que doravante será denominada empresa-alvo).

O comportamento empresarial, no caso acima apresentado, tem como preocupação fundamental a apresentação de elementos de análise de pressupostos comportamentais adotados pela empresa que é alvo de investimento, ou até mesmo de investigação prévia para ser adquirida por terceiros.

Esse comportamento é motivado a partir da ótica de segurança de investimentos econômicos na esteira da propriedade industrial e intelectual,

---

[10] SILVEIRA, Renato e Mello Jorge; SAAD-DINIZ, Eduardo. *Compliance, direito penal e lei anticorrupção*. São Paulo: Saraiva, 2015, p. 114.
[11] ROSA, Dirceu Pereira de Santa. A importância da *due diligence* de propriedades intelectuais nas reorganizações societárias. *Revista da ABPI*, São Paulo, n. 60, p. 3-19, set-out 2002, p. 6.

que visa apresentar de forma clara os comportamentos éticos adotados pela empresa, visando à segurança do investimento. O significado do termo *due diligence* é *devida cautela/diligência* e tem como escopo a análise de dados e procedimentos adotados pela empresa em uma eventual checagem de dados, com a finalidade de facilitar determinados comportamentos empresariais. Para o autor citado, referenciando Alberto Mori:

> Atualmente, usa-se a expressão *due diligence* para definir o que resumidamente consiste no procedimento sistemático de revisão e análise de informações e documentos, visando à verificação – sob um escopo predefinido – da situação de sociedades, estabelecimentos, fundos de comércio ou parte significativa dos ativos que a compõem[12].

E continua o autor, partindo para uma análise jurídica, apresentada por José Maria Corrêa Sampaio:

> *Due diligence* significa, numa óptica jurídica, o que fazer para verificar que o objecto da operação pode ser transacionado legítima e livremente e apresenta as características e tem o valor que o vendedor lhe atribuiu, bem como para garantir, tanto quanto possível, o regular cumprimento de obrigações legais ou contratualmente assumidas, prever riscos e definir a sua partilha pelas partes, definir garantias e evitar eventuais situações de incumprimento[13].

Em última análise, o *due diligence* é uma maneira de sistematizar e organizar informações que deverão ser prestadas a terceiros, bem como pode ser utilizado como uma ferramenta a ser inserida dentro da sistemática do *compliance* anticorrupção, com a finalidade de verificação de dados e comportamentos empresariais, tanto internamente, como para prestação de informações à terceiros (incluindo o Estado na atividade de fiscalização, extensão do poder de polícia).

---

[12] ROSA, Dirceu Pereira de Santa. A importância da *due diligence* de propriedades intelectuais nas reorganizações societárias. *Revista da ABPI*, São Paulo, n. 60, p. 3-19, set-out 2002, p. 6.
[13] ROSA, Dirceu Pereira de Santa. A importância da *due diligence* de propriedades intelectuais nas reorganizações societárias. *Revista da ABPI*, São Paulo, n. 60, p. 3-19, set-out 2002, p. 6.

O Decreto nº 8.420/2015 estabelece diretrizes para a responsabilização administrativa de pessoas jurídicas pela prática de atos contra a administração pública. E em seus textos normativos direciona comportamentos a serem adotados pelas empresas em políticas de *compliance*, apresentando elementos de verificação e apuração de comportamentos que lesionem a administração pública com um viés claramente anticorrupção.

Em seu artigo 5º, tal Decreto estabelece a designação de funcionários que farão o levantamento e a apuração de dados empresariais com a finalidade de instruir o Processo Administrativo de Responsabilização, nos moldes normativos fiscalizadores.

Esses moldes para fiscalização se consubstanciam e se confundem com a própria procedimentalização do *due diligence*. E tal assertiva se esclarece da análise do artigo 42, inciso XIV, do Decreto nº 8.420/15 que possui a seguinte redação: "verificação, durante os processos de fusões, aquisições e reestruturações societárias, do cometimento de irregularidades ou ilícitos ou da existência de vulnerabilidades nas pessoas jurídicas envolvidas". Para Fábio de Souza Aranha Cascione e Bruno Salles Pereira Ribeiro[14]:

A efetividade de tais programas de *compliance*, por sua vez, tem importância fundamental na dosimetria da sanção de multa no caso de condenações, representando o maior índice de diminuição de valor percentual aplicado sobre o faturamento bruto da pessoa jurídica para fins de cálculo da multa a ser aplicada.

Isso porque é com base na responsabilização da empresa, que o dever de diligência demonstrará a preocupação da empresa no ajuste de seus comportamentos inadequados enquanto atividade economicamente inserida no corpo social. A finalidade do *due diligence* para os autores se baseia na estruturação de dois objetivos: I – identificação de práticas lesivas contra a administração pública; II – identificação de adequação dos programas de *compliance* implementados na atividade empresarial[15].

Enquanto que o primeiro objetivo tem razões óbvias de mitigar o risco de contaminação por conta da responsabilidade subsidiária e sucessivas, o segundo objetivo tem também importância econômica, pois a implemen-

---

[14] CASCIONE, Fábio de Souza Aranha; Ribeiro, Bruno Salles Pereira. *Lei anticorrupção*: uma análise interdisciplinar. São Paulo: Liberars, 2005, p. 88.
[15] CASCIONE, Fábio de Souza Aranha; Ribeiro, Bruno Salles Pereira. *Lei anticorrupção*: uma análise interdisciplinar. São Paulo: Liberars, 2005, p. 88.

tação ou adequação de um programa de *compliance* após o fechamento da operação poderá implicar custos consideráveis para a empresa adquirente.[16]

Independentemente de políticas criminais voltadas para a atividade do *compliance*, a responsabilização individual (dos funcionários da empresa ou dos agentes públicos envolvidos na prática de corrupção) é uma questão a ser superada em discussões futuras que poderão ser desenvolvidas a partir dos elementos estabelecidos no presente trabalho, entretanto, independentemente da políticas a serem adotadas, a questão passará pela presença normativa, bem como pelos elementos econômicos agentes diante das relações sociais complexas.

Perceber a relevância dos elementos apresentados com a finalidade de se apresentar um norte a definição jurídica dos pressupostos do *compliance* e do *due diligente* são necessários a uma melhor compreensão das estruturas econômicas e jurídicas no âmbito das relações éticas empresárias, buscando se somar aos direitos e garantias fundamentais.

Conclusão

Na problemática proposta ao presente trabalho se questiona a possibilidade do *due diligence* enquanto elemento das obrigações previstas ao *compliance*. É possível perceber que as políticas de *compliance* se debruçam sobre o objetivo de formular preceitos éticos empresariais, moldados na adequação de comportamentos empresariais fincados nos elementos objetivos e subjetivos para a prática de atividades econômicas sob a égide da responsabilidade, enquanto que o *due diligence* se mostra como uma ferramenta adequada à verificação e ao levantamento de dados atinentes à essas políticas de responsabilidade, justamente visando à confiabilidade das atividades desenvolvidas, inclusive com previsão legal, disposta no decreto que visa regulamentar as atividades em que há responsabilização administrativa por práticas de atos inadequados contra a administração pública.

Para tanto, iniciou-se o trabalho abordando os elementos que repercutem a prevalência de normas jurídicas na delimitação de determinados comportamentos no seio das atividades econômicas e estatais, visando

---

[16] CASCIONE, Fábio de Souza Aranha; Ribeiro, Bruno Salles Pereira. *Lei anticorrupção*: uma análise interdisciplinar. São Paulo: Liberars, 2005, p. 88-89.

um comprometimento com a sociedade e uma abordagem de preceitos éticos econômicos.

Na sequência se verificou a distinção e delimitação dos termos de *compliace* e de *due diligence* que levaram à possibilidade de uma análise dos elementos e da configuração das responsabilidades perante as entidades econômicas, Estado e sociedade.

Referências

BOBBIO, Norberto. *Da estrutura à função*: novos estudos de teoria do direito. Tradução de Daniela Beccaccia Versiani. Barueri: Manole, 2007.

CASCIONE, Fábio de Souza Aranha; Ribeiro, Bruno Salles Pereira. *Lei anticorrupção*: uma análise interdisciplinar. São Paulo: Liberars, 2005.

FERREIRA, Jussara Suzi Assis Borges Nasser Ferreira. Função social e função ética da empresa. *Revista Jurídica da UNIFIL*, Centro Universitário Filadelfia, Londrina, v. II, n. 2, p. 67-85, 2005.

NUNES, Cristina Brandão. A Ética Empresarial e os Fundos Socialmente Responsáveis. São Paulo: Vida Econômica, 2004.

ROSA, Dirceu Pereira de Santa. A importância da *due diligence* de propriedades intelectuais nas reorganizações societárias. *Revista da ABPI*, São Paulo, n. 60, p. 3-19, set-out 2002.

SEN, Amartya. *Sobre ética e economia*. Tradução de Laura Teixeira Mota. 8. reimp. São Paulo: Companhia das Letras, 2012.

SILVEIRA, Renato e Mello Jorge; SAAD-DINIZ, Eduardo. *Compliance, direito penal e lei anticorrupção*. São Paulo: Saraiva, 2015.

Questionamentos e Pontos Relevantes ao se Pensar uma Política de Proteção a *Whistleblowers* no Brasil a Partir de Casos e Experiências Norte-Americanas: suas Repercussões em Políticas de *Compliance* Criminal

Leandro Moreira Valente Barbas

Introdução

A Operação Lava-Jato deve boa parte de seu sucesso, notoriamente, à possibilidade de utilização de delações premiadas. Tal sucesso sugere que a existência de institutos jurídicos e políticas que viabilizem a colaboração é mecanismo essencial a potencializar a qualidade e profundidade das investigações e colheita de provas; logo, é aspecto que contribui com a eficiência processual penal e, consequentemente, com a justiça. Nesta esteira, a Lei Federal nº 12.846/2013 ("Lei Anticorrupção"), sabe-se, não introduziu no ordenamento jurídico brasileiro a figura do "reportante", "informante" ou, no conhecido jargão na língua inglesa, "*whistleblower*". Tendo em vista a relevância recente que a colaboração de envolvidos tem recebido nos processos e investigações criminais, principalmente no que concerne a crimes econômicos e contra a ordem pública em geral, é natural que se venha a discutir a introdução, à legislação brasileira, do instituto do *whistleblowing*, a exemplo do que se vê nas legislações estrangeiras que inspiraram a "Lei Anticorrupção" tais como o *Foreign Corrupt Practices Act* (FCPA) norte-americano.

Os Estados Unidos da América são país de inegável tradição no uso da colaboração como aparato a permitir maior eficácia e facilitação das investigações criminais. Neste país, o instituto do *whistleblowing* é frequentemente utilizado em inúmeros campos e intensamente discutido no âmbito jurídico, de forma que sua legislação e sua jurisprudência correspondente já passaram por sucessivas reformas e modernizações ao longo de décadas[1].

O Brasil, como já dissemos, tende a discutir institucionalmente a introdução de normas a respeito do *whistleblowing* no ordenamento jurídico pátrio em breve, sendo diversos os projetos de lei federal existentes neste sentido[2]. Sem dúvida, a experiência norte-americana a respeito deste tema é de especial relevância, tendo em vista os longos anos de experiência legislativa, executiva e judicial nesta temática. Não basta, no entanto, uma revisão das principais *legislações* a respeito do tema: indispensável também analisar-se a principal *jurisprudência* relacionada. É no campo jurisprudencial que se deslindam as dúvidas interpretativas na aplicação de uma lei, e, tendo os Estados Unidos já passado por longos anos de experiência no campo, pode-se concluir de antemão que a jurisprudência de suas cortes

---

[1] A própria experiência americana mostra que legislações sobre *whistleblowing*, se carregadas de lacunas e pontos de incerteza, podem vir a resultar em flexibilização de proteções pelos tribunais, o que pode ocasionar a necessidade de revisão legislativa posterior. Foi justamente o que aconteceu naquele país, onde o *Whistleblower Protection Act*, promulgado em 1989, teve de ser revisto legislativamente em 2012 por outra lei, o *Whistleblower Protection Enhancement Act*, porque tribunais haviam flexibilizado as disposições generalistas da anterior legislação.

[2] Há diversos projetos de lei em tramitação, tanto na Câmara dos Deputados como no Senado Federal, que tratam da temática do whistleblowing. Cada um deles, por óbvio, tem proposta distinta. Um deles, por exemplo (Projeto de Lei do Senado nº 664/2011, de autoria do Senador Walter Pinheiro), foca-se tão somente na extinção do §3º do art. 5º do Código de Processo Penal, para viabilizar expressamente a possibilidade de pagamento de recompensas em dinheiro a quem reporte crimes. Outro, já não mais em tramitação (Projeto de Lei nº 3506/2012, de autoria do então deputado João Campos), inseria a figura do *whistleblower* no âmbito de uma lei sobre outros temas (inserção de alguns tipos penais no rol de crimes hediondos), com poucas disposições sobre o instituto jurídico. Nossa análise de projetos de lei recairá sobre duas propostas específicas, mais abrangentes e expressamente específicas sobre *whistleblowing*, e que se encontram atualmente sob tramitação. Uma delas é o PL 3165/2015, de autoria do deputado Onyx Lorenzoni. Outra é o PL 3527/2015, de autoria do deputado Mendes Thame.

muito teriam também a contribuir com a compreensão do tema no Brasil, ao menos em sua essência. Estudar a experiência dos Estados Unidos no tema pressupõe, assim, o estudo das principais legislações e também dos principais julgados inseridos nesta seara.

Sem um estudo deste tipo, corre-se o risco de o instituto não ser compreendido em sua plenitude quando discutida sua incorporação eventual ao ordenamento jurídico brasileiro, podendo resultar em legislação falha, omissa, com lacunas ou suscetível à ocorrência de repercussões negativas evitáveis quando de sua aplicação. Somente uma legislação moderna e bem delineada a respeito deste instituto permitirá que este seja bem utilizado não só por entes da administração pública como também da iniciativa privada. Os programas de compliance criminal das empresas e dos órgãos públicos bem podem se valer de um conjunto normativo federalizado que coloque diretrizes e normatizações básicas para programas de *whistleblower*, com um conjunto de direitos e obrigações projetado para garantir a eficiência na prática.

Sendo assim, o objetivo do presente escrito é expor e analisar brevemente alguns aspectos da experiência norte-americana em matéria de *whistleblowing* a partir de casos julgados. A proposta é a de subsidiar o debate público sobre a introdução do instituto no Brasil, para que eventual legislação resultante atinja patamar elevado de utilidade e eficácia às atividades de prevenção e repressão a crimes nas estruturas de compliance criminal de entes públicos e privados.

Ressalte-se que o presente texto não pretende realizar um apanhado sobre a necessidade de o Brasil ter uma legislação sobre *whistleblowing* e nem de delinear os conceitos básicos atinentes a esta matéria, já existindo textos específicos com este propósito[3]. O objetivo é avançar na discussão de nuances e desdobramentos do instituto, mencionando seus fundamentos apenas se estritamente necessário à plena compreensão do caso analisado.

---

[3] A título de exemplo, cf. RAGUÉS I VALLÈS, Ramon. **Whistleblowing: una aproximación desde el derecho penal**. Madrid: Marcial Pons, 2013. Também OLIVEIRA, Juliana. **A Urgência de uma Legislação** Whistleblowing **no Brasil**. Brasília: Núcleo de Estudos e Pesquisas/CONLEG/Senado, Maio/2015 (Texto para Discussão nº 175). Disponível em: https://www12.senado.leg.br/publicacoes/estudos-legislativos/tipos-de-estudos/textos-para-discussao/td175. Acesso em 30 mai. 2018.

1. Questionamentos e Pontos Relevantes que a Experiência Norte-Americana em Políticas de *Whistleblowing* pode Oferecer ao Brasil

A experiência dos Estados Unidos permite identificar diversos pontos de tensão advindos da aplicação e julgamento de legislações sobre *whistleblowing*, identificando suas zonas cinzentas e seus limites. Nossa proposta, neste sentido, é a de analisar, na normatização e jurisprudência americana sobre *whistleblowing*, questões problemáticas que eventual legislação brasileira na área pode antever para que sejam tratadas desde o início. Sem este esforço, o Brasil bem pode inserir em seu ordenamento jurídico normas eivadas de problemas e incertezas jurídicas previsíveis, eis que já encaradas anteriormente pelos Estados Unidos. Assim, a análise da experiência americana, mesmo que breve e simplificada, já pode ajudar o Brasil a editar legislação e normas modernizadas sobre *whistleblowing* desde o início[4].

As experiências e casos comentados serão relacionados, quando possível, a propostas legislativas em tramitação no Brasil. A análise também se propõe a relacionar os casos e experiências com suas possíveis repercussões e importâncias para políticas públicas e privadas de compliance criminal.

Cumpre ressaltar que nossa análise se limitará a questões jurídicas que se relacionem fundamental e "principiologicamente" com o instituto do whistleblowing como um todo, não recaindo qualquer foco sobre questões técnicas próprias da legislação americana e a ela diretamente vinculadas. Só se comentará o que for diretamente aproveitável para a discussão do tema no Brasil.

1.1. Uma só lei sobre **whistleblowing***, ou várias? Diferentes contextos e sujeitos envolvem diferentes necessidades, limites e pressupostos à atividade de quem reporta - pulverização, no ordenamento jurídico americano, das proteções aos* **whistleblowers** *em diferentes diplomas*

A aplicabilidade de proteções aos *whistleblowers* será, sem dúvida, definida a partir das características do sujeito que se engajou nesta atividade, bem como das características da própria função exercida. Sem esta definição

---

[4] Valendo-se da experiência norte-americana para, assim, evitar que aconteça aqui o mesmo que aconteceu lá: que várias "brechas na legislação" sejam encontradas quando de sua aplicação prática perante os tribunais.

básica do sujeito ativo do ato, difícil delinear os limites de sua proteção, visto que diferentes sujeitos podem estar submetidos a regimes jurídicos completamente distintos. O contexto específico em que o reportante se inserir também poderá repercutir no ato de *whistleblowing*, sendo necessário que qualquer legislação se atente ao fato de que diferentes contextos podem repercutir completamente nos pressupostos e nos resultados da atividade de *whistleblowing*.

Por exemplo, o ato de comunicação partido de um funcionário de um banco ocorre em cenário e lógica completamente distintos daquele partido de um funcionário público que trabalhe em uma usina nuclear, ainda que ambos estejam, na essência, reportando a prática de crimes ou outras infrações. E o funcionário de uma usina nuclear, ao reportar irregularidades, dificilmente o fará sob as mesmas condições e pressupostos que outro funcionário público que relate alguma situação ocorrida, por exemplo, na Agência Brasileira de Inteligência ou no Ministério da Educação. Mesmo entre funcionários públicos, o regime jurídico próprio a que se submetam pode repercutir no conjunto básico de obrigações daquele funcionário e na extensão da proteção necessária. Diferentes grupos de reportantes desempenham diferentes atividades, podendo estar ligadas ou não à ordem, saúde ou segurança públicas. Em outros casos, a depender do contexto, talvez mesmo proteção alguma possa ser conferida àquele que decide "soprar o apito", ou a aplicabilidade desta proteção pode ser posta em dúvida. A natureza da atividade desempenhada, assim, pode repercutir na sociedade de maneiras completamente distintas, resultando na necessidade eventual de obrigações e proteções igualmente distintas aos reportantes em razão destas características.

Uma legislação excessivamente ampla sobre *whistleblowing* dificilmente conseguirá abarcar todas estas situações. Por outro lado, improvável também que um diploma legislativo seja excessivamente específico, prevendo todo tipo de hipótese variável de acordo com a atividade desempenhada e com as características do sujeito. Nesta esteira, note-se que a legislação americana traz em uma miríade ampla de leis e regras proteções aos que se dispõem a reportar espontaneamente violações que tenham testemunhado[5]. Há,

---

[5] Um apanhado extenso, ainda que hoje um pouco desatualizado, dos diferentes diplomas normativos norte-americanos que regulam a temática do whistleblowing no país, divididos de acordo com cada área específica, é verificável em KOHN, Stephen. **Federal Whistleblower Laws and Regulations**. Estados Unidos: National Whistleblowers Center, 2007. Igualmente

assim, leis que protegem a atividade de *whistleblowing* especificamente no setor empresarial/financeiro; no setor ambiental; energia nuclear; setor de transportes terrestres e aéreos; setor de medicina e segurança do trabalho; licitações públicas; disposições específicas para o *whistleblowing* de funcionários públicos federais; militares; *whistleblowing* relacionado a sonegações fiscais e irregularidades tributárias etc[6].

Cada diploma atenta para o *whistleblowing* realizado em determinado contexto, justamente porque nem toda atividade reportante ocorre sob as mesmas condições e pressupostos. Da mesma maneira, dificilmente haverá um órgão ou autoridade única a investigar, processar e aplicar eventuais medidas decorrentes das informações reportadas. Esta pulverização da proteção a *whistleblowers* no ordenamento jurídico americano decorre também de seu sistema federativo, que dá maior autonomia aos Estados na definição de suas legislações.

Há dezenas[7] de diplomas normativos no ordenamento jurídico norte-americano que trazem dispositivos sobre proteção, em variados níveis, a reportantes de irregularidades. O que se nota, à primeira vista, é que a proteção não advém de uma legislação centralizada e uniformizadora a respeito de *whistleblowing*, mas que se trata de instituto pulverizado em legislações que disciplinam diversos aspectos e atividades sociais e governamentais[8]. Mais de um diploma normativo pode conferir proteção ao *whistleblower* a depender do tipo de atividade com a qual ele trabalha. Por outro lado, a ausência de um diploma mais genérico a prever proteção geral a reportantes também parece ser problemática, uma vez que pode facilmente criar zonas cinzentas. Se cada indústria ou atividade pública tem sua proteção a *whistleblowers* regulada por um diploma específico, não haverá proteção no âmbito de uma indústria ou atividade que não conte com lei específica para si?[9]

---

em KOHN, Stephen. **Concepts and Procedures in Whistleblower Law**. Estados Unidos: Praeger, 2000.

[6] Referências idênticas às da nota anterior.

[7] Conforme já mencionado anteriormente, as obras de Stephen Kohn fazem um apanhado que dá a ideia da infinidade de diplomas reguladores do *whistleblowing* nos Estados Unidos.

[8] Idem.

[9] Neste sentido se posiciona Stephen Kohn quando orienta potenciais *whistleblowers* a "escolher sua lei federal" no momento de traçar a melhor estratégia para a obtenção de proteção jurídica. No mesmo texto, o escritor menciona que há Estados e situações em que o reportante deve atentar, verdadeiramente, à dificuldade de se conseguir qualquer proteção, ou mesmo à sua

Esta constatação é importante se notarmos que, dentre diversos projetos de lei federal brasileiros que pretendem regular o instituto do *whistleblowing*, nenhum parece se atentar à esta questão do contexto e do sujeito, determinando a aplicabilidade protetiva simplesmente a "qualquer pessoa", "cidadão" ou "trabalhador"[10] indiscriminadamente. Uma legislação generalista, que não leve em conta minimamente o contexto em que ocorre o *whistleblowing* parece correr o risco de ocasionar desequilíbrios no instituto, podendo desestimular a opção pela colaboração a depender do contexto em que ela for ocorrer.

Exemplo de caso onde a característica pessoal e o regime jurídico a que o *whistleblower* se submetia causou incertezas foi Lawson and Zang v. FMR LLC[11], julgado pela Suprema Corte dos Estados Unidos em 2014. É que, havendo disposições específicas protetivas do *whistleblowing* de funcionários de empresas privadas listadas em bolsa, surgiu a dúvida sobre se funcionários de empresas prestadoras de serviços e terceirizados também poderiam se valer das proteções legislativas conferidas aos funcionários da empresa listada contratante. Tal incerteza surgiu porque estes funcionários "externos" relataram irregularidades constatadas nas empresas nas quais eles eram prestadores de serviços, enquanto a legislação aplicável (a *Sarbanes-Oxley Act*) falava somente em proteção aos "empregados das empresas listadas em bolsa que ofereçam evidências de fraude"[12].

A decisão da Suprema Corte foi no sentido de dar interpretação ampla à lei, protegendo não só os funcionários diretos da empresa listada, mas também eventuais prestadores de serviços e terceirizados, pelo fato de,

---

ausência. Cf. KOHN, Stephen. **The Whistleblower's Handbook: A Step-by-Step Guide to Doing What's Right and Protecting Yourself**. Estados Unidos: Globe Pequot, 2011.

[10] São estas as descrições sobre quem pode ser sujeito ativo do ato de *whistleblowing* nos projetos de lei já mencionados, com a inclusão do Projeto de Lei do Senado nº 362/2015, de autoria do Senador Aloysio Nunes Ferreira e por ele já retirado de tramitação, que se refere ao sujeito ativo do *whistleblowing* como "trabalhador". O projeto de Mendes Thame fala em "cidadão", enquanto o de Onyx Lorenzoni fala em "qualquer pessoa".

[11] ESTADOS UNIDOS DA AMÉRICA. Supreme Court of the United States. **Lawson and Zang v. FMR LLC.**. 571 US _ (2014). Detalhamento processual e acesso ao texto da decisão em <https://www.oyez.org/cases/2013/12-3>. Acesso em: 20 nov. 2017.

[12] No original: "Protection for Employees of Publically Traded Companies Who Provide Evidence of Fraud". Cf. DWORKIN, Terry. **SOX and Whistleblowing**. In: Michigan Law Review, V. 105, Ed. 8. Estados Unidos: University of Michigan, 2007.

entre outros argumentos, estes também terem contato direto com as atividades da empresa e eventuais irregularidades[13].

Trata-se, resumidamente, de caso onde a jurisprudência da Suprema Corte dos Estados Unidos pôde oferecer ao Brasil uma boa referência do tipo de problema que pode surgir a depender do vocabulário utilizado na lei, permitindo que nossa legislação evite a ocorrência de dúvidas como estas. Não só, oferece também bom norte aos agentes privados que busquem estruturar suas políticas de compliance interno, sinalizando a importância e a conveniência eventuais de que estes programas não restrinjam a participação somente a empregados com vínculo imediato, mas também a outros colaboradores e prestadores de serviço que tenham contato com a empresa.

Assim, à primeira vista, parece-nos haver ponto de discussão relevante a respeito do nível de concentração normativa a respeito da atividade do *whistleblowing*. Por um lado, uma legislação federal única que trace diretrizes e pressupostos básicos a respeito das proteções parece fazer falta[14] no ordenamento jurídico norte-americano, deixando desprotegidos certos *whistleblowers* em determinadas áreas. Por outro lado, ter-se apenas uma lei federal também parece desconsiderar as peculiaridades de cada atividade, cada regime jurídico em que o reportante puder se inserir, etc. Parece-nos que também possa ser o caso de haver uma extensão das políticas públicas (mesmo que apenas para traçar diretrizes básicas ao setor privado) de proteção a whistleblowers para legislações ou normas mais específicas a regulamentação do *whistleblowing* em cada setor ou atividade específica.

---

[13] Um resumo dos argumentos elencados em maior detalhe, bem como acesso ao texto integral da decisão no original em inglês, está disponível no site do *Legal Information Institute*, da universidade Cornell, dos Estados Unidos: <https://www.law.cornell.edu/supct/cert/12-3>. Acesso em: 20 nov. 2017.

[14] É o que transparece Stephen Kohn quando, em livro destinado a orientar whistleblowers a planejarem sua denúncia com vistas a garantir-lhes a adequada proteção, refere-se à legislação sobre whistleblowing nos Estados Unidos como "labirinto" (*maze*) e lamenta haver setores e Estados onde a proteção a whistleblowers seja praticamente inexistente. Cf. KOHN, Stephen. **The Whistleblower's Handbook: A Step-by-Step Guide to Doing What's Right and Protecting Yourself**. Estados Unidos: Globe Pequot, 2011. p. 1; 27-28; 203-230.

1.2. **Whistleblowers** *e dever de confidencialidade do ofício desempenhado - proteção a* **whistleblowing** *em atividades que se relacionem com segurança ou saúde públicas: o incentivo à revelação de informações de interesse social contraposto à eventual sensibilidade ou confidencialidade das mesmas*

A atividade de *whistleblowing* pressupõe a revelação de informações muitas vezes sensíveis ou com potencial de afetar a integridade da própria organização relacionada. Se pensarmos em empresas privadas, o pior cenário a se vislumbrar, geralmente, será a ocorrência de prejuízos, prisão de envolvidos ou mesmo a falência da empresa. No entanto, as políticas de compliance criminal que envolvam a atuação de *whistleblowers*, vale lembrar, também necessitam existir no âmbito público. E há inúmeros órgãos públicos que lidam com questões altamente sensíveis, tais como a segurança e a saúde públicas.

Na hipótese de um *whistleblower* trabalhar com informações sensíveis, e detectar alguma irregularidade no uso das mesmas, "vir a público" pode significar a disponibilização ampla de algo que necessita, por razões de segurança, permanecer sob sigilo. Este cenário será recorrente em casos de *whistleblowers* que forem militares ou funcionários de agências governamentais incumbidas de prover a segurança ou a saúde públicas[15].

As políticas públicas e privadas de *whistleblowing*, assim, não têm como ser excessivamente generalistas, porque a natureza da informação revelada pode ter impactos limitados a determinados entes ou a toda sociedade, a depender do caso. Deverá a lei se atentar à natureza das informações que possam ser objeto de atividade de *whistleblowing*, para que não se crie qualquer incentivo ou proteção à publicação de informações realmente sensíveis. A questão jurídica central em uma cláusula legislativa restritiva desta espécie recairá, provavelmente, no tracejo dos limites sobre o que pode ser considerado sensível ou não.

A Suprema Corte dos Estados Unidos já enfrentou questão do gênero em Department of Homeland Security v. MacLean[16]. No caso, um *Federal*

---

[15] Cf. FULLER, Roslyn. **A Matter of National Security: Whistleblowing in the Military as a Mechanism for International Law Enforcement**. Estados Unidos: San Diego International Law Journal, 2013. Vol. 15. Disponível em: <https://papers.ssrn.com/sol3/papers.cfm?abstract_id=2358861>. Acesso em: 20 nov. 2017.

[16] ESTADOS UNIDOS DA AMÉRICA. Supreme Court of the United States. **Department of Homeland Security v. MacLean**. 574 U.S. __ (2015). Detalhamento processual e acesso

Air Marshal[17] descobriu que o órgão federal incumbido de prover segurança no transporte aéreo (*Transportation Security Administration* - TSA) estava cortando gastos através da não disponibilização de oficiais para realizar a segurança em determinados voos sem avisar o público desta medida. O oficial, após entender que o caso não estava sendo bem conduzido internamente, resolveu dar entrevista, sob anonimato, a um programa de televisão que, uma vez veiculado, causou repercussões da sociedade e dos membros do Congresso contra a medida até então desconhecida do público. Alguns colegas do oficial reconheceram sua voz no programa, e ele começou a sofrer retaliações por ter divulgado esta política confidencial da agência.

O corte na disponibilização de oficiais de segurança em alguns voos era medida que, se viesse a público, poderia estimular a ação de terroristas. A discussão suscitada, assim, é a de se o oficial poderia vir a sofrer ações disciplinares por parte de seu empregador (o governo federal), ou se o fato de a informação revelada, ainda que sigilosa e sensível, atrai a proteção a *whistleblowers* tendo em vista o interesse da sociedade em saber que sua proteção em alguns voos estava sendo reduzida.

A legislação americana protetiva de atividades de *whistleblowing* de funcionários públicos federais (o *Whistleblower Protection Act*) previa que não haveria proteção a atividades de revelação quando "especificamente proibidas por lei". No caso concreto, a proibição de divulgação da informação sensível só estava proibida por regulamento interno da agência. Tendo em vista que a legislação, ao excepcionar casos que não receberiam proteção, falava apenas em "lei", quando em outros trechos faz referência a "leis, regras e regulamentos", encaminhou a Suprema Corte à conclusão de que a revelação feita pelo agente federal merecia a proteção a *whistleblowers*.

Para o Brasil e para o planejamento de políticas de compliance criminal em geral, o caso traz lições importantes. Não serão infrequentes os casos em que as informações a serem reveladas por *whistleblowers* poderão repercutir em questões de segurança pública ou outras questões sensíveis. Assim, a legislação ou os regramentos que instituírem programas de *whistleblowing* necessitam abordar também temas relacionados à sensibilidade das informações reveladas em certos contextos. As condições nas quais nenhuma proteção poderá ser conferida a atividades de *whistleblowing* devem ficar bastante claras, bem

ao texto da decisão em <https://www.oyez.org/cases/2014/13-894>. Acesso em: 20 nov. 2017.
[17] Agente federal de segurança incumbido de prover a segurança aérea, sobretudo em voos de grande escala.

como os diplomas que podem normatizar estes contextos. Caso contrário, os programas de *whistleblowing* podem ser facilmente desvirtuados em seus propósitos, sendo utilizados para que informações confidenciais sobre temas sensíveis, tais como os relacionados a segurança ou saúde pública, possam vir a público de maneira irresponsável e danosa à sociedade.

Qualquer política de *compliance* criminal, assim, deve buscar um ponto de equilíbrio delicado quando envolver informações de interesse público sensível[18]. De um lado, se a outorga de proteção nestes contextos for muito restritiva, questões de segurança ou saúde públicas podem ser alvo de crimes e violações sem que o público possa saber disso amparado em atividades de *whistleblowers*. Por outro lado, se a proteção for excessivamente ampla, a própria segurança e saúde pública podem ter a integridade de seu pleno provimento comprometida por revelações de informações que deveriam ser tratadas preferencialmente internamente e sob sigilo.

1.3. Whistleblowing *decorrente do próprio exercício da função: cabe proteção?*

Há situações em que a atividade de reportar irregularidades e até ilícitos faz parte do próprio cotidiano do funcionário público ou privado. Avisar o superior imediato da detecção de algo que esteja fora do lugar é algo que se espera corriqueiramente de qualquer profissional. No entanto, o que ocorre se houver punição àquele que simplesmente cumpriu seu trabalho ao denunciar uma irregularidade? Estas revelações podem vir a ser caracterizadas, eventualmente, como atividade de *whistleblowing*, atraindo algum tipo de proteção contra retaliações?

Há casos notórios na jurisprudência norte-americana a respeito de situações como esta. Um deles é Garcetti v. Ceballos[19], julgado pela Suprema

---

[18] É até possível que seja impossível existir proteção a whistleblowers dependendo do grau de sensibilidade das informações envolvidas. É, por exemplo, segundo um escrito, o caso dos militares e dos funcionários das agências de inteligência, porque as informações manipuladas por eles manipuladas, apesar de serem de interesse na opinião pública, são demasiadamente sensíveis para serem expostas em qualquer grau, e mesmo na melhor das intenções. Cf. KHEMANI, Melissa. **The Protection of National Security Whistleblowers: Imperative But Impossible A Critical Appraisal of the Scope and Adequacy of Whistleblower Protection Laws for National Security Whistleblowers**. Estados Unidos: Georgetown University, 2009. Disponível em: <https://papers.ssrn.com/sol3/papers.cfm?abstract_id=1412112>. Acesso em: 20 nov. 2017.
[19] ESTADOS UNIDOS DA AMÉRICA. Supreme Court of the United States. **Garcetti v. Ceballos**. 547 U.S. 410 (2006). Detalhamento processual e acesso ao texto da decisão em:

Corte dos Estados Unidos em 2006. Neste caso, o dito *whistleblower* era promotor de menor escalão do District Attorney's Office[20] de Los Angeles. A defesa de um indivíduo preso se dirigiu a Ceballos e solicitou que ele revisasse o mandado de busca e apreensão que havia levado à prisão, sob a alegação de o testemunho que fundamentou sua expedição continha falsidades. Ceballos investigou as alegações e concluiu que a autoridade policial havia, de fato, mentido, o que tornaria o mandado nulo. Ceballos reportou o fato a seus superiores, promotores responsáveis pelo caso, recomendando o arquivamento do caso através de memorando. Apesar da constatação de irregularidades no processo por Ceballos, seus superiores na promotoria decidiram prosseguir com o caso, ignorando as constatações. A defesa do indivíduo preso, sabendo da posição discordante de Ceballos, decidiu intimá-lo para depor sobre suas descobertas no caso, fazendo com que o promotor depusesse em juízo contra a própria promotoria.

Ceballos alegou ter sofrido retaliações por parte de seu empregador em virtude de sua atividade corriqueira de denúncia de irregularidades, tendo-lhe negada oportunidade de promoção na carreira, sendo transferido para outros postos de trabalho, dentre outras atividades tidas como retaliatórias. Ele ingressa em juízo, então, solicitando reparações em compensação às retaliações sofridas.

A questão de fundo que chega à Suprema Corte, neste caso, é se há proteção contra retaliações disciplinares ao funcionário público que denuncia irregularidades ("sopra o apito") através do próprio cumprimento de suas funções. A Corte acabou por concluir, por apertada maioria (5x4), que não há proteção ao *whistleblower* nestes casos. O entendimento, em brevíssimo resumo, foi o de só pode existir proteção a *whistleblowers* que façam revelações na condição de cidadãos particulares, e não a funcionários públicos quando no exercício de suas funções. Como as revelações de Ceballos foram realizadas como parte de suas funções como promotor público, não haveria qualquer proteção contra eventuais ações disciplinares neste caso. Ponto interessante é o de que, caso Ceballos tivesse revelado a irregularidade num artigo de jornal, por exemplo, provavelmente estaria protegido de retaliações por parte de seu empregador, porque aí ele estaria fazendo a revelação não na condição de promotor público, mas na de cidadão comum.

<https://www.oyez.org/cases/2005/04-473>. Acesso em: 20 nov. 2017.
[20] Órgão semelhante ao Ministério Público Estadual brasileiro. Órgão com atividade de promotoria pública.

O caso é interessante porque trabalha com os limites das legislações protetivas de *whistleblowers*. No Brasil, políticas de *compliance* criminal que envolvam a participação de *whistleblowers* precisarão, certamente, abordar a questão dos reportantes que se deparem com irregularidades no curso de suas funções mas que tão somente as reportem para seus superiores. A lei certamente haverá de fazer opção por proteger-lhes, incentivando a revelação de irregularidades em detrimento da fixação de uma hierarquia mais rígida no funcionalismo público; ou privilegiar a autonomia dos órgãos públicos de lidar com as irregularidades que descubram por conta própria, privilegiando as cadeias de comando existentes.

1.4. O **whistleblower** *precisa se reportar a autoridades públicas para que obtenha qualquer proteção? Deve caber proteção pública àquele que reporta irregularidades apenas internamente?*

O *whistleblower* é, necessariamente, apenas aquele que reporta irregularidades a autoridades? Os projetos de lei apresentados no Brasil a respeito da matéria são unânimes em mencionar que só há proteção aos que revelarem fatos de interesse às autoridades, sejam policiais, administrativas, judiciais ou ao Ministério Público. De qualquer forma, é constante a noção de que há uma ligação íntima entre a atividade de *whistleblowing* para com o recurso a autoridades públicas.

O caso Digital Realty Trust, Inc. v. Somers[21], ouvido pela Suprema Corte dos Estados Unidos em novembro de 2017 (e cujo resultado foi publicado rapidamente, em fevereiro de 2018) trata justamente desta questão.

Paul Somers foi vice-presidente da empresa Digital Realty Trust, listada em bolsa, entre 2010 e 2014. Durante este período, Somers apresentou diversos relatórios ao alto escalão da empresa apontando ter detectado violações à legislação do mercado de capitais, atuando como verdadeiro *whistleblower* no âmbito interno da sociedade. Somers foi demitido da empresa sem nunca ter relatado as irregularidades descobertas para a autoridade

---

[21] ESTADOS UNIDOS DA AMÉRICA. Supreme Court of the United States. **Digital Realty Trust, Inc. v. Somers**. Detalhamento processual e acesso ao texto da decisão (quando disponível) em: <https://www.oyez.org/cases/2017/16-1276>. Acesso em: 20 nov. 2017.

pública competente no caso, qual seja a *Securities and Exchange Comission* (SEC)[22].

Após a demissão, Somers processou a empresa alegando, dentre outras questões, que, nos termos da legislação protetiva a *whistleblowers* aplicável ao mercado financeiro (no caso, a *Dodd-Frank Wall Street Reform and Consumer Protection Act* de 2010) não poderia ter sofrido retaliações por ter reportado irregularidades. A empresa se defendeu alegando que, como ele não havia reportado quaisquer fatos a autoridades, não poderia ser considerado *whistleblower* e não fazia, portanto, jus a qualquer proteção legal aplicável. O tribunal de segunda instância entendeu que a legislação protetiva a *whistleblowers*, no caso, deveria ser interpretada de maneira ampla, conferindo proteção a qualquer um que revele informações de interesse público, seja apenas internamente ou a autoridades públicas, pelo que o caso foi à Suprema Corte.

O caso levanta questão essencial ao planejamento de uma política brasileira de proteção a *whistleblowers*: é indispensável o recurso a autoridades públicas para que haja proteção, ou o recurso a mecanismos internos a empresas e órgãos da administração pública também pode conferir proteção ao reportante?

Os já mencionados projetos de lei em tramitação dão a entender que eventual legislação brasileira sobre o tema só considerará *whistleblowers* aqueles que ajudarem *autoridades públicas* a deslindar irregularidades e violações. Esta noção, sem dúvida, desprivilegia e desincentiva a atuação de *whistleblowers* no âmbito de programas internos de *compliance* criminal que não envolvam a participação de autoridades, uma vez que a lei tenderá a não lhes considerar dignos de proteção; afinal, não estarão reportando nada a nenhuma autoridade. O programa de *compliance* criminal da empresa ou do órgão público deverá estar estruturado de maneira muito robusta para que o empregado ou colaborador se sinta de fato protegido o bastante para revelar informações que possam colocar em risco sua carreira, reputação ou até integridade física e psicológica.

LIPMAN, em livro sobre a medição de resultados, criação de incentivos, identificação de desincentivos e estruturação de programas sólidos de *whistleblowers*, dentre outros temas, deixa claro que as melhores práticas em administração de programas internos de *whistleblowing* passa,

---

[22] Órgão similar à Comissão de Valores Mobiliários, no Brasil.

necessariamente, pela nomeação de diretores e auditores independentes para conduzir as investigações suscitadas pela prática de *whistleblowers*. Deixar a incumbência de conduzir as investigações competentes com auditores, advogados e funcionários da própria companhia é considerado um equívoco, tendo em vista o conflito de interesses e a falta de independência que subordinados teriam para investigar seus superiores[23]. Uma estrutura independente e dedicada à auditoria externa da empresa é algo de que as empresas listadas em bolsa certamente gozarão, mas que órgãos públicos e empresas de menor porte (ou que não tenham esta obrigação) provavelmente não terão[24]. Programas robustos de *compliance* criminal, assim, custam caro, de forma que, na ausência de qualquer proteção pública a *whistleblowers* que revelem o fato apenas internamente, apenas uma parcela muito seleta de empresas e órgãos conseguirá de fato manter programas sólidos de *compliance* criminal.

Portanto, para o Brasil, a questão da extensão da proteção conferida a *whistleblowers* cuja atividade se limite aos programas eventualmente existentes internamente nas diferentes entidades é absolutamente relevante. Se a proteção contra retaliações for oferecida somente a *whistleblowers* que recorram a autoridades públicas, parece-nos haver tendência a um desincentivo à estruturação e recurso a programas de *compliance* e *whistleblowing* internos. Só empresas que tenham programas muito robustos e bem estruturados de proteção a *whistleblowers* conseguirão, de fato, incentivar seus funcionários e colaboradores a reportarem violações que testemunhem. O interesse por políticas internas de *whistleblowing* em outras empresas e órgãos públicos tende a se desequilibrar perante o interesse por revelações para autoridades públicas. E esta hipótese não é positiva em nenhuma ótica para o Brasil, especialmente se mesmo as autoridades públicas não contarem com programas robustos de proteção a *whistleblowers*.

---

[23] Cf. LIPMAN, Frederick. **Whistleblowers: Incentives, Disincentives and Protection Strategies.** Estados Unidos: Wiley, 2011. P. 103-140.

[24] O caso *Somers*, julgado pela Suprema Corte dos Estados Unidos, diz respeito exclusivamente a empresas listadas em bolsa justamente porque, naquele país, a proteção a *whistleblowers* é segmentada setorialmente. No Brasil, onde esta setorização pode não vir a ocorrer, ganha ainda mais importância a questão jurídica de fundo, qual seja a de determinar se *whistleblowers* podem receber proteção mesmo que não revelem informações a autoridades públicas.

Em decisão unânime (9-0, já participando do julgamento o *Justice* Neil Gorsuch), relatada pela *Justice* Ruth Bader Ginsburg, a Suprema Corte decidiu ser indispensável que o reportante se dirigisse à *Securities Exchange Comission* (SEC) para poder se valer da proteção a *whistleblowers* no termo da legislação aplicável (Dodd-Frank Act). Não basta, então, a denúncia a órgão interno de controle mantido pela empresa. Dentre os principais argumentos apresentados estão o fato de que a lei coloca como sujeito passivo da proteção (ou seja, caracteriza o *whistleblower* como) apenas aquele que se reporta *"to the Comission"* (à Comissão, no caso a SEC). Reconhece, ao mesmo passo, que o objetivo da lei é o de incentivar que os *whistleblowers* reportem condutas especificamente à SEC, e não a outros órgãos de controle, sejam públicos ou privados. Mesmo no caso de denúncia diretamente a outras agências federais de controle, ou até mesmo ao Congresso Nacional, segundo o julgamento, não haveria proteção. Isso porque o órgão legalmente incumbido de regular e fiscalizar as atividades das empresas listadas em bolsa é, de fato, a SEC. Neste ponto, julgamento dá uma interpretação estrita à lei Dodd-Frank, confirmando que seu texto, por não ser ambíguo, rejeita qualquer possibilidade de interpretação ampla (que, portanto, ultrapassaria o texto literal da lei) tal como a que Somers pretendia dar ao diploma ao buscar a extensão da proteção a quem reportasse o ilícito apenas internamente. No Brasil, onde as últimas modas do Direito Constitucional têm buscado quase sempre ignorar a literalidade da lei em favor da aplicação de princípios constitucionais de conteúdo mais vago, especialmente em casos criminais, talvez o caso *Somers* tivesse desfecho distinto.

A experiência norte-americana, assim, parece apontar para a necessidade e conveniência de que se discuta a possibilidade ou não de proteção legal não só aos que pratiquem *whistleblowing* perante autoridades públicas, mas também para aqueles que comprovadamente reportem internamente irregularidades, seja no âmbito de um programa de *compliance* criminal ou não. Cumpre ressaltar uma vez mais que o caso, nos Estados Unidos, limita-se ao escopo protetivo de *whistleblowers* no âmbito do mercado de capitais. No Brasil, entretanto, especialmente se não houver uma vasta gama de leis e regulamentos sobre o tema como há nos Estados Unidos, esta questão tende a adquirir ainda maior relevância, pois dela dependerão os incentivos ou desincentivos legais à estruturação de programas internos de *compliance* em empresas e órgãos públicos de variados portes, orçamentos e possibilidades.

Conclusão

Nossa proposta, com o presente escrito, foi a de apresentar brevemente alguns aspectos da longa experiência norte-americana com o disciplinamento da proteção a *whistleblowers* contra retaliações que possam ser úteis ao pensar do tema no Brasil. Houve algum esforço no sentido de relacionar a experiência norte-americana, consubstanciada em alguns casos relevantes apreciados pela Suprema Corte, com as iniciativas legislativas sob discussão atualmente no Brasil.

O entendimento que pautou a produção deste breve escrito que, frise-se, não tem qualquer intenção de exaurir a temática[25], foi o de que o Brasil pode e deve se aproveitar do que os Estados Unidos já aprenderam, em sua história, sobre a instituição de políticas de proteção a *whistleblowers*. Aquele país certamente sabe muito sobre onde estão os pontos que suscitam dúvidas, podendo dar boas referências sobre como a lei pode ou não ser estruturada com vistas a evitar o surgimento de incertezas e ambiguidades interpretativas em sua aplicação. O objetivo é chamar a atenção e levantar alguns pontos que certamente teriam que ser aperfeiçoados caso a legislação de *whistleblowing* no Brasil se baseasse nos projetos de lei hoje em discussão no Congresso Nacional.

Necessário ressaltar também, por fim, que nossa análise teve plena consciência de que os casos julgados nos Estados Unidos, principalmente no âmbito da Suprema Corte, são conduzidos de acordo com um arcabouço jurídico-legislativo e um conjunto de técnicas e teorias interpretativas que podem não encontrar correspondência no Brasil. Por isso é que o foco de nossa análise recaiu, justamente, nas questões fundamentais a respeito das temáticas de *whistleblowing*, e não em peculiaridades ou nuances da legislação local, que naturalmente se fazem presentes no deslinde destes casos.

---

[25] Certamente há uma infinidade de casos americanos sobre *whistleblowing* cujo conhecimento é de grande valia para o Brasil

Referências

BANISAR, David. **Whistleblowing: International Standards and Developments**. Estados Unidos: World Bank-Institute for Social Research, UNAM, Washington, D.C., 2011

ESTADOS UNIDOS DA AMÉRICA. Supreme Court of the United States. **Garcetti v. Ceballos**. 547 U.S. 410 (2006). Detalhamento processual e acesso ao texto da decisão em: <https://www.oyez.org/cases/2005/04-473>. Acesso em: 30 mai. 2018.

ESTADOS UNIDOS DA AMÉRICA. Supreme Court of the United States. **Lawson and Zang v. FMR LLC.**. 571 US _ (2014). Detalhamento processual e acesso ao texto da decisão em <https://www.oyez.org/cases/2013/12-3>. Acesso em: 30 mai. 2018.

ESTADOS UNIDOS DA AMÉRICA. Supreme Court of the United States. **Department of Homeland Security v. MacLean**. 574 U.S. __ (2015). Detalhamento processual e acesso ao texto da decisão em <https://www.oyez.org/cases/2014/13-894>. Acesso em: 30 mai. 2018.

ESTADOS UNIDOS DA AMÉRICA. Supreme Court of the United States. **Digital Realty Trust, Inc. v. Somers**. Detalhamento processual e acesso ao texto da decisão (quando disponível) em: <https://www.oyez.org/cases/2017/16-1276>. Acesso em: 30 mai. 2018.

FULLER, Roslyn. **A Matter of National Security: Whistleblowing in the Military as a Mechanism for International Law Enforcement**. Estados Unidos: San Diego International Law Journal, 2013. Vol. 15. Disponível em: <https://papers.ssrn.com/sol3/papers.cfm?abstract_id=2358861>. Acesso em: 30 mai. 2018.

KHEMANI, Melissa. **The Protection of National Security Whistleblowers: Imperative But Impossible A Critical Appraisal of the Scope and Adequacy of Whistleblower Protection Laws for National Security Whistleblowers**. Estados Unidos: Georgetown University, 2009. Disponível em: <https://papers.ssrn.com/sol3/papers.cfm?abstract_id=1412112>. Acesso em: 30 mai. 2018.

KOHN, Stephen. **Concepts and Procedures in Whistleblower Law**. Estados Unidos: Praeger, 2000.

_____. **Federal Whistleblower Laws and Regulations**. Estados Unidos: National Whistleblowers Center, 2007

_____. **The Whistleblower's Handbook: A Step-by-Step Guide to Doing What's Right and Protecting Yourself**. Estados Unidos: Globe Pequot, 2011.

LIPMAN, Frederick. **Whistleblowers: Incentives, Disincentives and Protection Strategies**. Estados Unidos: Wiley, 2011

OLIVEIRA, Juliana. **A Urgência de uma Legislação Whistleblowing no Brasil**. Brasília: Núcleo de Estudos e Pesquisas/CONLEG/Senado, Maio/2015 (Texto para Discussão nº 175). Disponível em: https://www12.senado.leg.br/publicacoes/estudos-legislativos/tipos-de-estudos/textos-para-discussao/td175. Acesso em 30 mai. 2018.

RAGUÉS I VALLÈS, Ramon. **Whistleblowing: una aproximación desde el derecho penal**. Madrid: Marcial Pons, 2013

WESTMAN, Daniel et al. **Whistleblowing: The Law Of Retaliatory Discharge**. 2ª ed. Estados Unidos: BNA Books, 2004.

La Importancia del Denunciante (*Whistleblower*) como Mecanismo de Participación Ciudadana en el Combate a la Corrupción

Fabiana Eduardo Saenz
Nicolás Eduardo del Solar Duarte

Introducción

Existe certeza entre los países Latinoamericanos y en el mundo en general de que la corrupción es un fenómeno que afecta al buen gobierno de las naciones, ralentiza el crecimiento económico y erosiona la democracia. La lucha contra la corrupción ha provocado, en el concierto internacional y en los ordenamientos jurídicos que lo componen, la generación de cuerpos normativos – tratados internacionales, convenciones y leyes locales – tanto desde la vereda de la prevención como de la reacción, penalizando conductas, favoreciendo la recuperación de activos y propiciando la colaboración entre las naciones.

Si bien es cierto que el Estado tiene un papel preponderante en la lucha contra la corrupción, el gran mito que significa endosarle dicha responsabilidad de forma exclusiva ha sido quizá uno de los grandes errores de Latinoamérica.

En efecto, esta creencia trae consigo que la ciudadanía adopte un rol pasivo en la batalla contra la corrupción y finalmente deje de involucrarse en ella e, incluso, en aquellas sociedades en que el fenómeno es sistémico, la fomente y normalice su existencia.

En la actualidad, los escándalos de corrupción en los diferentes países Latinoamericanos[1] han provocado que la ciudadanía levante como banderas de lucha los estandartes de la transparencia y la rendición de cuentas o *accountability* no tan sólo del Estado, sino que de toda la sociedad, provocando un resurgimiento de la conciencia ciudadana y la responsabilidad que le cabe a cada individuo frente a este fenómeno.

Así, la participación ciudadana aparece como una poderosa herramienta que permite cambiar el paradigma gobierno-gobernado y la relación vertical que lleva implícita, para abrazar a una relación de gobierno colaborativo con los ciudadanos. El surgimiento de nuevos movimientos que demandan no tan sólo un control de la inversión pública sino la integridad de sus representantes, ha provocado el paso del desinterés ciudadano en el gobierno y las decisiones públicas, a la adopción de un rol activo en los diferentes ámbitos de gobierno que van desde el destino de los fondos públicos – como ocurre por ejemplo en Brasil con los presupuestos participativos – hasta el diseño, ejecución y evaluación de políticas públicas – como ocurre en Argentina con las Asambleas Ciudadanas.

El circunscribir el fenómeno de la corrupción al sector público sin duda es un error. La división entre lo público y lo privado ya no aparece tan prístina como en antaño, en especial si se consideran los procesos que la mayoría de los países Latinoamericanos transitaron durante la década de los 90, en los que se favoreció y fomentó las asociaciones público-privadas para apoyar el desarrollo en infraestructura y otros servicios públicos. Esta alianza trajo consigo un salto cuantitativo y cualitativo en el crecimiento de las naciones, pero además provocó que se elevase el riesgo de conflicto de intereses y cohecho, frente a lo cual las legislaciones en algunos casos (sino la mayoría) no estaban del todo preparadas.

Es posible afirmar que todo aquél que detente una posición fiduciaria, es decir, en la que administre recursos de otros que depositan su confianza en él, deba necesariamente rendir cuentas de su gestión y ejercer su función con transparencia y probidad. Esta aseveración, que hoy nos parece obvia, forma parte de una demanda transversal de la sociedad actual tanto

---

[1] CASAS-ZAMORA, Kevin & CARTER, Miguel. *Beyond the Scandals. The Changing Context of Corruption in Latin America. Rule of Law Report.* Washington, InterAmerican Dialogue, Feb. 2017.

al sector público como al sector privado, donde incluso se juzga con mayor severidad.

En este contexto, han surgido diferentes instrumentos normativos, tanto nacionales como internacionales, que buscan tutelar o cautelar el cumplimiento normativo o *compliance*, ya sea en el sector privado como en el público. Si bien el concepto de *compliance* es utilizado principalmente en el derecho corporativo y sector financiero, su objetivo final, a saber, el de tutelar y vigilar el cumplimiento estricto de la normativa, ha provocado su expansión hacia otras materias, como el sector público, donde incluso cobra mayor relevancia atendido el interés colectivo involucrado.

Por otra parte, resulta evidente la transnacionalidad del fenómeno de la corrupción, surgiendo la necesidad de un trabajo coordinado y la destinación de los esfuerzos tanto en su persecución como en su prevención.

Es en la fase preventiva donde haremos hincapié en este artículo. Analizaremos la figura del denunciante, típicamente denominado en doctrina como *whistleblower,* y el tratamiento normativo que tradicionalmente se le ha otorgado, planteando una visión con un enfoque desde la participación ciudadana, la transparencia y la rendición de cuentas o *accountability*.

Una muestra de la importancia de la figura del *whistleblower* son los resultados del *"2018 Report to the Nations"* – publicación de la *Association of Certified Fraud Examiners*[2] – cuyas principales conclusiones fueron: (i) la corrupción es el esquema más común identificado en todas las regiones encuestadas; (ii) las *tips* constituyen el método de detección inicial más común de actos de corrupción o faltas a la probidad; (iii) generalmente son los empleados o funcionarios quienes proporcionan la mayoría de estos *tips*:

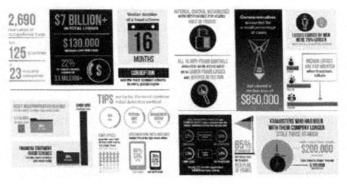

---

[2] Este estudio se realizó em 125 países, en 23 tipos de industrias y se analizaron 2.690 casos. *Report to the Nations: 2018 Global Study on Occupational Fraud and Abuse*. Disponible en https://www.acfe.com/report-to-the-nations/2018. Consultado en 20.06.2018.

Con relación a esta última conclusión es sobre la cual planteamos la posibilidad de que en un futuro pueda ampliarse el concepto de denunciante a la figura de *"ciudadanos"* que, a propósito de los mecanismos de participación dispuestos, se encuentren colaborando con la actividad administrativa del Estado y denuncien actos de corrupción.

En estas denuncias o *tips*, con este nuevo enfoque, importa considerar en primer lugar a los ciudadanos como integrantes de la administración del Estado, en tanto participan mediante los mecanismos que la Ley disponga, y por otro lado otorgarles la protección necesaria para fomentar las denuncias de hechos de corrupción, lo que al final del día bien puede considerarse como una forma de participación ciudadana.

De esta forma, ya no serán sólo los empleados o funcionarios los exclusivos legitimados para efectuar denuncias y recibir la debida protección, sino que ahora también lo serán los ciudadanos que, producto de la relación colaborativa que entablan con el Estado, puedan tomar conocimiento de actos de corrupción.

Parece lógico pensar que quien se encuentre dentro del aparataje de corrupción – al menos – se plantee la dicotomía entre integrarse al mecanismo y beneficiarse de este tipo de actos o bien denunciarlos amparándose en la normativa vigente (si existiere). Con todo, esta encrucijada no parece presentarse en el caso de los ciudadanos que participen colaborativamente con el Estado, pues justamente son ellos los destinatarios de la función pública deficiente que pueda otorgar un determinado gobierno producto de la corrupción. Ergo, resulta lógico pensar que por las motivaciones que tendría un agente externo como ciudadano con interés público – así lo es aquél que participa colaborativamente con los gobiernos – se vea incentivado a denunciar todo acto de corrupción.

Este artículo propone concebir al *whistleblower* como cualquier agente que pueda tomar conocimiento de actos de corrupción, ya sea que se encuentre formando parte de la organización o administración, en el caso de los funcionarios públicos o empleados, como también todo ciudadano que producto de su actividad participativa pueda tomar conocimiento de actos de corrupción. El denunciante, entonces, se vuelve un concepto amplio cuyo foco se centra en el interés público amenazado, ampliando el paraguas normativo que lo protege. La denuncia, por consiguiente, podrá ser considerada además como un mecanismo más de participación ciudadana involucrada en la batalla contra la corrupción.

1. La Figura del Denunciante como un Mecanismo de Participación Ciudadana

Habiéndonos ya adentrado en la temática del *"whistleblowing"*, proponemos relacionarla con la idea de participación ciudadana y construir una nueva perspectiva que incorpore ambos conceptos, recomendando al mismo tiempo, esta innovación, como un método para combatir la corrupción.

Un buen punto de partida, para desarrollar nuestra propuesta, es atender a las reflexiones que plantea Cano Blandón, frente a los conceptos de gobernabilidad y gobernanza, y la manera en que en éstas puede tener lugar la participación ciudadana en la lucha contra la corrupción.

La autora plantea, de forma resumida, que en tanto la gobernabilidad tiende a abordar las políticas públicas y la participación ciudadana desde una perspectiva gerencialista, la gobernanza lo hace con el fin de insertar nuevas prácticas democráticas para la interlocución de gobierno-ciudadanía. Continúa señalando que *"además los postulados de la nueva gestión pública (NGP) son contrarios al enfoque de gobernanza; esto es, además de incompatibilidades prácticas, pueden existir incompatibilidades teóricas, debido a que el modelo participativo se construye bajo el supuesto según el cual el comportamiento de los individuos está motivado, tanto en sus vidas personales como organizacionales, por incentivos de 'solidaridad' que los conducen a participar, en lugar de incentivos 'materiales' que los conducen a maximizar sus propios beneficios (Cf. Peters, 2001, p. 75). Este postulado resulta claramente irreconciliable con el argumento que orienta la NGP, según el cual la racionalidad humana está dirigida a la obtención de ganancias*[3].

Así, la participación ciudadana parece más afín con la concepción de gobernanza, pues busca la incorporación de la sociedad en la administración del Estado como un actor integrador y legitimante. En efecto, la participación ciudadana actuará como el engranaje entre los gobiernos y las políticas públicas, pues al momento en que colaboran desde su diseño y formulación, otorgan validez y sustento a la acción del Estado y no se reduce a una mera intervención estatal.

---

[3] Sobre ambos conceptos desde la perspectiva de la construcción de políticas públicas ver: CANO BLANDON, LUISA FERNANDA. La Participación Ciudadana en las Políticas Públicas de Lucha Contra la Corrupción Respondiendo a la Lógica de Gobernanza. *In Estudios Políticos* n°33, julio-septiembre, Instituto de Estudios Políticos, Universidad de Antioquia, 2008, p. 171.

Esta vinculación entre la gobernanza y la ciudadanía es abordada por Canto Chac, quien plantea que debe abordarse desde tres dimensiones básicas: *"Hablar de los procesos políticos de construcción de políticas implica hablar de los actores sociales, cuya intervención no debe ser vista como mera tecnología de gobierno, sino en tanto ciudadanos, es decir, en tanto portadores de derechos. Llegados a este punto, habría que afirmar que la participación ciudadana en las políticas públicas está en el centro del asunto de la gobernanza – y, por tanto, en el centro de la relación entre Gobernanza, ciudadanía e identidad gobierno y sociedad – en torno a tres dimensiones básicas: democracia, desarrollo y derechos*[4].

Teniendo esto en consideración, en análisis de las políticas públicas[5] cuyo objetivo sea la batalla contra la corrupción, en la medida que incorporen la participación ciudadana como elemento central, tendrán un mayor impacto social y a la larga una mayor efectividad.

No es ningún misterio que el fenómeno de la corrupción es un mal que aqueja a la mayoría de las democracias latinoamericanas, erosionando sus instituciones e instalando una crisis de legitimidad en los gobiernos. Frente a esto, la participación ciudadana aparece en el horizonte como un mecanismo que de suyo supone un valor democrático en sí mismo, toda vez que involucra a la sociedad en el gobierno haciendo propias sus acciones y de esta forma legitimándolas.

Entenderemos como corrupción, para estos efectos, la búsqueda del bienestar particular por sobre el interés colectivo o, dicho de otro modo, será el abuso de una posición fiduciaria, otorgada por la sociedad, para obtener ventajas o beneficios privados en desmedro del bien común. La relación fiduciaria, entre un funcionario público y la sociedad, supone implícita-

---

[4] CANTO CHAC, MANUEL. Gobernanza y Participación Ciudadana en las Políticas Públicas Frente al reto del desarrollo. *Política y Cultura*, n.º 30, 2008, p.13

[5] El término "política" adquiere un sentido mas amplio cuando se agrega el adjetivo "pública". La expresión "políticas públicas" designa los "programas de acción gubernamental para coordinarlos medios a disposición del Estado y las actividades privadas, parala realización de objetivos socialmente relevantes y políticamente determinados". BUCCI, Maria Paula Dallari. *Direito Administrativo e Políticas Públicas*. São Paulo: Saraiva, 2000, p. 241. En ese sentido, ellas establecen los caminos adecuados para alcanzar las finalidades previamente determinadas. Del adjetivo "públicas" se infiere que "unas de sus características centrales es el hecho de que son decisiones y acciones revestidas de la autoridad soberana del poder público". RUA, Maria das Graças. Análise de Políticas Públicas: conceitos básicos. *O Estudo da Política: tópicos selecionados*. Brasília: UNB, 1998, p. 232.

mente depositar confianza en quien desempeñará tal labor, en el entendido de que dicha actividad tendrá por cierto un interés colectivo o público.

De esta manera, en un contexto social como el que PEYREFITTE llama *sociedades de la confianza*[6][7], la traición o falta a la misma, por parte de quienes desempeñan una función pública, habida consideración del interés colectivo que dicha actividad lleva implícito, otorgan la legitimidad a quienes quisieran a través de la denuncia buscar evitar y prevenir los daños que estas conductas pudieran ocasionar.

Ahora bien, según veremos con más detalle luego, el concepto típico que se tiene de *whistleblower* se enfoca básicamente en las denuncias que puedan hacer: los funcionarios públicos que se encuentren desempeñando actualmente o hayan desempeñado en el pasado sus labores al interior del Estado; o los trabajadores o ex trabajadores en el caso de las empresas. El objetivo principal del *whistleblowing* será entonces por un lado proteger a los denunciantes de las posibles represalias que puedan sufrir, producto de las alertas que levantan, y por otro el prevenir con esta información el daño que ocasiona la corrupción al bien común.

Específicamente, respecto al *whistleblowing* y su aplicación en Latinoamérica, observamos que el ámbito de aplicación en general es bien limitado y con una regulación exigua o inexistente. De esta forma, tal y como razonábamos en párrafos anteriores, si bien es declarada por la mayoría de los países suscriptores de la Convención de las Naciones Unidas contra la Corrupción, la defensa de los denunciantes, observamos que en la práctica existen serias dificultades para su aplicación, disminuyendo el efecto de esta herramienta y redireccionando los esfuerzos hacia otros mecanismos análogos, como delación premiada o denuncias anónimas, a los cuales nos referiremos más adelante.

A la luz de todo lo anterior, teniendo en cuenta las consideraciones respecto a lo que entenderemos por corrupción, el concepto de gobernanza y su relación directa con la participación ciudadana en el proceso de generación de políticas públicas, sumado a la existencia de compromisos de la mayoría de las naciones en orden a proteger a los denunciantes, es posi-

---

[6] PEYREFITTE, Alain. *La Societé de Confiance*, Paris, Odile Jacob, 1995.
[7] Un buen ejemplo de una sociedad de confianza es la República Holandesa, la cual conforme *World Values Survey Wave 6: 2010-2014* arroja que 66% de los holandeses confían en sus conciudadanos; sólo 32% señalan que deben tener precaución respecto de ellos. Disponible en http://www.worldvaluessurvey.org/WVSDocumentationWV6.jsp. Consultado en 01.07.18.

ble plantear que existe la necesidad de reconocer a un nuevo actor en este escenario: el *denunciante ciudadano*.

La legitimidad de este nuevo actor se construye a partir de la nueva relación que existe entre ciudadanía y gobierno. En la medida que hay una mayor participación en la gobernanza de una nación, el ciudadano adoptará un papel análogo al que tendría el funcionario público o trabajador que, a propósito de la labor de gobierno colaborativa que desempeñe, tomará conocimiento de hechos corruptos. De esta forma, el efecto normativo típico que se le otorga al denunciante, en orden a evitar represalias por parte de sus empleadores, tendrá ahora un enfoque previo y más amplio con la irrupción de la ciudadanía consistente, básicamente, en la protección del bien común.

Elementos coadyuvantes con vistas a generar un terreno fértil para el desarrollo del *denunciante ciudadano* son los principios de transparencia y *accountability* o rendición de cuentas, que fijan hoy el estándar mínimo de comportamiento de gobiernos.

Así, ya sea que el ciudadano ejerza su derecho de acceso a la información, exija rendiciones de cuenta a sus representantes, o participe a través de cualquier otro mecanismo dispuesto por el ordenamiento jurídico en el que se encuentre, en la medida que se le otorgue protección y se asegure la confidencialidad, podrá efectuar, mediante los canales dispuestos al efecto, las denuncias sobre hechos de corrupción de que tome conocimiento.

Por consiguiente, si cobijamos al *denunciante ciudadano* bajo el paraguas normativo protector, que otorga al *whistleblowing*, y ampliamos los efectos que tradicionalmente se le ha otorgado al mismo, garantizando confidencialidad, seguimiento y transparencia en las denuncias, otorgaríamos condiciones propicias para fomentar las denuncias, posibilidad de desarrollar investigaciones de mejor calidad, multiplicidad de fiscalizadores, entre otros efectos, todos los cuales contribuirían a la prevención de los efectos de la corrupción.

Por otro lado, más allá de tener un sustento teórico en los argumentos que hemos expuesto, lógicamente debe analizarse la implementación del *denunciante ciudadano* desde el punto de vista económico, pues como toda política pública tendrá un costo. Principalmente, los recursos deberán ser destinados a la creación o a la potenciación de una institución orgánica y financieramente independiente, capaz de recibir las denuncias, poder adoptar las medidas para investigarlas y, por cierto, otorgar protección a quienes activen estos mecanismos. La inversión en este punto, más allá de los cambios normativos que deban hacerse, significa una apuesta por una sociedad activa y fiscalizadora, que puede redituar a través de la prevención en un saldo positivo para el Estado, habida consideración de la magnitud de recursos que se dejan de percibir como producto de actos de corrupción en Latinoamérica[8].

En suma, existe hoy una nueva forma en que la sociedad interactúa con los gobiernos, donde participa activamente tanto en la formulación como en la ejecución de políticas públicas. En efecto, son cada vez más comunes las instancias en que los ciudadanos colaboran con la función pública o participan en las decisiones de la administración a través de diferentes mecanismos. En este escenario, son propicias las condiciones para otorgar protección a los ciudadanos que, a propósito de esta actividad colaborativa–participativa, tomen conocimiento de hechos de corrupción y los denuncien. Sin embargo, para implementar esta medida se requerirán cambios a nivel normativo, pues la regulación actual no contempla la figura del denunciante ciudadano como sujeto de protección.

De esta forma, en la medida que se reconozca el lugar que tiene hoy el ciudadano en la gobernanza, podrán realizarse las adaptaciones pertinentes, a nivel normativo, para cobijarlo bajo la protección que se le otorga a los *whistleblower*. Esta protección deberá ser ya no sólo frente a las represalias a que pueda estar expuesto, sino además orientada a garantizar la confidencialidad en la identidad, el seguimiento durante el desarrollo de la investigación y finalmente la transparencia sobre la forma en que se utilizará la información que ha entregado.

El *denunciante ciudadano* será entonces una figura que, por una parte, fomentará la fiscalización activa de toda la sociedad frente a la lucha contra la corrupción, haciéndola protagonista y responsable en ella y, por otra, podremos concebir la institucionalización de este actor como un mecanismo de participación en sí mismo.

---

[8] Según el Foro Económico Mundial, todos los años se pierden US$ 2 billones apenas con el pago de propinas como producto de corrupción. El Informe Global de Competitividad del 2017-2018 refiere que la corrupción es uno de los principales obstáculos al surgimiento de nuevos negocios. Disponible en www.weforum.org/gcr. Consultado en 10.07.18.

2. La Definición Amplia del Concepto de *Whistleblower* a fin de Asegurar la Participación Ciudadana en el Combate la Corrupción

Históricamente Latinoamérica ha sido afectada por actos de corrupción. Por esa razón, el diseño, ejecución y evaluación de programas de protección al denunciante es de alta importancia, especialmente porque fomenta la participación de los ciudadanos como agentes fiscalizadores de las actividades que involucran el interés público.

En ese contexto, tanto los tratados como las diferentes normativas nacionales latinoamericanas han consagrado, en mayor o menor intensidad, mecanismos para proteger y garantizar a los *whistleblower* una adecuada protección frente a las eventuales represalias a las que podrían estar expuestos como producto de sus denuncias.

En ese sentido, incluso, la Convención Interamericana contra la Corrupción (1996), fue el primer instrumento internacional adoptado bajo el convencimiento de la *"importancia de generar entre la población de los países de la región una conciencia en relación a la existencia y la gravedad de ese problema y la necesidad de reforzar la participación de la sociedad civil en la prevención y la lucha contra la corrupción"*[9].

---

[9] Posteriormente fueron adoptados otros instrumentos. Se destacan en ese contexto: Convención de la Organización para la Cooperación y Desarrollo Económico - OCDE sobre Soborno a Funcionarios Públicos Extranjeros en Transacciones Internacionales, de 1997; Convención Penal del Consejo Europeo Contra la Corrupción, de 1999; Convención Civil del Consejo Europeo contra la Corrupción, de 1999. En el ámbito europeo: "*en el 2011, la Comisión adoptó un paquete anticorrupción para evidenciar la política de la Unión Europea contra la corrupción y para establecer un mecanismo de control de la Unión con vistas a evaluar, regularmente, los esfuerzos de los Estados-Miembros. El primer informe de la UE, en materia de lucha contra la corrupción, fue publicado en febrero del 2014. El informe explica la situación en cada Estado-Miembro, en especial, qué medidas anticorrupción fueron tomadas, cuáles funcionan bien, cuáles pueden ser mejoradas y de qué forma. Los Estados-Miembros tomaron diversas iniciativas en los últimos años, sin embargo, los resultados son dispares y es necesario hacer más para prevenir y punir la corrupción. Los informes siguientes se publicarán a cada dos años. Entretanto, el Parlamento Europeo y el Consejo de la Unión Europea adoptaron nuevos actos legislativos basados en propuestas de la Comisión, especialmente una serie de medidas para reforzar el cuadro jurídico: una reforma de las normas relativas a los contratos públicos (propuesta de la Comisión del 2011, adoptada en febrero del 2014); la aprehensión de activos de origen criminal (propuesta de la Comisión, del 2012, adoptada en marzo del 2014); la ampliación del ámbito del concepto de corrupción, con vistas a involucrar el soborno de personas que no son formalmente funcionarios públicos pero que, sin embargo, están comprometidas en la gestión de fondos de la UE (propuesta de la Comisión, del 2013)".* La lucha de la Unión Europea contra el fraude y la corrupción. Disponible en http://www.norte2020.pt/sites/default/files/public/uploads/documentos/LutaFraude.pdf. Luxemburgo:

Como mecanismo de prevención, la referida Convención prevé la necesidad de implementación de *"sistemas para proteger a funcionarios públicos y ciudadanos particulares que denuncien de buena fe actos de corrupción, incluida la protección de su identidad, sin perjuicio de la Constitución del Estado y de los principios fundamentales de su ordenamiento jurídico interno "* (artículo III.8).

Todos los esfuerzos internacionales[10] culminaron también en la aprobación de la Convención de las Naciones Unidas contra la Corrupción, que fue ratificada por casi todos los países latinoamericanos[11] y que está enfocada en la promoción de la participación ciudadana, la integridad, la transparencia y en la rendición de cuentas o *accountability*.

Como un buen punto de partida, útil es recordar lo dispuesto en el artículo 33 de la referida Convención, que nos entrega una directriz para los Estados parte en orden a otorgar protección a la figura del denunciante[12].

Sin perjuicio de que los términos en los que se encuentra redactado el mandato de protección de la Convención son amplios, típicamente los contornos del *whistleblowing* se han circunscrito principalmente a la denuncia que pueda hacer un sujeto calificado, es decir, aquella alerta que provenga de un determinado "agente" o "funcionario público" en el caso de las instituciones públicas, o bien por parte de un "trabajador" en el caso de las

Servicio de las Publicaciones de la Unión Europea, 2015, p. 4. Por su parte, se destacan también la Convención de la Unión Africana para prevenir y combatir la corrupción, del año 2003, y los avances en las legislaciones anglosajonas, en especial el FCPA del año 1977 que, a pesar de haber sufrido numerosas modificaciones a lo largo de los años, continúa siendo uno de los instrumentos más importantes referidos a la lucha contra la corrupción. Finalmente, de modo más reciente, en Reino Unido en el año 2010, se promulgó el *Bribery Act* considerado como una de las legislaciones más estrictas en el combate contra la corrupción.

[10] *"Desde 1996, la corrupción comenzó a ser tema de interés de los más diferentes países que, de modo regional, iniciaron procesos de acuerdos de acción conjunta en ese ámbito. Sin embargo, las primeras convenciones firmadas no cubrían todas las regiones del mundo, dejando de lado gran parte de los países de Asia y Oriente Medio. También algunos acuerdos sólo se referían a enfoques específicos, como el soborno, por ejemplo. Así, la comunidad internacional manifestó el interés de delinear un acuerdo verdaderamente global y capaz de prevenir y combatir la corrupción en todas sus formas"*. Entonces nació la Convención de las Naciones Unidas contra la Corrupción. Consulta en: https://www.unodc.org/lpo-brazil/pt/corrupcao/convencao.html

[11] Entre los países que la ratificaron: Argentina, Bolivia, Brasil, Chile, Colombia, Ecuador, Paraguay, Perú, Uruguay y Venezuela.

[12] Art. 33: *"Cada Estado Parte considerará la posibilidad de incorporar en su ordenamiento jurídico interno medidas apropiadas para proporcionar protección contra todo trato injusto a las personas que denuncien ante las autoridades competentes, de buena fe y con motivos razonables, cualquier hecho relacionado con los delitos calificados de acuerdo con la presente Convención"*.

instituciones privadas, quienes a propósito del ejercicio de sus funciones tomen conocimiento de actitudes o actividades sospechosas que pudieran revestir caracteres de delito, o a lo menos conductas reñidas con la probidad.

El concepto tradicional asociado a la figura del denunciante resulta un tanto estrecho, habida consideración del contexto actual en el que se desarrolla la relación entre la ciudadanía y la Administración del Estado. En efecto, tal y como mencionábamos en párrafos anteriores, la participación ciudadana es un fenómeno que ha transformado la forma en que la sociedad interactúa con los gobiernos, encontrándose hoy en un rol mucho más activo y formando parte de las decisiones de forma colaborativa.

Los acuerdos multilaterales firmados exigen que los países adscritos adopten un concepto amplio de denunciante, cuyo foco debe centrarse más en los hechos informados y los daños que pueda ocasionar al interés público, que en la figura calificada del denunciante que hoy se circunscribe a la figura del funcionario público o del trabajador.

De esta manera, si partimos de la base de que la participación ciudadana busca legitimar los gobiernos por medio de mecanismos que le otorguen espacios de decisión, deliberación o diseño, según sea el caso de cada país, el interés público en dicha actividad resulta evidente. Sin perjuicio de aquéllo, no se debe caer en la falacia argumentativa que busca validar estos mecanismos con base en los resultados concretos o específicos que obtengan, sino que por el contrario el foco debe estar en el despertar del interés de la ciudadanía en los procesos de gobierno o, en otras palabras, en el fortalecimiento de la democracia y la participación política de la ciudadanía en el destino de la sociedad de la que forma parte.

Así, habida consideración del interés público que rodea el combate contra los actos de corrupción, no parece aconsejable circunscribir una protección activa a los denunciantes que detenten la calidad de funcionarios públicos o trabajadores, sino que proponemos, dada la integración de la ciudadanía en los procesos de gobierno a través de diferentes mecanismos de participación, otorgar protección a todo ciudadano que, a propósito de esta actividad, tome conocimiento de actos de corrupción o al menos sospeche de alguna irregularidad.

Así las cosas, dado este rol activo de los ciudadanos en colaboración con el Estado, resulta muy atractivo extrapolar la protección otorgada a los denunciantes a los demás integrantes de la sociedad, quienes a través de la participación en el gobierno, pueden verse incentivados a denunciar y en definitiva prevenir actos de corrupción.

La concepción que se tiene de *whistleblower*, en consecuencia, no debe limitarse a funcionarios o trabajadores, sino que debe incluir necesariamente tanto a la sociedad civil como a cualquier individuo que tome conocimiento de este tipo de hechos.

Cuando el legislador opta por establecer presupuestos rígidos para la definición que le otorga a la figura del denunciante, especialmente cuando se basa en la buena fe de la denuncia, establece óbices que dificultan la participación ciudadana en la lucha activa contra la corrupción. En efecto, las mayores dificultades detectadas contra la efectividad de los programas de *whistleblowing*[13] son los riesgos personales (físicos y psicológicos) y profesionales a los que están sujetos los denunciantes[14], consecuencias a las que la ciudadanía no se encontraría afecta o bien su riesgo sería mucho menor. Por estas razones, los esfuerzos deben destinarse en orden a lograr, a nivel de leyes nacionales, la adopción de normas protectoras amplias, situación en la que hoy la mayoría de los ordenamientos jurídicos de América Latina se encuentra en deuda.

En el caso de Brasil, su legislación no tutela al denunciante en una norma específica, como sí ocurre típicamente en países de origen anglosajón en donde se ha desarrollado ampliamente el concepto de *whistleblower*. No obstante lo anterior, se observaron incipientes avances en el año 2011 por intermedio de la Ley de Acceso a la Información n° 8.112/90, donde se estableció una deficiente protección del servidor público denunciante,

---

[13] *Whistleblowing: an effective tool in the fight against corruption*. Transparency International. Disponible en https://www.transparency.org/whatwedo/publication/policy_position_01_2010_whistleblowing_an_effective_tool_in_the_fight_again. Consultado en 25.06.18.

[14] Las principales represalias constituyen despidos, pérdida de funciones o atribuciones, reubicación de lugares de trabajo, disminución de remuneraciones, además de ofensas directas al denunciante, su honra e integridad física y psicológica. A fin de entender en la práctica las diferentes formas de represalias que puede sufrir un denunciante cuando no es sometido a programas de protección, buen ejemplo es el caso ACUAMED (España). La empresa ACUAMED es una empresa pública encargada de la gestión de las Aguas del Mediterráneo y la denuncia ha llevado a prisión **a sus directivos por** presuntamente haber recibido sobornos de varios contratistas. Los denunciantes, que no estaban protegidos por algún programa, pues en España todavía no están establecidos, fueron despedidos y tuvieron que buscar judicialmente sus reintegros. Ver en este contexto, Entrevista a doña Azahara Peralta, Denunciante del Caso Acuamed. Ingeniera Agrónoma. *In* R.I.T.I. nº 3 Enero-Abril, 2017.

específicamente en su artículo 126 A[15] en el que dispone: *"Ningún servidor podrá ser responsabilizado civil, penal o administrativamente por dar conocimiento a la autoridad superior o, cuando hubiere sospecha de la implicación de ésta, a otra autoridad competente para investigación de información concerniente a la comisión de crímenes o improbidad de que tenga conocimiento, aunque a consecuencia del ejercicio de cargo, empleo o función pública".*

Posteriormente, en el año 2013, entró en vigor la Ley Anticorrupción n° 12.846/2013, que establece la responsabilidad administrativa y civil de las personas jurídicas por la práctica de actos contra la administración pública, nacional o extranjera. De acuerdo a sus disposiciones, las empresas deben adoptar, entre otras cosas, mecanismos de control y políticas internas de integridad, expresados en verdaderos programas de *compliance*.

La referida Ley estipula que en la aplicación de las sanciones a las personas jurídicas infractoras se ponderarán, entre otras, la cooperación en la detección de las infracciones y el incentivo a la denuncia de irregularidades internas (los llamados canales de denuncia). A pesar de aquéllo, es absolutamente silenciosa en cuanto a medidas de protección a los denunciantes, haciendo, por supuesto, inocua la previsión legal

Es posible observar esta omisión igualmente en el Decreto n° 8.420/2015, que a pesar de regular la Ley n° 12.846/2013, únicamente se limita a establecer de manera genérica que los mecanismos de protección al denunciante de buena fe serán uno de los requisitos de evaluación de los programas de integridad[16] (artículo 42, inciso X) sin establecer, entretanto, otras especificaciones o parámetros que los delineen.

---

[15] Inserto conforme artículo 44 de la Ley nº 12.527/2011.

[16] La Contraloría General de la Unión de Brasil expidió, en el año 2015, un oficio con las directrices para la implementación de los programas de integridad para las empresas privadas y que sirve de parámetro para evaluar su efectividad. En lo que se refiere a los canales de denuncia es lacónico en afirmar que: *"Para garantizar la efectividad de los canales de denuncia, es necesario que la empresa tenga políticas que garanticen la protección del denunciante de buena fe como, por ejemplo, la recepción de denuncias anónimas y la prohibición de represalias. La empresa podrá también establecer normas de confidencialidad para proteger aquéllos que, a pesar de ser identificados por la empresa, no quieran ser reconocidos públicamente. O bien, cumpliendo la empresa con las reglas del anonimato, confidencialidad y prohibición de represalias son factores esenciales para conquistar la confianza de aquéllos que tengan algo que informar. Amén de eso, es deseable que la empresa tenga medios para que los denunciantes acompañen la tramitación de la denuncia en pos de la transparencia en un proceso que confiera mayor credibilidad a los procedimientos.* En este sentido: http://www.cgu. gov.br/Publicacoes/etica-e-integridade/arquivos/programa-de-integridade-diretrizes-para-

Recientemente, en enero del año 2018, entró en vigor la Ley nº 13.608 que regula el servicio telefónico de recepción de denuncias y la recompensa por informaciones que auxilien en las investigaciones policiales. Sin embargo, esta ley está centrada en mantener el anonimato del denunciante, lo que, a nuestro juicio, no es un mecanismo del todo eficiente. Lo que se busca no es esconder a quienes denuncian los hechos ilícitos, sino darles protección para que, como ciudadanos y celosos del bien común, se sientan seguros no sólo en denunciar hechos de los que tienen conocimiento, sino también que tengan conciencia, de modo transparente, sobre cuál será la tramitación y el uso que se le dará a esa información durante la investigación. El incentivo a la denuncia anónima es consecuencia de la ausencia del sistema de protección al ciudadano que desea cooperar. Incluso porque es innegable el peso que la prueba testimonial tiene en los procesos tanto penales como administrativos, y con mayor intensidad, cuando se trata de personas que no tienen ninguna implicancia en los hechos ilícitos practicados.

Otro punto relevante, respecto a las denuncias anónimas, es que ellas solamente pueden justificar investigaciones criminales si éstas son precedidas de diligencias aptas para comprobar los hechos denunciados, según ha sido establecido en los criterios jurisprudenciales utilizados reiteradamente por el Supremo Tribunal Federal Brasileño[17]. En este caso, medidas como búsqueda y aprehensión, interceptación telefónica, levantamiento de secretos fiscales, bancarios y telefónicos sólo podrán ser autorizados si las aludidas diligencias traen como fundamentos otros antecedentes que sean considerados suficientes para confirmar el relato del denunciante anónimo, lo que dificulta sobremanera el éxito de las investigaciones y de la aplicación de una eventual condena por los hechos cometidos.

En contraposición al incentivo a las denuncias anónimas, los programas de protección deben asegurar la confidencialidad de tal modo que no se dé publicidad ni a los hechos denunciados ni de quien se ha obtenido dicha información. Una vez garantizado el secreto, se pueden evitar tanto las represalias a los denunciantes, como la exposición innecesaria a que

---

-empresas-privadas.pdf. CGU. Septiembre de 2015, p. 21. Se reitera, además, la previsión genérica consolidada en todas las directrices brasileñas.
[17] Ver en este sentido, a título explicativo, RHC 117.988 – DJE 26.02.2015; HC 95.244 – DJE 30.04.2010; HC 99.490 – j. 23.11.2010.

puedan estar sujetos los mismos, además de evitar el juicio anticipado de que puedan ser objeto aquéllos que aún están sometidos a investigación.

Por todos estos motivos, cuando analizamos lo que se espera de un verdadero programa de protección a los denunciantes, verificamos que el marco jurídico brasileño es absolutamente deficitario[18], no delinea los conceptos y deja sin protección a aquéllos que denuncien hechos ilícitos, centrando esfuerzos en mecanismos que a la luz de los resultados han demostrado no ser eficientes para la prosecución del objetivo final, que es mitigar los efectos de la corrupción en el país.

Lo cierto es que la inercia de los Estados, en la constitución de programas efectivos de protección, pone en riesgo uno de los más relevantes instrumentos de combate contra la corrupción, haciendo que los países adscritos caigan en incumplimiento de los compromisos adquiridos en instrumentos internacionales. Pero es preciso señalar, que no basta con tener disposiciones legales de forma aislada, sino que el sistema debe ser robusto al punto de lograr no sólo la obediencia de los ciudadanos, sino el incentivo de una conducta activa de los mismos, que al ponderar entre el silencio y la indiferencia frente a hechos de corrupción, se sienta seguro de optar por la protección del bien común.

Aunque no es sólo eso. La ausencia de protección al denunciante y el incentivo cada vez mayor para que se firmen acuerdos de delación premiada o de lenidad, demuestran una clara opción estatal para negociar con aquéllos que cometieron crímenes, disminuyendo las penas a ser cumplidas y limitadas a la devolución parcial de los valores desviados. El mensaje final que se envía a la ciudadanía, entonces, es que se destinan mayores beneficios y protecciones a quienes han cometido los delitos (cuya motivación está marcada por la protección del interés particular) que a los ciudadanos denunciantes que traen a la luz dicha información.

Además, hemos visto que los Estados buscan implementar leyes que establezcan recompensas para las denuncias presentadas. Tenemos dos puntos importantes a considerar para esa situación: (i) el establecimiento de efectivos programas de protección hace innecesaria la remuneración financiera, pues los denunciantes no serán obligados a asumir los costos

---

[18] Interesante es destacar el esfuerzo de la *Estrategia Nacional de Combate a la Corrupción y al Lavado de Dinero* (ENCCLA) que elaboró el "*Programa Nacional de Protección e Incentivo a Relatos de Interés Público*" a fin de dar eficacia a lo dispuesto en el artículo 33 de la Convención de la ONU contra la Corrupción.

de su denuncia (desempleo, contratación de abogados, auxilio médico y psicológico, etc.); (ii) la postura proactiva del denunciante, vista bajo la óptica de participación ciudadana, hace con que su contribución se dirija al bien común, a la tutela del patrimonio estatal, que en última instancia claramente lo afecta, siendo así innecesaria la retribución por tal acto, pues ya está ínsita en cualquier ciudadano.

En definitiva, por todas estas consideraciones, parece no existir duda de que la lucha contra la corrupción pasa necesariamente por la adopción de un concepto amplio de denunciante, que otorgue espacio al interés ciudadano por la protección del bien común y, acompañado de dicha concepción, la implementación de programas adecuados de protección que fomenten esta nueva forma de participación.

Conclusión

El cambio cultural que exige el paso a una sociedad fiscalizadora y proactiva, en la protección del interés público y en la prevención/sanción de la corrupción, implica necesariamente un protagonismo de los ciudadanos como denunciantes activos de este tipo de actos.

Por esta razón, los países de América Latina deben atender a los compromisos adquiridos en los diversos instrumentos internacionales[19] suscritos, en los que se establece el deber de protección a la figura del denunciante – cuyo concepto está planteado en términos amplios – y, por lo tanto, la necesidad de que se implementen programas que hagan efectiva esta tutela.

Sin embargo, en esta materia América Latina aún se encuentra muy por debajo de lo esperado en los niveles de cumplimiento de tales compromisos. No resulta suficiente prohibir de manera genérica la imposición de represalias contra los denunciantes, sino que debe complementarse dicha disposición con mecanismos de protección, instituciones independientes receptoras de las denuncias y encargadas de la investigación, programas de seguimiento, etc.

---

[19] La corrupción es uno de los mayores obstáculos para el cumplimiento de la Agenda 2030 de la Organización de las Naciones Unidas, razón por la cual los Objetivos de Desarrollo Sostenible (conjunto de 17 objetivos y 169 metas aprobadas en el 2015 para su implementación hasta el 2030) prevén, específicamente, en la OCD 16.5: *reducir sustancialmente la corrupción y el soborno en todas sus formas*. Disponible en https://nacoesunidas.org/pos2015/agenda2030/. Consultado en 14.07.18.

Al mismo tiempo que la prevención y lucha contra la corrupción no admite más silencio y roles pasivos frente a hechos que afecten al interés público, la ausencia de una normativa clara y específica constituye un impedimento para que otros actores, como los ciudadanos, jueguen un papel fiscalizador y denunciante, participando activamente en la prevención y detección frente a estos acontecimientos.

La participación ciudadana se alza como una herramienta eficaz en la lucha contra la corrupción y derrumba el mito clásico que radica la responsabilidad del fenómeno de forma exclusiva en los gobiernos. La nueva forma en que se configura la democracia moderna en Latinoamérica exige hacer parte a la ciudadanía en aquellos aspectos en que el interés colectivo se vea amenazado, siendo la corrupción uno de los males más endémicos de la región.

De esta forma, la adopción de un rol activo de la ciudadanía configura, en sí misma, un fenómeno social que ha irrumpido en los diferentes países de América Latina para quedarse. Algunos ejemplos de estos esfuerzos, desde la sociedad civil y de la ciudadanía en general, son: la creación de los diferentes capítulos de transparencia internacional en la mayoría de los países latinoamericanos; numerosas ONGs dedicadas al combate a la corrupción; observatorios de gasto fiscal; desde el mundo público, con las agencias especializadas en materia de lavados de activos a nivel gubernamental, consejos para la transparencia, mecanismos de control presupuestario, entre otros; y en el mundo privado, un sinnúmero de unidades de *compliance* existentes en prácticamente todas las empresas modernas.

Es importante destacar el papel que han adoptado las empresas, que por cierto han ajustado sus procesos y controles para evitar la proliferación de actos de corrupción, tanto en el interior de sus instituciones como en su relación con terceros y, por cierto, con el Estado en las asociaciones público-privadas que se generan a diario.

En definitiva, todas estas muestras dejan al descubierto el importante rol que juegan tanto la ciudadanía organizada, de diferentes maneras, como las acciones del sector privado, y que en su conjunto contribuyen a que las políticas públicas, cuya finalidad es la lucha contra la corrupción, permeen finalmente a las personas y se instaure una cultura de la integridad en cada país y luego en la región.

Sin esta contribución, los esfuerzos del Estado por establecer sanciones, generar programas, o cualquier otra política pública, que contribuya en la batalla contra la corrupción, no tendrán el efecto deseado o bien tendrían un impacto significativamente menor si prescinden de las contribuciones que puedan realizar tanto el sector privado como el cuarto sector. La actividad de estos dos segmentos de la población, en materia de anticorrupción, resulta clave para enfrentar de manera exitosa el control del fenómeno desde y para la ciudadanía.

Así pues, en este contexto de protagonismo de la participación ciudadana en la sociedad, no parece sensato excluir, a quienes no integran el aparato estatal, de la protección frente a las denuncias sobre hechos de corrupción, pues bien podría suponerse, serán justamente quienes están dentro de la organización los que tengan más incentivos para beneficiarse de los actos corruptos que denunciarlos. Por el contrario, esta motivación perversa desaparece o al menos se presenta en menor intensidad en el caso de los ciudadanos, pues al ser un agente externo y en muchas ocasiones destinatario directo de las deficiencias que puede ocasionar una institución corrupta, el incentivo de denuncia aparece como una opción más atractiva que el intento de formar parte de los fraudulentos réditos de que tome conocimiento.

Referências

ASSOCIATION OF CERTIFIED FRAUD EXAMINERS. *Report to the Nations: 2018 Global Study on Occupational Fraud and Abuse*. Disponible en https://www.acfe.com/report-to-the-nations/2018.

BARAGLI, Néstor & RAIGORODSKY, Nicolas. *Convención Interamericana contra la Corrupción: Implementación de un eficaz instrumento internacional de lucha contra la corrupción*. 1 ed. Buenos Aires: Oficina Anticorrupción. Ministerio da Justicia y Derechos Humanos, 2004.

BARROSO, Fernando González. Entrevista a doña Azahara Peralta, Denunciante del Caso Acuamed. Ingeniera Agrónoma. *In R.I.T.I.* nº 3 Enero-Abril, 2017.

BUCCI, Maria Paula Dallari. *Direito Administrativo e Políticas Públicas*. São Paulo: Saraiva, 2000.

CANO BLANDON, LUISA FERNANDA. La Participación Ciudadana en las Políticas Públicas de Lucha Contra la Corrupción Respondiendo a la Lógica de Gobernanza. *In Estudios Políticos* n°33, julio-septiembre, Instituto de Estudios Políticos, Universidad de Antioquia, 2008.

CANTO CHAC, MANUEL. Gobernanza y Participación Ciudadana en las Políticas Públicas Frente al reto del desarrollo. *Política y Cultura*, n.º 30, 2008, pp.9-37.

CASAS-ZAMORA, Kevin & CARTER, Miguel. *Beyond the Scandals. The Changing Context of Corruption in Latin America. Rule of Law Report*. Washington, InterAmerican Dialogue, Feb. 2017.

CONTROLADORIA GERAL DA UNIÃO. Disponible en http://www.cgu.gov.br/Publicacoes/etica-e-integridade/arquivos/programa-de-integridade-diretrizes-para-empresas-privadas.pdf. CGU. Septiembre de 2015.

DELMAS, Candice. *The Ethics of Government Whistleblowing.* **Social Theory and Practice.** v. 41, n. 1 (January, 2015), p. 77-105.

DYCK, Alexander, MORSE, Adair & ZINGALES, Luigi. Who Blows the Whistle on Corporate Fraud? *In: The Journal of Finance.* v. 65, n. 6 (Dec. 2010), p. 2213-2253.

ORGANIZACIÓN DE LAS NACIONES UNIDAS. Convención de las Naciones Unidas contra la Corrupción. Disponible en: https://www.unodc.org/lpo-brazil/pt/corrupcao/convencao.html.

PEYREFITTE, Alain. *La Societé de Confiance*, Paris, Odile Jacob, 1995.

RUA, Maria das Graças. Análise de Políticas Públicas: conceitos básicos. *O Estudo da Política: tópicos selecionados.* Brasília: UNB, 1998.

TRANSPARENCY INTERNATIONAL, *Recommended draft principles for whistleblowing legislation*, 2009.

_____. *Whistleblowing: An Effective Tool in the fight against corruption*, 2010.

UNIÃO EUROPÉIA. La lucha de la Unión Europea contra el fraude y la corrupción. Disponible en http://www.norte2020.pt/sites/default/files/public/uploads/documentos/LutaFraude.pdf. Luxemburgo: Servicio de las Publicaciones de la Unión Europea, 2015.

WORLD ECONOMIC FORUM. Disponible en www.weforum.org/gcr.

WORLD VALUES SURVEY. *Wave 6: 2010-2014.* Disponible en http://www.worldvaluessurvey.org/WVSDocumentationWV6.jsp.

Violação de Segredos de Negócio, *Compliance* e Crime Organizado

Vinicius Cervantes Gorgone Arruda

Introdução

O presente capítulo visa abordar tema de extrema relevância para preservação do controle sobre a inovação no mercado e no âmbito empresarial: os segredos de negócio. Tratando-se de um dos mecanismos de maior destaque para conquista e manutenção de vantagem competitiva, sua relação com as políticas de *compliance* mostra-se essencial para preservação do segredo e, consequentemente, do controle sobre determinada tecnologia, métodos, projetos, elementos de gestão, dentre outros conjuntos de informações, capazes de proporcionar posição de destaque ao seu controlador e resultando na conquista e manutenção do mercado.

Nesse aspecto, as políticas de *compliance* mostram-se ainda importantes para a imputação do dever de diligência de empregados e prestadores de serviços, no sentido de zelar pela manutenção do segredo, bem como estabelecer normas de conduta e procedimentos, possibilitando ainda a identificação de condutas delituosas em prejuízo da empresa, além da imputação das respectivas responsabilidades. Da mesma forma, as políticas de *compliance* permitem a descaracterização de condutas típicas, eximindo agentes da responsabilidade penal genericamente imputada, especialmente quando da apresentação de denúncias genéricas de crimes de organização criminosa e associação criminosa, muitas vezes viabilizados pelo próprio ambiente empresarial.

Dessa forma, inicia-se o presente estudo trazendo à tona as questões relacionadas à conceituação do crime organizado. Na sequência, apresentam-se características que permitem a diferenciação entre o concurso de pessoas e os crimes de associação criminosa e de organização criminosa, demonstrando, sob esse ponto de vista, a possibilidade de identificar corretamente a prática de crimes envolvendo a pluralidade de agentes. Em seguida, passa-se à análise das questões relacionadas aos segredos de negócio, sua importante interação com políticas de *compliance*, bem como sobre a utilização desse instrumento em âmbito criminal, quando se trata da ocorrência do crime previsto no inciso XI do artigo 195 da Lei nº 9.279/96, que dispõe sobre a violação dos segredos de negócio e tipifica tal conduta como crime de concorrência desleal, bem como quanto à ocorrência dos crimes de associação criminosa, organização criminosa e do concurso de pessoas, chegando-se à conclusão por meio da análise dedutiva de tais questões.

1. Crime Organizado: um Conceito Tão Amplo Quanto suas Atividades

Em um mundo globalizado em que a internacionalização, a interdependência e a facilidade de comunicação e a operacionalização se aplicam também às atividades criminosas[1], os termos "crime organizado", "criminalidade organizada" e "organização criminosa" são, muitas vezes, utilizados de maneira genérica e equivocada. É certo que não há consenso na

---

[1] As vantagens que a globalização da economia oferece à expansão da criminalidade organizada são: a) a possibilidade de acesso a mercados de bens ilícitos muito lucrativos, pois essa qualidade de ilegal multiplica o valor do bem. b) possibilidade de explorar pontos vulneráveis em diferentes sociedades, especialmente nos países em desenvolvimento e democráticos emergentes, devido à fragilidade de suas instituições; c) capacidade de operar em lugares em que as organizações encontram-se relativamente seguras quanto à persecução criminal, seja porque carecem de legislação referente ao crime organizado, seja porque impõem entraves à cooperação judicial internacional; d) possibilidade de canalizar os proveitos ilícitos por meio de um sistema financeiro globalizado, com eliminação de controles, o que dificulta sobremaneira a perseguição de seus rastros; e) facilidade de acesso aos chamados "paraísos fiscais", em que se pode ocultar e "lavar" capitais de origem ilegal. (Blanco Cordero, I. Sanchez Garcia de Paz, I. Principales instrumentos internacionales (de Naciones Unidas y la Unión Europea) relativos al crimen organizado: la definición de la participación en una organización criminal y los problemas de aplicación en el espacio. *Revista Penal*, Salamanca, n. 6, 2000, p. 4-5.)

doutrina quanto ao conceito de crime organizado e sua clara diferenciação entre organização criminosa e criminalidade organizada, enfrentando, o próprio legislador, dificuldades para a tipificação penal de tais fenômenos sociológicos[2]. Sheila Jorge Selim de Sales, professora de Direito e Processo Penal da Faculdade de Direito da Universidade Federal de Minas Gerais, em sua obra *Escritos de Direito Penal*, observa que "[...] se os mais distintos fenômenos criminais praticados por mais de uma pessoa são divulgados como crime organizado, nada é crime organizado; esvazia-se o conteúdo da expressão[3]".

Já Luiz Regis Prado enfatiza não haver confusão entre crime organizado, criminalidade organizada ou organização criminosa, enquanto entidade jurídico-penal, sob o ponto de vista da existência ou não de norma penal que disponha sobre tal figura, na forma de um tipo penal ou como forma de aumento de pena:

O crime organizado, por sua vez, não se confunde com a criminalidade organizada ou com a organização criminosa, enquanto entidade jurídico-penal; só tem viabilidade ou relevância se efetivamente existe uma norma penal que sobre ele disponha, seja na forma de um tipo penal correspondente, seja a forma de uma causa de aumento de pena – o que será objeto de posterior reflexão. Do contrário, verifica-se a existência de uma criminalidade organizada, de organizações criminosas – inclusive com relevância jurídico-penal, mas não seria possível constatar a existência, no mundo jurídico, do crime organizado[4].

De acordo com Jorge de Figueiredo Dias, "o conceito de criminalidade organizada não deriva aprioristicamente nem do dicionário, nem da natureza das coisas, nem sequer, em definitivo, das especificidades sociocriminológicas que o fenômeno respectivo possa apresentar"[5]. Ou ainda, nas palavras de Matheus Silveira Pupo, "a sua definição não se extrai da

---

[2] PRADO, Luiz Regis. *Direito penal econômico: ordem econômica, relações de consumo, sistema financeiro, ordem tributária, sistema previdenciário, lavagem de capitais, crime organizado (de acordo com a Lei 12.850/2013)*. 6. ed., rev. e atual., 2. tiragem. São Paulo: Revista dos Tribunais, 2015. p. 398.
[3] SALES, Sheila Jorge Selim de. *Escritos de Direito Penal*. 2 ed. Belo Horizonte: Del Rey, 2005. p. 140.
[4] PRADO, Luiz Regis. *Direito penal econômico: ordem econômica, relações de consumo, sistema financeiro, ordem tributária, sistema previdenciário, lavagem de capitais, crime organizado (de acordo com a Lei 12.850/2013)*. 6. ed., rev. e atual., 2. tiragem. São Paulo: Revista dos Tribunais, 2015. p. 409.
[5] DIAS, Jorge de Figueiredo. A Criminalidade Organizada: do fenômeno ao conceito jurídico penal. Revista Brasileira de Ciências Criminais. n.71, mar-abr.2008, p.21.

vida cotidiana, da realidade, do ôntico [...] sendo essencial, portanto, que a legislação penal traga tal definição"[6]. Segundo Eugênio Raúl Zaffaroni, crime organizado constitui:

denominação aplicada a número incerto de fenômenos delitivos por diversos especialistas, pelos meios de comunicação de massa, pelos autores de ficção, pelos políticos e pelos operadores de agências do sistema penal (especialmente policiais, ainda que também pelos juízes e administradores penitenciários), cada um deles com objetivos próprios. [...] cremos tratar-se de tarefa infrutífera, pois a diversidade que aquela categoria pretende abranger continua dispersa e carente de uma análise particularizada prescindindo de uma falsa classificação que, por não alcançar seus objetivos, obstaculiza a compreensão dos fenômenos no campo científico.[7]

Embora se reconheça a ausência de consenso entre os especialistas com relação à definição do termo, deve-se destacar o altíssimo potencial de ameaça e perigo oferecido pela criminalidade organizada, bem como seu poder de produzir consequências que ultrapassam os parâmetros de previsibilidade e de controle[8]. Nesse ponto destacam-se muitas vezes os limites jurídicos e práticos impostos tanto ao legislador, quanto às autoridades responsáveis pelo enfrentamento de tais condutas, que restringem tanto a elaboração e a aplicação das normas, quanto os atos praticados pelas autoridades no intuito de identificar, coibir e punir a criminalidade organizada.

A Convenção das Nações Unidas contra o Crime Transnacional, adotada em Nova Iorque em 15 de novembro de 2000, conhecida como Convenção de Palermo, integrada ao ordenamento jurídico brasileiro através do Decreto nº 5.015 de 12 de março de 2004, conceitua "grupo criminoso

---

[6] PUPO, Matheus Silveira. *Concurso de pessoas, quadrilha ou bando, crime organizado no Direito Penal Empresarial – uma análise dogmática*. In: FRANCO, Alberto Silva; LIRA, Rafael. Direito Penal Econômico: Questões Atuais. São Paulo: Revista dos Tribunais, 2011. p.250-251.

[7] ZAFFARONI, Eugenio Raúl. Crime organizado: uma categoria frustrada. In Discursos sediciosos: crime, direito e sociedade. Discursos sediciosos, crime, direito e sociedade, ano 1, nº1, 1º semestre de 1996. Rio de Janeiro: Relume Dumará.1996.p.45.

[8] "*Criminalidade organizada*, por sua vez, genericamente falando, deve apresentar um potencial de ameaça e de perigo gigantescos, além de poder produzir consequências imprevisíveis e incontroláveis. No entanto, os especialistas ainda não chegaram a um consenso para definir o que representa efetivamente a criminalidade organizada: o que ela é, como se desenvolve, quais suas estruturas, quais suas perspectivas futuras, como combatê-la são questões ainda sem respostas." (BITENCOURT, Cezar Roberto. Tratado de direito penal econômico, v. 2. São Paulo Saraiva Educação 2016 1 recurso online.p.649)

organizado", em seu artigo 2, a, como sendo o "grupo estruturado de três ou mais pessoas, existente há algum tempo e atuando concertadamente com o propósito de cometer uma ou mais infrações graves ou enunciadas na presente Convenção, com a intenção de obter, direta ou indiretamente, um benefício econômico ou outro benefício material".

Deve-se ressaltar, no entanto, que as primeiras manifestações de criminalidade organizada surgem a partir do século XVII, representadas pelas tríades chinesas. Ganhou fama mundial ainda, a atuação da Yakuza no Japão feudal do século XVIII, cuja atuação envolvia tanto atividades consideradas lícitas naquela época, como atividades ilícitas. Já a Máfia Italiana, cujo surgimento foi em 1812, é outro notório exemplo de criminalidade organizada, que embora tenha sido criada em razão de medidas tomadas pelos príncipes para proteção do reinado, passam a se dedicar a atividades ilícitas a partir da metade do século XX[9].

A adequação político-criminal e a necessidade de uma revisão conceitual se mostram impositivas a partir do final do século XX, justamente em

---

[9] Ademais é importante ponderar que essa forma de criminalidade não é peculiaridade contemporânea; deita suas raízes históricas no chamado "banditismo social" conhecido ao longo dos séculos XVIII e XIX, incidente tanto no meio rural como no ambiente urbano, cujos protagonistas eram, respectivamente, integrantes das classes do campo e do proletariado. Afirma-se, por outro lado, que a primeira manifestação de criminalidade organizada, com traço característico das organizações criminosas de maior importância, foi representada pelas *tríades* chinesas, que iniciaram sua atuação em 1644 e somente a partir de 1842 começaram a agir de forma mais significativa. A Yakuza japonesa atuante no Japão feudal do século XVIII teve suas atividades relacionadas à exploração de atividades ilícitas (prostituição, cassinos, tráfico de drogas, mulheres e armas, "chantagens corporativas") como lícitas (casas noturnas, eventos esportivos, etc.). A Máfia italiana, por seu turno, surgiu em 1812, em razão de uma medida tomada pelos príncipes para proteger a região, tendo em vista que o rei de Nápoles havia limitado seus poderes e reduzido significativamente os privilégios feudais. Os chamados "homens de honra", contratados para defender a região, constituíram associações secretas (as máfias), mediante as quais, em 1865, com o desaparecimento da realeza, ofereceram resistência contra forças invasoras na região.
Após a segunda metade do século XX, passaram a se dedicar às atividades ilícitas. Posteriormente, a prática delitiva organizada desenvolveu-se com refinamento dos grupos envolvidos com contravenções penais relacionadas a jogos ilegais e o consequente incremento de seu poder econômico, que obteve o seu auge na década de 1980, período subsequente à edição do Decreto-Lei 3.688-1941. (PRADO, Luiz Regis. *Direito penal econômico: ordem econômica, relações de consumo, sistema financeiro, ordem tributária, sistema previdenciário, lavagem de capitais, crime organizado (de acordo com a lei 12.850/2013)*. 6. ed., rev. e atual., 2. tiragem. São Paulo: Revista dos Tribunais, 2015. p. 399.)

decorrência dos reflexos diretos da globalização na criminalidade, tanto organizada, quanto desorganizada. Bitencourt bem destaca tal fenômeno e seus impactos na sociedade pós-moderna, observando ainda a subsistente preocupação da sociedade e de seus governantes com relação às práticas criminosas organizadas:

As denominadas associações criminosas, que sempre preocuparam a sociedade de um modo geral, e os governantes, em particular que temiam principalmente os ataques políticos, já nas primeiras décadas do século XX, ganham nova dimensão no final desse mesmo século, passando a exigir não apenas sua revisão conceitual no final desse século, mas, fundamentalmente, sua adequação político-criminal à pós-modernidade que é abrangida, dominada e, por que não dizer, seduzida e ao mesmo tempo violentada pela globalização, que se reflete diretamente na criminalidade, seja organizada, seja desorganizada.[10]

A criminalidade organizada pode ser conceituada como um fenômeno social, econômico, político, cultural, fruto da sociedade contemporânea análogo a outros fenômenos, tais como o terrorismo, a criminalidade política e econômico-financeira que, como acima destacado, não é fenômeno presente apenas na sociedade atual. O que se verifica, no entanto, é uma evolução e aperfeiçoamento das práticas delitivas, de modo que passam a estar inseridas e atuantes na economia e na sociedade, tanto de maneira direta, quanto indiretamente.

A mutabilidade é outra importante característica inerente à criminalidade organizada. Sua capacidade de adequação às melhores estratégias de atuação, aos melhores ambientes, aos mercados mais interessantes sob o ponto de vista da rentabilidade ou mesmo à exploração dos produtos mais desejados e às atividades ilegais cujos níveis de aceitação social são maiores, torna extremamente árdua as tarefas de identificação, enfrentamento, repressão e punição do grupo criminoso, assim como seu isolamento, tendo em vista a internacionalidade dos mercados em que tende a atuar[11].

---

[10] BITENCOURT, Cezar Roberto. *Tratado de direito penal econômico*, v. 2. São Paulo Saraiva Educação 2016 1 recurso online. p. 645-646.

[11] Segundo Winfried Hassemer tal atividade "segue mais ou menos as tendências dos mercados nacionais e internacionais e torna-se, portanto, difícil de ser isolada" (HASSEMER, Winfried. *Três temas de Direito Penal*. Porto Alegre: AMP/Escola Superior do Ministério Público, 1993, p. 67).

Verifica-se, assim, que a violência deixou de ser a principal ferramenta utilizada para a prática dos crimes, manutenção das atividades ilícitas e do poder dessas organizações, que passam a adotar a corrupção como meio mais eficaz e de menor risco à satisfação dos objetivos de determinado grupo criminoso[12]. Nesse ponto, o autor alemão Winfried Hassemer, em sua obra *Três temas de direito penal*, destaca o alcance e a gravidade da corrupção no sentido de obstar a atuação estatal no combate à criminalidade em decorrência do envolvimento de membros do poder Legislativo, da Magistratura, do Ministério Público e da Polícia, não se tratando, assim, apenas de uma organização bem feita ou internacional voltada à prática de crimes[13]. Trata-se de atividade desenvolvida no sentido de paralisar a justiça, controlar os atos da administração pública, de impedir o pleno exercício do poder de polícia, visando à obtenção de recursos financeiros, vantagens competitivas e poder, obtidos mediante a prática de diversos crimes.

Cezar Roberto Bitencourt, seguindo a mesma linha de pensamento exposta por Hassemer, traz à tona o delicado tema em sua obra *Tratado de Direito Penal Econômico*, ressaltando a possibilidade de surgimento e de desenvolvimento das organizações criminosas em um ambiente composto pelo Poder Público e pela iniciativa privada.

Aliás, nessa linha de Hassemer, temos dito reiteradamente, que as organizações criminosas, via de regra, nascem e se estruturam nos porões dos palácios, nos intramuros do Poder Constituído; exteriorizando-se, desenvolvem suas teias na iniciativa privada, especialmente naqueles segmentos vinculados ao Poder Público, alimentando-se desses recursos escusos.[14]

O tema, de fato, mostra-se complexo tanto diante da ausência de consenso entre conceitos, quanto sob o ponto de vista prático. De maneira

---

[12] PRADO, Luiz Regis. *Direito penal econômico: ordem econômica, relações de consumo, sistema financeiro, ordem tributária, sistema previdenciário, lavagem de capitais, crime organizado (de acordo com a Lei 12.850/2013)*. 6. ed., rev. e atual., 2. tiragem. São Paulo: Revista dos Tribunais, 2015.p.398-400.

[13] "A criminalidade organizada não é apenas uma organização bem feita, não é somente uma organização internacional, mas é, em última análise, a corrupção do Legislativo, da Magistratura, do Ministério Público, da polícia, ou seja, a paralisação estatal no combate à criminalidade. Nós conseguimos vencer a máfia russa, a máfia italiana, a máfia chinesa, mas não conseguimos vencer uma Justiça que esteja paralisada pela criminalidade organizada, pela corrupção." (HASSEMER, Winfried. *Três temas de direito penal*. Porto Alegre: Editora ESMP, 1993. p.85.)

[14] BITENCOURT, Cezar Roberto. *Tratado de direito penal econômico*, v. 2. São Paulo Saraiva Educação 2016 1 recurso online.p.654.

genérica, as práticas criminosas organizadas têm ao menos uma característica em comum: consistem em um conjunto de atividades orquestradas cujos objetivos ferem, ou visam ferir, bens jurídicos tutelados pelo Direito Penal, atingindo, ainda que por consequência, direitos difusos e coletivos. A identificação e conceituação específica de tais atividades criminosas, mostram-se possíveis, no entanto, quando da diferenciação entre o concurso de pessoas, a associação criminosa e a organização criminosa, sendo assim, cabível tecer alguns comentários entre tais institutos, no intuito de tornar o assunto mais específico e concreto.

2. Concurso de Pessoas, Associação Criminosa e Organização Criminosa

Segundo René Arial Dotti, a reunião de pessoas para cometer um crime caracteriza-se como um concurso de pessoas, "expressão que soa melhor não somente porque reproduz a literatura e a legislação de grande aprimoramento técnico – como o Código italiano – mas também porque evoca a existência da pessoa humana, que é a causa e a consequência; o começo e o fim da aventura do Direito"[15]. No ordenamento jurídico brasileiro, este é previsto no artigo 29[16] do Código Penal e tem como requisitos a existência de duas ou mais pessoas; a relação de causalidade material entre as condutas desenvolvidas e o resultado; o vínculo de natureza psicológica ligando a conduta entre si, não havendo, no entanto, a necessidade de ajuste prévio entre coautores[17]; do reconhecimento da prática da mesma

---

[15] MIRABETE, Julio Fabbrini; FABBRINI, Renato Nascimento. *Manual de direito penal*. 24. ed., rev. e atual. São Paulo: Atlas, 2007. p. 223.
[16] Art. 29 - Quem, de qualquer modo, concorre para o crime incide nas penas a este cominadas, na medida de sua culpabilidade. (Redação dada pela Lei nº 7.209, de 11.7.1984)
§ 1º - Se a participação for de menor importância, a pena pode ser diminuída de um sexto a um terço. (Redação dada pela Lei nº 7.209 de 11.7.1984)
§ 2º - Se algum dos concorrentes quis participar de crime menos grave, ser-lhe-á aplicada a pena deste; essa pena será aumentada até metade, na hipótese de ter sido previsível o resultado mais grave. (Redação dada pela Lei nº 7.209 de 11.7.1984)
[17] Exemplo: uma empregada que decidindo vingar-se da patroa, deixa propositadamente a porta aberta, para que entre o ladrão. Este, percebendo que alguém permitiu a entrada, vale-se da oportunidade e provoca o furto. São colaboradores a empregada e o agente direto da subtração, porque suas vontades se ligam, pretendendo o mesmo resultado embora nem mesmo se conheçam. Nessa hipótese, pode ocorrer a denominada coautoria sucessiva. Se o ladrão estiver retirando as coisas da casa cuja porta foi deixada aberta pela empregada, pode contar com a colaboração de outros indivíduos que, passando pelo local, resolvem aderir ao

infração por todos[18]. Para Cezar Roberto Bitencourt, o concurso de pessoas compreende:

[...] não só a contribuição causal, puramente objetiva, mas também a contribuição subjetiva, pois, como diz Soler, "participar não quer dizer só produzir, mas produzir típica, antijurídica e culpavelmente" um resultado proibido. É indispensável a consciência e vontade de participar, elemento que não necessita revestir-se de qualidade de "acordo prévio", que se existir, representará apenas a forma mais comum, ordinária, de adesão de vontades na realização de uma figura típica. A consciência de colaborar na realização de uma conduta delituosa pode faltar no verdadeiro autor, que aliás, pode até desconhecê-la, bastando que o outro agente deseje aderir à empresa criminosa, Porém ao partícipe é indispensável essa adesão consciente e voluntária, não só na ação comum, mas também no resultado pretendido pelo autor principal.[19]

A interpretação do supracitado artigo 29, inicialmente, se mostra simples, ou seja, concorrendo o indivíduo para a prática do crime, seria este punido nas mesmas penas previstas e impostas em decorrência da conduta típica praticada, na medida de sua culpabilidade, não fazendo em seu texto qualquer diferenciação entre coautoria e participação. A problemática no concurso de pessoas surge justamente no momento em que se busca descobrir quem realiza ou contribui para o tipo injusto específico[20]. Coube assim, à doutrina fazer a separação entre a conduta do coautor e do partícipe, tendo a reforma de 1984 reconhecido como correta tal distinção[21].

---

fato e também retirar as coisas da casa (BATISTA, Nilo. *Concurso de Agentes – Uma Investigação sobre os Problemas da autoria e da Participação no Direito Penal Brasileiro*. 3. ed. Rio de Janeiro: Ed. L. Juris, 1979. p.16)

[18] NUCCI, Guilherme de Souza. *Manual de direito penal: parte geral, parte especial*. 7. ed., rev., atual. e ampl. São Paulo: Revista dos Tribunais, 2011. p. 379-380.

[19] BITENCOURT, Cezar Roberto. *Tratado de direito penal: parte geral*. 21. ed., rev., ampl. e atual. São Paulo: Saraiva, 2015. p.550-551.

[20] PRADO, Luiz Regis. *Comentários ao código penal: jurisprudência, conexões lógicas com os vários ramos do direito*. 10. ed., rev., atual e ampl. São Paulo: Revista dos Tribunais, 2015. p.213.

[21] "25. Ao reformular o Título IV, adotou-se a denominação «Do Concurso de Pessoas», decreto mais abrangente, já que a coautoria não esgota as hipóteses do *concursus delinquentium*. O Código de 1940 rompeu a tradição originária do Código Criminal do Império e adotou nesse particular a teoria unitária ou monística do Código italiano, como corolário da *teoria da equivalência das causas* (Exposição de Motivos do Ministro Francisco Campos, item 22). Sem completo retorno à experiência passada, curva-se, contudo, o projeto aos críticos dessa teoria, ao optar, na parte final do artigo 29, e em seus dois parágrafos, por regras preciosas que

Dessa forma, prevaleceu o conceito restrito de autor, embora existam dois posicionamentos distintos dentro da própria Teoria da Imputação Objetiva[22]. Para a Teoria Formal, autor é aquele que realiza a conduta típica e partícipe é aquele que comete as ações fora do tipo penal. Já na Teoria Normativa ou teoria do domínio do fato[23], autor é quem realiza a conduta típica, no entanto, aquele que tem o controle da ação dos demais, ainda

distinguem a *autoria* da *participação*. Distinção, aliás, reclamada com eloqüência pela doutrina, em face de decisões reconhecidamente injustas." (Disponível em http://www2.camara.leg.br/legin/fed/lei/1980-1987/lei-7209-11-julho-1984-356852-exposicaodemotivos-148879-pl.html, acesso em 02.10.2017).

[22] "A imputação objetiva é uma teoria que permaneceu adormecida por vários anos, na Alemanha, até obter seu grande impulso, a partir da década de 1970, pelas mãos de Claus Roxin – um de seus principais teóricos na atualidade – tendo por função, como expõe Chaves Camargo, "a limitação da responsabilidade penal" (imputação objetiva e Direito Penal brasileiro, p. 70). Assim, segundo o autor, " a atribuição de um resultado a uma pessoa não é determinado pela relação de causalidade, mas é necessário um outro nexo, de modo que esteja presente a realização de um risco proibido pela norma".[...]
Possui a imputação objetiva, embora em linha diversa da de Roxin, outro ardoso defensor nos dias de hoje, que é Günther Jakobs. É inequívoco, no entanto, que seu maior campo de atuação é na análise do nexo causal, gerador da tipicidade, com se pode notar pelas críticas tecidas às teorias da equivalência dos antecedentes (ou das condições) e da causalidade adequada, bem como pelos exemplos dados e debatidos pelos adeptos dessa linha de pensamento.
A imputação objetiva, em síntese, exige, para que alguém seja penalmente responsabilizado por conduta que desenvolveu, a criação ou incremento de um perigo intolerável e não permitido ao bem jurídico protegido, bem como a concretização desse perigo em resultado típico." (NUCCI, Guilherme de Souza. *Manual de direito penal: parte geral, parte especial.* 7. ed., rev., atual. e ampl. São Paulo: Revista dos Tribunais, 2011. 1151. p. 213.)

[23] "Segundo a mesma teoria, a participação de todos na prática do comportamento típico não exige que todos pratiquem o mesmo ato executivo; pode ainda, o coautor, em qualquer instante através de um ato omissivo – i.e., omitir sua própria intervenção –, impedir a realização do fato global anteriormente planejado.
Num aspecto subjetivo, deve haver por parte dos intervenientes a vontade comum de dominar o fato e, também, a decisão comum para determinar "a conexão das partes dos fatos levadas a cabo pelas distintas pessoas", funcionando, pois, como uma "abraçadeira que conecta as peças individuais num todo". Já num aspecto objetivo, cada interveniente deve contribuir com uma parte do plano acordado, de forma que cada contributo apresente-se como uma intervenção essencial para o sucesso da resolução comum. É exatamente com fundamento no *domínio funcional* que a cada um dos coautores é imputado como próprio o fato criminoso praticado pelos demais intervenientes. Há um verdadeiro condomínio do fato global pelo autor. [...] Dessa maneira, não se trata de um domínio parcial do fato, [...], mas do "cometimento comunitário de um fato punível – como assinala Wessels – através de uma atuação conjunta consciente e querida". (LEMOS JUNIOR, Arthur Pinto. *Crime organizado: uma visão dogmática do concurso de pessoas.* São Paulo: Verbo Jurídico, 2011, p.198-199.)

que "autor intelectual"[24], é também autor do crime. Seguindo esse mesmo pensamento, a figura do partícipe caracteriza-se pela contribuição no delito alheio, não realizando a conduta típica, nem comandando a ação[25].

Dentro da teoria do domínio do fato diferenciam-se ainda conceitos quanto à autoria ou coautoria. O autor direto ou imediato, é aquele que pratica o fato punível pessoalmente, executando-o, ou atua como autor intelectual do crime. O autor mediato ou indireto caracteriza-se pelo domínio do fato e por se servir de terceira pessoa que atua como mero instrumento[26]. Um exemplo que bem demonstra tal questão, é o caso de obediência hierárquica[27] presente nas organizações empresariais. Com relação à aplicação da teoria do domínio do fato no âmbito das organizações empresariais, Pablo Rodrigo Alflen defende sua viabilidade, tendo claramente em vista a Teoria Monística ou Unitária, adotada pelo Código Penal de 1940.

Para definir o conceito de autoria, de modo a compreender a complexidade própria da criminalidade praticada por meio de organizações empresariais, é preciso ter em vista a opção legislativa, a qual, no caso brasileiro, consiste no sistema unitário[...]; a ideia de domínio do fato empregada na práxis jurisprudencial não deve ser desconsiderada, pois possibilita verificar incongruências e incompatibilidades na estruturação de seu conceito[...]; o domínio do fato deve ser delimitado em seu conteúdo, de modo

---

[24] Encaixa-se perfeitamente neste ponto o chefe ou líder do grupo criminoso, autor intelectual do crime, que embora não participe da execução dos atos propriamente dita, organiza e planeja com detalhes a execução do crime.

[25] NUCCI, Guilherme de Souza. Código penal comentado. 11. ed., rev., atual. e ampl. São Paulo: *Revista dos Tribunais*, 2012. 1373 p. 307-308.

[26] "La autoria mediata es una forma de autoria y, al igual que la de naturaliza imediata, se caracteriza por la posesión del domínio del hecho [...] Autor mediato es quien realiza el tipo sirviéndose de otro como "instrumento" para la ejecucion de la accion típica. En la autoria mediata el domínio del hecho presupone que el acontecimiento global se presenta como obra de la voluntad directiva del hombre de atrás y que éste controla la acción del ejecutor por médio de su influencia sobre él." (JESCHECK, Hans Heinrich; WEIGEND, Thomas. *Tratado de Derecho Penal – Parte General*. Granada: Comares, 2002. p. 714-715)

[27] Deve-se ressaltar, nas palavras de Luiz Regis Prado, que "não cabe autoria mediata nos casos de: autor direito ou intermediário ser inteiramente responsável; nos delitos especiais (instrumento não qualificado) e de mão própria – só pode haver participação (ex.: art 342, CP)". (PRADO, Luiz Regis. *Comentários ao código penal: jurisprudência, conexões lógicas com os vários ramos do direito*. 10. ed., rev., atual e ampl. São Paulo: Revista dos Tribunais, 2015. p.214-215).

que represente um critério legítimo para delimitação da autoria, sobretudo, nos casos de crimes praticados por meio de organizações empresariais.[28]

De acordo com o sistema monista ou unitário clássico cujos fundamentos têm origem na Itália, aquele que concorre para o crime responderá por ele integralmente, visto que o causará em sua totalidade, ainda que praticado por diversas pessoas, que colaboraram de maneira distinta. De acordo com a Teoria Monista ou Unitária, todos respondem na qualidade de autor do crime, que resulta da conduta de cada um dos agentes, indistintamente. Ressalta ainda Cezar Roberto Bitencourt que tal concepção tem suas origens na teoria da equivalência das condições[29] indispensáveis à obtenção do resultado. "No entanto, o fundamento maior dessa teoria é político-criminal, que prefere punir igualmente a todos os participantes de uma mesma infração penal"[30].

Já o crime de associação criminosa é previsto no artigo 288[31] do Código Penal, após a redação que lhe foi conferida pela Lei nº 12.850, de 2 de agosto de 2013, abandonando a antiga denominação "quadrilha ou bando". Referida lei alterou ainda o texto do artigo 288, passando a caracterizar crime a associação de "três ou mais" pessoas, para o fim de cometer crimes, ao invés de "mais de três", como na redação anterior. Incluiu ainda como agravante a participação de criança ou adolescente, embora tenha reduzido o aumento da pena para até a metade tanto nesses casos como em situações

---

[28] ALFLEN, Pablo Rodrigo. *Teoria do domínio do fato*. São Paulo: Saraiva, 2014.p.164.

[29] Quanto à Teoria da Equivalência das Condições, Anibal Bruno explica que "Causa não é o conjunto individual de condições, mas qualquer delas, desde que necessária à produção do resultado, uma vez que todas se equivalem, e por uma delas importa em assumir um nexo causal com o resultado. Só em por essa condição, o atuar do agente se fez causa do fato ocorrido. O decisivo é que sem essa condição o resultado não pudesse ocorrer como ocorreu. Que, eliminada mentalmente a condição, desaparece do mesmo modo o resultado – o chamado processo hipotético de eliminação" (BRUNO, Anibal. *Direito penal: parte geral*. 3. ed. Rio de Janeiro: Forense, 1967.p.309)

[30] BITENCOURT, Cezar Roberto. *Tratado de direito penal: parte geral*. 21. ed., rev., ampl. e atual. São Paulo: Saraiva, 2015. p. 549

[31] "Art. 288. Associarem-se 3 (três) ou mais pessoas, para o fim específico de cometer crimes: (Redação dada pela Lei nº 12.850, de 2013) Pena – reclusão, de 1 (um) a 3 (três) anos. (Redação dada pela Lei nº 12.850, de 2013). Parágrafo único. A pena aumenta-se até a metade se a associação é armada ou se houver a participação de criança ou adolescente. (Redação dada pela Lei nº 12.850, de 2013)"

de associação armada, cuja pena anterior poderia ser aplicada em dobro em casos de quadrilha ou bando armado[32].

O crime de associação criminosa distingue-se do concurso de pessoas pelo seu caráter de durabilidade e permanência, elementos indispensáveis para sua caracterização, embora seja mandatória a existência de três ou mais pessoas associadas, com o objetivo de praticar crimes, não incluídos aqui, obviamente, as contravenções penais e os atos imorais. O bem jurídico violado no crime de associação criminosa é a paz pública, sendo assim, a coletividade é tida como sujeito passivo, ou seja, a vítima do grupo criminoso é a sociedade.

Não é suficiente, entretanto, para configuração do crime previsto no artigo 288 do Código Penal o acordo transitório ou meramente esporádico. Nesse sentido, a associação deve ser caracterizada pela permanência ou estabilidade, ou, melhor expondo o tema, nas palavras de Nélson Hungria:

Associar-se quer dizer reunir-se, aliar-se ou congregar-se estável ou permanentemente, para a consecução de um fim comum [...] reunião estável ou permanente (que não significa perpétua), para o fim de perpetração de uma indeterminada série de crimes. A nota da estabilidade ou permanência da aliança é essencial.[33]

Desse modo, crimes culposos ou preterdolosos não se encaixam no escopo da associação criminosa[34]. A consciência de que integra o grupo, cujo objetivo é a prática de crimes e o mínimo de organização no que se refere ao funcionamento da associação são, no entanto, suficientes para a caracterização da estabilidade exigida, não sendo, tampouco, necessário que os membros se conheçam. Segundo Sebastian Soler:

[...]não é preciso, no entanto, que essa associação se forme pelo ajuste pessoal e direto dos associados. Basta que o sujeito esteja consciente em formar parte de uma associação cuja existência e finalidades lhe sejam conhecidas. Não é preciso, em consequência, o ajuste pessoal, nem o conhecimento, nem a reunião em comum, bem como a unidade de lugar. Os

---

[32] Redação do artigo 288 do Código Penal antes da Lei nº 12.850/2013: "Associarem-se mais de três pessoas em quadrilha ou bando, para o fim de cometer crimes. Parágrafo único. A pena aplica-se em dobro, se a quadrilha ou bando é armado."
[33] HUNGRIA, Nelson. *Comentários ao código penal: Decreto-lei nº 2.848*, de 7 de dezembro de 1940. 4. ed. Rio de Janeiro: Forense, 1958. 9 v. p. 177-178.
[34] PRADO, Luiz Regis. Comentários ao código penal: jurisprudência, conexões lógicas com os vários ramos do direito. 10. ed., rev., atual e ampl. São Paulo: *Revista dos Tribunais*, 2015. p. 959.

acordos podem ser alcançados por meio de emissários ou de correspondências.[35]

Tratando-se de crime formal e de perigo abstrato[36], o crime de associação criminosa se consuma no momento da adesão do terceiro integrante ao grupo, com a intenção de praticar crimes, independentemente da efetiva prática de delitos, o que, se ocorrer, configurará concurso material de crimes[37]. Assim, o crime de associação criminosa não admite tentativa, posto que sua consumação se dá, como anteriormente mencionado, no momento em que ocorre a integração do terceiro sujeito ao grupo, com intenção de cometer crime. Segundo Nélson Hungria, "o momento consumativo do crime é o momento associativo, pois com este já se apresenta um perigo suficientemente grave para alarmar o público ou conturbar a paz ou tranquilidade de ânimo da convivência civil"[38].

Embora pareça simplória tal explicação, deve-se observar que a crucial diferenciação entre a associação e a organização criminosa, encontra-se exatamente no significado do termo organização. Segundo Ada Brecchi:

O termo organizar contém, na língua corrente, uma ação ampla. Individua uma ação voltada a estabelecer uma ordem nas relações entre vários elementos que compõem o todo e/ou resultado das ações. Compõe, em substância, alguns dados centrais: A articulação de um conjunto em elementos distintos. As relações entre estes elementos, a ordem que deles resulta, o objetivo para o qual tudo é dirigido. Em face do último aspecto, a relação fundamental entre os elementos é pressuposta de natureza cooperativa.[39]

---

[35] SOLER, Sebastian. *Derecho Penal argentino*. Buenos Aires: TEA, 1953. p.712.

[36] Ressalte-se o posicionamento contrário, embora minoritário, da doutrina, que entende se tratar de crime de perigo comum e concreto. Neste sentido, Nélson Hungria afirma " não fora o grave perigo concreto que a organização [...] representa em si mesma, e não passaria de mero ato preparatório, penalmente irrelevante". (HUNGRIA, Nelson. *Comentários ao código penal: Decreto-lei nº 2.848*, de 7 de dezembro de 1940. 4. ed. Rio de Janeiro: Forense, 1958. 9 v. p.177.)

[37] Segundo Rene Arial Dotti, "ocorre o concurso material (ou real) de infrações quando o agente, mediante uma ou mais de uma ação ou omissão, prática dois ou mais crimes, idênticos ou não. Em tal caso, aplicam-se cumulativamente as penas privativas de liberdade em que o sujeito tenha incorrido (CP, art. 69)." DOTTI, Rene Arial. *Curso de direito penal: parte geral*. 2 ed. Rio de Janeiro: Forense, 2005. p.536-537.

[38] HUNGRIA, Nelson. *Comentários ao código penal: Decreto-lei nº 2.848*, de 7 de dezembro de 1940. 4. ed. Rio de Janeiro: Forense, 1958. 9 v. p. 177.

[39] MENDRONI, Marcelo Batlouni. *Crime organizado: aspectos gerais e mecanismos legais*. 5 d. São Paulo: Atlas, 2015. p. 9.

Trata-se assim do:

> Conjunto formalizado e hierarquizado de indivíduos integrados para garantir a cooperação e a coordenação dos membros para a perseguição de determinados escopos, ou seja, como uma entidade estruturada dotada de ideais explícitos, de uma estrutura formalizada e de um conjunto de regras concebidas para modelares o comportamento em vista da realização daqueles objetivos.[40]

Ou seja, diferentemente de uma associação criminosa, em que se verifica desorganização e, por vezes, mera solidariedade entre os integrantes do grupo, não há improviso no regular exercício das atividades de uma organização criminosa. Ao contrário, nota-se uma clara estrutura organizada com efetivo respeito às regras, clara relação de ordem, subordinação, funções, objetivos e estratégias[41]. Neste sentido:

O ponto de partida é o respeito formal das regras. Todos os comportamentos irregulares, as formas de indisciplina, de extravagancia, de refuto à autoridade da organização são pesadamente sancionadas. Essa rigidez vale tanto para as atividades criminosas dos afiliados como para suas atividades privadas. Podemos começar referindo que os casos sentimentais anormais são condenados: o mafioso que deixa a mulher rompe uma regra. Passa imediatamente para o lado ruim aos olhos da organização, erra, se coloca para fora, é rejeitado, e não se admite qualquer justificativa.[42]

Justamente a partir da estrutura inerente à organização criminosa, bem como de seu objetivo em obter vantagem, que em regra se resume a ganhos econômicos, é que se constrói a ideia de prática de atividades ilícitas no for-

---

[40] BECCHI, Ada. *Criminalità organizzada: paradigmi e scenari delle organizzazioni mafiosi in Italia.* Roma: Donzelli, 2000, p. 42.
[41] MENDRONI, Marcelo Batlouni. *Crime organizado: aspectos gerais e mecanismos legais.* 5 d. São Paulo: Atlas, 2015. p.10.
[42] LODATO, Silverio. *Ho ucciso Giovani Falcone: la confessione di Giovanni Brusca.* Milano: Mandadori Editore, 1999. p. 67.

mato de "empresa"[43], cujo objetivo é exercer atividade lucrativa[44]. Poderia se considerar, assim, que a empresa formal, atuante no mercado por meio de atividades lícitas, em princípio possuiria em si mesma toda a estrutura já formada para caracterização de uma organização criminosa, não fosse, obviamente, a ausência do intuito de praticar de crimes, respeitadas as especificidades da legislação especial[45], evidenciando-se, dessa forma, a importância da existência de políticas de *compliance*[46] no meio empresarial.

No Brasil, a Lei nº 12.850 de 02 de agosto de 2013 inequivocamente veio a corrigir falhas que acompanhavam legislação anterior, ou seja, a Lei nº 9.034/1995. Diante do crescente movimento em todo o mundo no sentido de enfrentar o crime organizado, o Brasil tentou, por meio da Lei nº 9.034/1995, inserir-se nesse cenário. No entanto, deslizes do legislador como a não definição de organização criminosa, a transformação do juiz em autêntico inquisidor, a inexistência de tipos penais incriminadores, dentre outras lacunas, trouxera-lhe pouca efetividade[47].

---

[43] "Há tendência de se qualificar a organização criminosa como sendo aquele grupo de pessoas que se organiza para prática de crimes, tangenciando as características pela forma de organização, cuja sistematização segue preceitos de um organograma funcional de uma empresa." (MACEDO, C.M.R. *Lavagem de dinheiro: análise crítica das Leis 9.613, de 03 de março de 1988 e 10.701 de 9 de julho de 2003*. Curitiba: Juruá, 2006, p.93)

[44] In case of organized crime, the organization exists for the explicit purpose of making a profit from Market activity that involves the distribution of ilicit goods and services. (POTTER, Gary W. *Criminal organizations*. Waveland, 1994, p .153)

[45] No Brasil, tais fatores deveriam ser somados à associação de 4 (quatro) ou mais pessoas e a prática de infrações penais cujas penas máximas sejam superiores a 4 (quatro) anos, ou que sejam de caráter transnacional, nos termos do artigo 1º, parágrafo 1º da Lei nº 12.850/2013.

[46] "*Compliance* vem do verbo em inglês "to comply", que significa "cumprir, "executar", "satisfazer", "realizar o que lhe foi imposto", ou seja, *compliance* é estar em conformidade, é o dever de cumprir e fazer cumpri regulamentos internos e externos impostos às atividades da instituição." (BLOCK, Marcella. *Compliance e Governança Corporativa*. Editora Freitas Bastos. p15.) "Mais precisamente, Vogel define *compliance* como conceito que provém da Economia e que foi introduzido no Direito Empresarial, significando a posição, observância e cumprimento de normas, não necessariamente de natureza jurídica." (SILVEIRA, Renato de Mello Jorge. *Compliance, direito penal e lei anticorrupção*. São Paulo Saraiva 2015.p.256.)

[47] NUCCI, Guilherme de Souza. *Organização criminosa*. 2. ed. rev., atual. e ampl. Rio de Janeiro: Forense, 2013.p.5.

O conceito de organização criminosa[48] previsto no artigo 1º, parágrafo 1º da Lei nº 12.850/2013[49], exige a associação de quatro ou mais pessoas em estrutura ordenada, mesmo que informalmente, e caracterizada pela divisão das tarefas, com o objetivo de, direta ou indiretamente, obter vantagem de qualquer natureza, através da prática de crimes, cujas penas máximas sejam superiores a quatro anos ou que tenham caráter transnacional. Ou seja, o conceito trazido pelo supracitado texto legal impõe elementos para caracterização da organização criminosa, quais sejam: a associação de quatro ou mais pessoas; estrutura ordenada; divisão de tarefas; obtenção de vantagem de qualquer natureza; prática de infrações penas cujas penas máximas sejam superiores a quatro anos ou que tenham caráter transnacional.

Diferentemente da então revogada Lei nº 9.034/1995, a Lei nº 12.850/2013 traz em seu artigo 2º um tipo penal incriminador inerente à organização criminosa, prevendo alternativamente como crime as condutas de promover, constituir, financiar ou integrar, pessoalmente ou por interposta pessoa, organização criminosa e as punindo com pena de reclusão de três a oito anos e multa, sem prejuízo das penas aplicáveis em decorrência das demais infrações penais cometidas. Dessa forma, o sujeito ativo pode ser qualquer pessoa, visto se tratar de um delito comum. Destaca-se ainda, a presença da expressão "por interposta pessoa", que pretende, assim como no artigo 177, inciso VII do Código Penal, responsabilizar criminalmente

---

[48] Nas palavras de Luiz Regis Prado, "a associação criminosa, para assim ser caracterizada, demanda a existência de um vínculo associativo voltado à atuação de um programa criminoso; tal vínculo não precisa ser estável, mas é necessário que tenha força de intimidação." (PRADO, Luiz Regis. Direito penal econômico: ordem econômica, relações de consumo, sistema financeiro, ordem tributária, sistema previdenciário, lavagem de capitais, crime organizado (de acordo com a lei nº 12.850/2013). 6. ed., rev. e atual., 2. tiragem. São Paulo: *Revista dos Tribunais*, 2015.p.409.)

DIAS, Jorge de Figueiredo. A Criminalidade Organizada: do fenómeno ao conceito jurídico penal. *Revista Brasileira de Ciências Criminais*. n.71, mar-abr.2008, p.21.

[49] Lei nº 12.850/2013 – art.1º,§1º: "considera-se organização criminosa a associação de 4 ou mais pessoas estruturalmente ordenada e caracterizada pela divisão de tarefas, ainda que informalmente, com objetivo de obter, direta ou indiretamente, vantagem de qualquer natureza, mediante a prática de infrações penais cujas penas máximas sejam superiores a 4 (quatro) anos, ou que sejam de caráter transnacional."

tanto quem age diretamente, quanto aquele que se utiliza do "testa de ferro", para prática do crime[50].

O crime de organização criminosa tem, assim como no crime de associação criminosa, a sociedade como sujeito passivo, já que o bem jurídico tutelado é a paz pública. Prevê conduta que se mostra como crime de perigo abstrato, antecipando a tutela penal no intuito de tentar prevenir a lesão praticada no âmbito da organização e punida de forma independente, conforme dispõe o artigo 2º da Lei nº 12.850/2013. A presença dos chamados delitos de perigo é comum no âmbito da tutela dos bens transindividuais, já que a verificação do dano se mostra dificultosa em determinadas situações ou ainda de árdua constatação entre a existência de uma relação causal entre a vontade do agente e o resultado. No entanto, como bem destaca Luiz Regis Prado[51]:

Cabe ao julgador desvendar os meandros da referida participação no âmbito da análise do tipo subjetivo. Isso é, verificar a consciência e vontade do sujeito ativo de ser parte de uma organização criminosa ou, as demais hipóteses descritas no tipo, promover, constituir ou financiar. O dolo de participação, portanto, vai além de uma colaboração isolada no delito que a organização criminosa porventura venha a cometer. Em outros termos, participar é aderir não só ao propósito de realizar um ou mais delitos isolados, mas vivenciar a realidade daquela estrutura organizada que atua à margem da lei.

Dessa forma, entende-se não ser cabível a forma culposa para o crime de organização criminosa ou mesmo a tentativa, já que o delito é condicionado à existência de estabilidade e durabilidade para se configurar[52]. Tais requisitos, portanto, devem ser observados pelo julgador e são determinantes para caracterização da organização criminosa, bem como para apuração da participação do sujeito ativo no esquema criminoso, conforme

---

[50] PRADO, Luiz Regis. Direito penal econômico: ordem econômica, relações de consumo, sistema financeiro, ordem tributária, sistema previdenciário, lavagem de capitais, crime organizado (de acordo com a Lei nº 12.850/2013). 6. ed., rev. e atual., 2. tiragem. São Paulo: Revista dos Tribunais, 2015. p. 416.

[51] PRADO, Luiz Regis. Direito penal econômico: ordem econômica, relações de consumo, sistema financeiro, ordem tributária, sistema previdenciário, lavagem de capitais, crime organizado (de acordo com a Lei nº 12.850/2013). 6. ed., rev. e atual., 2. tiragem. São Paulo: Revista dos Tribunais, 2015.p. 422.

[52] NUCCI, Guilherme de Souza. Organização criminosa. 2. ed. rev., atual. e ampl. Rio de Janeiro: Forense, 2013.p.23.

apontado pelo Ministro Ribeiro Dantas, da Quinta Turma do Superior Tribunal de Justiça, em sede de *habeas corpus* em caso de grande repercussão midiática envolvendo organização criminosa e corrupção, dentre outros crimes, praticados no intuito de inserir produtos impróprios ao consumo no mercado:

> PROCESSUAL PENAL. HABEAS CORPUS SUBSTITUTIVO DE RECURSO ORDINÁRIO. INADEQUAÇÃO. OPERAÇÃO "CARNE FRACA". ORGANIZAÇÃO CRIMINOSA, ASSOCIAÇÃO CRIMINOSA, CORRUPÇÃO PASSIVA E CORRUPÇÃO ATIVA. PRISÃO PREVENTIVA. GRAVIDADE CONCRETA DAS CONDUTAS DELITUOSAS. NECESSIDADE DE GARANTIA DA ORDEM PÚBLICA. CONSTRANGIMENTO ILEGAL NÃO CARACTERIZADO. HABEAS CORPUS NÃO CONHECIDO. [...]
>
> 8. As inúmeras interceptações telefônicas atribuídas ao paciente denotam que ele, no contexto da organização criminosa delineada na denúncia, possuiria relevante posição e participação no esquema criminoso. Ele integrava "o grupo mais influente e que compõe a espinha dorsal da organização criminosa", agindo reiteradamente, por muitos anos, no âmbito do Ministério da Agricultura no Paraná, permitindo a liberação de alimentos sem qualquer fiscalização e possibilitando a inserção no mercado de produtos impróprios ao consumo humano, colocando em risco a saúde dos consumidores.[53]

Feitas tais exposições, passa-se à análise quanto ao crime de concorrência desleal, praticados no âmbito da empresa, especificamente no que diz respeito à divulgação de informações ou dados confidenciais por empregados ou pessoas contratadas para prestação de serviços e a possibilidade de caracterização do concurso de pessoas, ou da prática dos crimes de associação criminosa ou de organização criminosa, bem como da importância de políticas de *compliance* para prevenção de tais práticas ou mesmo como forma de defesa por parte daqueles não envolvidos nas condutas ilícitas.

---

[53] Ministro RIBEIRO DANTAS; HC 401301 / PR, HABEAS CORPUS 2017/0123370-1, Quinta Turma, Superior Tribunal de Justiça, publicado no Diário da Justiça eletrônico em 06/10/2017.

3. Segredos de Negócio e a Importância do *Compliance* para sua Preservação

Toda empresa tem seus segredos de negócio, que podem abranger questões estruturais, projetos, elementos de gestão, métodos, dentre outros aspectos. Denis Borges Barbosa define o segredo industrial como "conjunto de informações, incorporadas ou não a um suporte físico, que por não ser acessível a determinados concorrentes representa vantagem competitiva para os que o possuem e o usam"[54]. Dessa forma, é certo que os segredos de negócio podem proporcionar expressiva vantagem sob o ponto de vista econômico, a ponto de gerar a monopolização de determinado mercado, impedindo a entrada de novos concorrentes[55]. Obviamente, considera-se aqui o monopólio lícito, decorrente da eficiência de mercado, que não deve ser punido pela autoridade de defesa da concorrência[56], seguindo os ensinamentos de Vicente Bagnoli que, em sua obra Direito Econômico, bem observa a questão:

---

[54] De acordo com Barbosa, no entanto, "a noção de segredo de negócio foi mais amplamente elaborada pela doutrina e legislação estadual americana. No Restatement of Torts, seção 757. pg. 5; Comentário (1939), encontra-se a preciosa definição:
"A trade secret may consist of any formula, pattern or device or compilation of information which is used in one business and which gives him an opportunity to obtain an advantage over competitors who do not know or use it. It may be a formula for a chemical compound, a process for manufacturing, treating or preserving materials, a pattern for a machine or a list of costumers."
Tal definição, introduzida na legislação e aceita pela jurisprudência de vários estados, tem sido considerada como aplicável ao *know how*: "(...) If know-how is to be considered licensable property, it should be virtually synonymous with the term trade secret." (BARBOSA, Denis Borges. Do Segredo Industrial (2002) (incluído em *Uma Introdução à Propriedade Intelectual*, 2a. Edição, Ed. Lumen Juris, 2003). Disponível em http://denisbarbosa.addr.com/trabalhospi.htm , acesso em 07.10.2017.)

[55] O conceito de monopólio é de caráter eminentemente econômico, traduzindo-se no poder de atuar em um mercado como único agente econômico, isto é, significa uma estrutura de mercado em que uns (monopólio) ou alguns produtores (oligopólio) exercem o controle de preços e suprimentos, não sendo possível, por força de imposição de obstáculos naturais ou artificiais, a entrada de novos concorrentes. (FIGUEIREDO, Leonardo Vizeu. *Lições de Direito Econômico*. 7ª. Rio de Janeiro Forense 2014. p. 98.

[56] A estrutura do Sistema Brasileiro de Defesa da Concorrência, bem como a prevenção e repressão às infrações contra a ordem econômica encontram-se previstas na pela Lei nº 12.529 de 30 de novembro de 2011.

Contudo, não pode a autoridade punir um agente que alcançou sua condição de monopolista pelas suas eficiências. O fato de esse agente ser monopolista, condição assegurada pela escolha da população, não o desabona. A autoridade de defesa da concorrência deverá combater eventuais abusos praticados por esse agente em decorrência dessa situação, consistentes em dificultar ou restringir a concorrência.[57]

A proteção por meio do segredo industrial[58] é muitas vezes utilizada alternativamente à proteção conferida pela patente, pois, nas palavras de Pontes de Miranda:

O campo dos segredos de fábrica ou de indústria é mais largo do que o das invenções. Todavia, o segredo de fábrica ou de indústria não é simples "concepção puramente teórica" (Lei nº 9.279, art.10, II). O segredo de fábrica ou de indústria compreende invenções patenteáveis, ou simples inovações de pormenor, ou meios ou processos químicos, que não seja patenteáveis.[59]

Deve-se lembrar que, embora a concessão de uma patente assegure a exploração exclusiva de seu objeto por parte de seu titular por determinado período, durante 20 anos no caso das patentes de invenção e durante 15 anos no caso de modelos de utilidade[60], há como forma de contrapartida ao monopólio temporário concedido pelo Estado, a publicação de informações essenciais, que instruem e constituem o próprio pedido de patente[61], de modo que se mostra praticamente impossível não tornar público tal conhecimento. Obviamente, respeitado o prazo de 18 meses previsto no artigo 30 da Lei nº 9.279/96; bem como em casos de pedido de patente originário do Brasil, cujo objeto interesse à defesa nacional, nos termos do artigo 75[62] da mesma lei, tem a publicidade o objetivo de fomentar o con-

---

[57] BAGNOLI, Vicente. *Direito econômico*. 6. ed. São Paulo: Atlas, 2013. p.194.
[58] Pontes de Miranda define o segredo de fábrica ou de indústria como "Meio ou processo de fabricação ou de produção. Se há meio ou processo de fabricação ou de indústria, que alguém conhece em segredo, há segredo de fábrica ou de indústria" (MIRANDA, Pontes de. *Tratado de direito privado*. v.16. Campinas: Bookseller, 2002. p. 569).
[59] MIRANDA, Pontes de. *Tratado de direito privado*. v.16. Campinas: Bookseller, 2002. p. 569.
[60] Nos termos do artigo 40 da Lei nº 9.279/96.
[61] A Lei nº 9.279/96, em seu artigo 19 dispõe: O pedido de patente, nas condições estabelecidas pelo INPI, conterá: I – requerimento; II – relatório descritivo; II – reivindicações; V – desenhos, se for o caso; V – resumo; e VI – comprovante do pagamento da retribuição relativa ao depósito.
[62] "Art. 75. O pedido de patente originário do Brasil cujo objeto interesse à defesa nacional será processado em caráter sigiloso e não estará sujeito às publicações previstas nesta Lei."

tínuo desenvolvimento econômico e social, revertendo-se tais benefícios em favor da sociedade, por meio do aumento de seu bem-estar.

Deve-se lembrar ainda, que são requisitos de patenteabilidade a novidade, a atividade inventiva e a aplicação industrial[63], portanto, nem sempre a obtenção de tal direito de exclusividade se mostra possível no âmbito da atuação empresarial. Da mesma forma, há situações em que a própria norma se mostra excludente à possibilidade de obtenção da patente, seja de invenção ou modelo de utilidade[64], como no caso das descobertas, dos planos ou métodos comerciais, contábeis, financeiros, educativos, publicitários, de fiscalização, dentro outros, conforme disposto no artigo 10 da Lei nº 9.279/96. Nesse aspecto, Denis Borges Barbosa destaca que:

Nem sempre a manutenção de uma tecnologia em segredo importa em uso antissocial da propriedade; podem ocorrer razões justificáveis para o segredo. Frequentemente, o detentor de tais conhecimentos não solicita a exclusividade jurídica de sua utilização porque os conhecimentos de que dispõe não são mais totalmente secretos, ou absolutamente originais; as informações, embora ainda sendo escassas, já estão à disposição de outras empresas. Outras vezes, pelo fato de ser legalmente impossível conseguir a patente; outras ainda, por não haver competidores tecnológicos ou econômicos, que o possam ameaçar em sua exclusividade de fato[65].

Embora nem todas as tecnologias, conhecimentos, métodos e mecanismos utilizados para o desenvolvimento das atividades empresariais sejam passíveis de proteção por meio da concessão dos chamados direitos de exclusiva, se mantido o segredo, nada obsta seu controle e permissão

---

[63] Lei nº 9.279/96, em seu artigo 8º, elenca os requisitos de patenteabilidade: "É patenteável a invenção que atenda aos requisitos de novidade, atividade inventiva e aplicação industrial".

[64] Nos termos do artigo 10 da Lei nº 9.279/96 "Não se considera invenção nem modelo de utilidade: I – descobertas, teorias científicas e métodos matemáticos; II – concepções puramente abstratas; III – esquemas, planos, princípios ou métodos comerciais, contábeis, financeiros, educativos, publicitários, de sorteio e de fiscalização; IV – as obras literárias, arquitetônicas, artísticas e científicas ou qualquer criação estética; V – programas de computador em si; VI – apresentação de informações; VII – regras de jogo; VIII – técnicas e métodos operatórios ou cirúrgicos, bem como métodos terapêuticos ou de diagnóstico, para aplicação no corpo humano ou animal; e IX – o todo ou parte de seres vivos naturais e materiais biológicos encontrados na natureza, ou ainda que dela isolados, inclusive o genoma ou germoplasma de qualquer ser vivo natural e os processos biológicos naturais".

[65] BARBOSA, Denis Borges. Do Segredo Industrial (2002) (incluído em *Uma Introdução à Propriedade Intelectual*, 2a. Edição, Ed. Lumen Juris, 2003). Disponível em http://denisbarbosa.addr.com/trabalhospi.htm , acesso em 07.10.2017.

para exploração à título oneroso, mediante a elaboração de contratos de transferência de tecnologia, nos quais as cautelas para a manutenção do segredo devem ser muito bem detalhadas e acompanhadas de eficientes políticas de *compliance*, sendo ainda sua proteção acompanhada pelas normas de repressão à concorrência desleal[66]. João Marcelo de Lima Assafim, ao tratar da transferência de tecnologia no Brasil, bem observa o tema ao expor justamente a possibilidade de exploração do que denomina "bens imateriais úteis":

Nem todos os bens imateriais úteis para a fabricação de um produto ou para a execução de um processo merecem uma proteção jurídica que acarrete um direito exclusivo. Não obstante, admite-se que não há obstáculos à conclusão dos contratos de transferência de tecnologia que tenham como objeto bens imateriais que não estejam ou não possam ser protegidos mediante a outorga de direitos de monopólio, como podem ser os conhecimentos ou normas técnicas empregadas na produção e tratadas como segredo industrial (*know-how*). A mesma disciplina jurídica geral garante, também através da proteção indireta à concorrência desleal, uma tutela para o titular de um segredo industrial relacionado com a produção ou para o usuário anterior (direito de uso prévio) de invenções. A normativa que reprime a concorrência desleal ampara setores de interesse essencialmente privado que não gozem da proteção por meio dos direitos de propriedade industrial[67].

Nesse cenário, a manutenção das informações do negócio em segredo é capaz de assegurar a vantagem competitiva de seu detentor, evidenciando assim sua eficiência. Obviamente, quando se fala em eficiência entre os segredos de negócio e a proteção por meio da patente, aquele se mostra

---

[66] "Em geral, a tutela do *know-how* centra-se nos pressupostos de prevenção daquela hipótese em que um terceiro possa violar o conhecimento secreto mediante o emprego de meios ilícitos, com o intuito de aproveitar-se dos benefícios que esse conhecimento comporta para o exercício de atividades industriais. Em definitivo, com maior ou menor êxito, os sistemas de proteção jurídica do *know-how* procuram harmonizar o interesse geral no acesso a novos conhecimentos com aplicação na indústria e o interesse particular do criador da nova técnica ou prática em tornar rentável seus esforços mediante sua aplicação no exercício de suas atividades empresariais."(ASSAFIM, João Marcelo de Lima. *A transferência de tecnologia no Brasil: aspectos contratuais e concorrenciais da propriedade industrial*. Rio de Janeiro: Lumen Juris, 2010. p. 206-207)

[67] ASSAFIM, João Marcelo de Lima. *A transferência de tecnologia no Brasil: aspectos contratuais e concorrenciais da propriedade industrial*. Rio de Janeiro: Lumen Juris, 2010.p.47-48.

mais eficaz com relação a processos e métodos de produção ou negócios, visto que, no caso dos produtos, a engenharia reversa seria muitas vezes capaz de revelar detalhes quanto à sua concepção e funcionamento, sendo, nesse caso, recomendável a proteção por meio de patente, desde que atendidos os requisitos legais. Richard R. Nelson, ao expor mecanismos para apropriação dos resultados obtidos por meio da pesquisa e desenvolvimento, destaca tal efetividade do segredo:

As vantagens do pioneirismo e a proteção das patentes foram julgadas como de menor eficiência na prestação das inovações de processos do que da inovação de produtos em quase todos os ramos. Contudo, na maioria deles considerou-se o segredo como meio mais efetivo. A menor eficiência das patentes e a maior eficácia do segredo constituem provavelmente os lados opostos de uma mesma moeda. É mais fácil esconder os processos dos concorrentes do que os produtos; por outro lado, a imitação de um concorrente é mais fácil de detectar e provar para um novo produto do que para um novo processo[68].

Entretanto, como bem aponta Denis Borges Barbosa, "o direito em questão, sendo um poder (de não divulgar) ao qual se apõe um dever geral de abstenção, constitui um direito absoluto, embora não exclusivo"[69], sendo, assim, essencial a elaboração de políticas de *compliance* por parte do detentor das informações para evitar o descontrole, a sua divulgação e o uso indiscriminado. Segundo Pontes de Miranda, embora o segredo industrial possua eficácia *erga omnes*, esta não é real, já que o sistema jurídico pátrio "absteve-se de considerar direito real os direitos sobre o segredo de fábrica ou de indústria. É direito de eficácia perante todos, pois todos têm de admitir que exista e não seja violado, abstendo-se, portanto, de ofensas"[70].

Afora políticas de *compliance* no âmbito interno das empresas, a proteção dos segredos de negócio, conforme mencionado, se dá por meio da repressão à concorrência desleal, cujas condutas encontram-se atualmente tipificadas no artigo 195 da Lei nº 9.279/96. À época fazendo referência

---

[68] NELSON, Richard R. *As fontes do crescimento econômico*. São Paulo: Ed. UNICAMP, 2006.p.110-111.

[69] BARBOSA, Denis Borges. *Do Segredo Industrial (2002) (incluído em Uma Introdução à Propriedade Intelectual*, 2a. Edição, Ed. Lumen Juris, 2003). Disponível em http://denisbarbosa.addr.com/trabalhospi.htm, acesso em 07.10.2017.

[70] MIRANDA, Pontes de. *Tratado de direito privado*. V.16. Campinas: Bookseller, 2002. p. 571.

ao crime de concorrência desleal previsto no artigo 178 do Código Penal, revogado pela Lei n° 9.279/96, Hermano Durval ponderava que:

Todos sentem o fenômeno da Concorrência Desleal, mas ainda está para surgir quem lhe dê uma definição satisfatória. Promana a dificuldade, como bem notou Thomas Leonardos, "da multiplicidade de formas que a malícia humana pode engendrar", atestada na casuística escoteira do art. 178. Daí a definição indireta de Josef Kohler: "Concorrência Desleal é uma figura de Proteu", secundada na Itália pela de Bonfante, quando comparou a concorrência desleal a uma nuvem, cujos contornos são vagos e oscilantes[71].

José de Oliveira Ascensão, professor e jurisconsulto português, reforça o conceito predatório dos atos de concorrência desleal, salientando que "onde houver uma zona de concorrência pode configurar-se a concorrência desleal. A concorrência desleal é como uma sombra, que acompanha e ameaça constantemente as situações em que se manifesta"[72]. João Gama Cerqueira, ressalta a ambiguidade do termo "concorrência desleal", diante da vaga ideia de deslealdade, cuja conceituação seria de foro íntimo. Segundo Gama Cerqueira:

A expressão concorrência desleal é ambígua, pois, se o primeiro termo possui sentido exato e conhecido, já o mesmo não acontece com o segundo, cuja significação é obscura, dependendo do vago conceito de deslealdade, que pode variar conforme a consciência de cada um, sobretudo quando aplicado à competição comercial. Por isso, autores há que preferem dizer concorrência ilícita. Entretanto, aquela expressão tem por si a tradição e acha-se consagrada na doutrina e na legislação da maioria dos países e nas relações internacionais, resistindo às críticas que lhe têm sido feitas[73].

Atualmente o artigo 195 da Lei n° 9.279/96, tipifica condutas específicas para caracterização do crime de concorrência desleal[74], havendo mecanis-

---

[71] DURVAL, Hermano. *Concorrência desleal.* São Paulo: Saraiva, 1976. p. 123.

[72] ASCENSÃO, José de Oliveira. *Concorrência desleal.* Coimbra: Almedina, 2002. p.11.

[73] CERQUEIRA, João da Gama. *Tratado de propriedade industrial.* Rio de Janeiro: Lumen Juris, 2010.p.275.

[74] "Art. 195. Comete crime de concorrência desleal quem: I – publica, por qualquer meio, falsa afirmação, em detrimento de concorrente, com o fim de obter vantagem; II – presta ou divulga, acerca de concorrente, falsa informação, com o fim de obter vantagem; III – emprega meio fraudulento, para desviar, em proveito próprio ou alheio, clientela de outrem; IV – usa expressão ou sinal de propaganda alheios, ou os imita, de modo a criar confusão entre os produtos ou estabelecimentos; V – usa, indevidamente, nome comercial, título de estabelecimento ou insígnia alheios ou vende, expõe ou oferece à venda ou tem em estoque

mos que permitem a delimitação e conceituação daquilo que venha a ser concorrência desleal. Em uma visão mais ampla, no entanto, José Tinoco Soares pontua que "o que se deve ter em mente é que a repressão à concorrência desleal deve existir como meio apto e capaz de assegurar o livre desenvolvimento da indústria, do comércio, dos profissionais e dos prestadores de serviço"[75].

Em âmbito internacional, a proteção contra a concorrência desleal, bem como à confidencialidade das informações se dão no âmbito da Convenção da União de Paris[76], bem como do acordo TRIPS (*Trade-Related Aspects of*

---

produto com essas referências; VI – substitui, pelo seu próprio nome ou razão social, em produto de outrem, o nome ou razão social deste, sem o seu consentimento; VII – atribui-se, como meio de propaganda, recompensa ou distinção que não obteve; VIII – vende ou expõe ou oferece à venda, em recipiente ou invólucro de outrem, produto adulterado ou falsificado, ou dele se utiliza para negociar com produto da mesma espécie, embora não adulterado ou falsificado, se o fato não constitui crime mais grave; IX – dá ou promete dinheiro ou outra utilidade a empregado de concorrente, para que o empregado, faltando ao dever do emprego, lhe proporcione vantagem; X – recebe dinheiro ou outra utilidade, ou aceita promessa de paga ou recompensa, para, faltando ao dever de empregado, proporcionar vantagem a concorrente do empregador; XI – divulga, explora ou utiliza-se, sem autorização, de conhecimentos, informações ou dados confidenciais, utilizáveis na indústria, comércio ou prestação de serviços, excluídos aqueles que sejam de conhecimento público ou que sejam evidentes para um técnico no assunto, a que teve acesso mediante relação contratual ou empregatícia, mesmo após o término do contrato; XII – divulga, explora ou utiliza-se, sem autorização, de conhecimentos ou informações a que se refere o inciso anterior, obtidos por meios ilícitos ou a que teve acesso mediante fraude; ou XIII – vende, expõe ou oferece à venda produto, declarando ser objeto de patente depositada, ou concedida, ou de desenho industrial registrado, que não o seja, ou menciona-o, em anúncio ou papel comercial, como depositado ou patenteado, ou registrado, sem o ser; XIV – divulga, explora ou utiliza-se, sem autorização, de resultados de testes ou outros dados não divulgados, cuja elaboração envolva esforço considerável e que tenham sido apresentados a entidades governamentais como condição para aprovar a comercialização de produtos. Pena – detenção, de 3 (três) meses a 1 (um) ano, ou multa.

[75] SOARES, José Carlos Tinoco. *Crimes contra a propriedade industrial e concorrência desleal*. São Paulo: RT, 1980. p. 94.

[76] O texto vigente, aprovado pela Revisão de Estocolmo de 1967, dispõe em seu artigo 10-bis: "1) Os países da União obrigam-se a assegurar aos nacionais dos países da União proteção efetiva contra a concorrência desleal. 2) Constitui ato de concorrência desleal qualquer ato de concorrência contrário aos usos honestos em matéria industrial ou comercial. 3) Deverão proibir-se particularmente: 1º todos os atos suscetíveis de, por qualquer meio, estabelecer confusão com o estabelecimento, os produtos ou a atividade industrial ou comercial de um concorrente; 2º As falsas alegações no exercício do comércio, suscetíveis de desacreditar o estabelecimento, os produtos ou a atividade industrial ou comercial de um concorrente. 3º

Intellectual Property Rights), em seu artigo 39, Seção 7, que dispõe sobre a proteção da informação confidencial, valendo a pena sua transcrição para melhor análise do leitor:

> Artigo 39
>
> 1. Ao assegurar proteção efetiva contra competição desleal, como disposto no ARTIGO 10bis da Convenção de Paris (1967), os Membros protegerão informação confidencial de acordo com o parágrafo 2 abaixo, e informação submetida a Governos ou a Agências Governamentais, de acordo com o parágrafo 3 abaixo.
> 2. Pessoas físicas e jurídicas terão a possibilidade de evitar que informação legalmente sob seu controle seja divulgada, adquirida ou usada por terceiros, sem seu consentimento, de maneira contrária a práticas comerciais honestas, desde que tal informação:
> a) seja secreta, no sentido de que não seja conhecida em geral nem facilmente acessível a pessoas de círculos que normalmente lidam com o tipo de informação em questão, seja como um todo, seja na configuração e montagem específicas de seus componentes;
> b) tenha valor comercial por ser secreta; e
> c) tenha sido objeto de precauções razoáveis, nas circunstâncias, pela pessoa legalmente em controle da informação, para mantê-la secreta.

Evidentemente, para que a informação goze de proteção é necessário que seja secreta ou não conhecida, possua valor comercial, tenha o possuidor das informações, aquele que tem o controle das mesmas, tomado medidas razoáveis para mantê-la sob sigilo[77]. Ou seja, ao lado do interesse econômico, anteriormente mencionado, e da existência em si do segredo, a vontade daquele que tem o controle sobre as informações em mantê-las

---

As indicações ou alegações cuja utilização no exercício do comércio seja suscetível de induzir o público em erro sobre a natureza, modo de fabricação, características, possibilidade de utilização ou quantidade de mercadorias"

[77] "Pese que el secreto es certamente una condición para la validez de las obligaciones de confidencialidade o la aplicación del derecho de la competência desleal, no es necesario para calificar a certo conhecimento como técnico." (PERA, Sergio Le. *Cuestiones de derecho comercial moderno*. Buenos Aires: Astrea, 1974. p. 303-304)

em sigilo é requisito essencial para existência e consequente proteção dos segredos de negócio. Deve-se destacar, no entanto, que existindo o ânimo para manutenção do sigilo e sendo tal informação descoberta por terceiros de maneira independente, como, por exemplo, por meio de investimentos em pesquisa e desenvolvimento, não se perde sua proteção. Ademais, ainda com relação às informações protegidas, Maristela Basso, em sua obra *Direito Internacional da Propriedade Intelectual*, ressalta que "o conceito de "informação" adotado pelo TRIPS admite a proteção de informação de qualquer natureza, que tenha valor comercial, seja técnica, comercial ou industrial"[78].

Naturalmente, o sigilo dessas informações é relativo, já que estará restrito ao seu titular e aos empregados ou prestadores de serviços que necessitam destas para o desempenho de suas atividades na empresa. Mostra-se, assim, evidente a necessidade de elaboração de políticas de *compliance* para o controle e manutenção do sigilo das informações e dados relativos aos segredos de negócio, visando evitar que empregados ou prestadores de serviços tenham acesso indiscriminadamente a tais informações, ou ainda, possam divulgá-las ou fazer uso das mesmas livremente, mesmo que finda a relação empregatícia ou contratual, proporcionando, dessa maneira, maior segurança jurídica para o exercício da atividade empresarial, sem que elementos fundamentais para a conquista de mercado sejam perdidos.

3.1. Compliance no Âmbito do Crime de Violação de Segredos de Negócio

No direito brasileiro, o já mencionado artigo 195 da Lei nº 9.279/96, em seu inciso XI, tipifica como crime de concorrência desleal a conduta de divulgar, explorar ou utilizar, sem autorização, conhecimentos ou dados confidenciais, utilizáveis na indústria, comércio ou na prestação de serviços, excetuados os de conhecimento público ou evidentes para um técnico no assunto, a que se teve acesso mediante relação contratual ou empregatícia, ainda que findo o contrato[79].

---

[78] BASSO, Maristela. *O direito internacional da propriedade intelectual*. Porto Alegre: Livraria do Advogado, 2000.p.247.

[79] Art. 195 da Lei nº 9.279/96: Comete crime de concorrência desleal quem: XI – divulga, explora ou utiliza-se, sem autorização, de conhecimentos, informações ou dados confidenciais, utilizáveis na indústria, comércio ou prestação de serviços, excluídos aqueles que sejam de conhecimento público ou que sejam evidentes para um técnico no assunto, a que teve acesso mediante relação contratual ou empregatícia, mesmo após o término do contrato

O sujeito ativo deverá ser sempre o empregado ou o prestador de serviços, sendo o sujeito passivo a empresa contratante. Trata-se de crime formal, de mera conduta, sendo a tentativa possível, inclusive na forma de divulgar, já que poderá o sujeito ativo enfrentar barreiras à execução do crime, embora a tecnologia traga atualmente facilidades nesse sentido. O tipo subjetivo indica crime doloso, devendo haver dolo em divulgar, explorar ou utilizar as informações ou dados confidenciais. Todavia, havendo expressa política de *compliance* no sentido de impor condutas e procedimentos no intuito de controlar e evitar a divulgação indiscriminada das informações ou dados sigilosos, entende-se que poderá ser o empregado ou o prestador de serviços penalizado tanto civil quanto criminalmente[80] em decorrência de conduta culposa, já que tendo pleno conhecimento quanto ao risco da ocorrência da divulgação das informações ou dados sigilosos, omite-se, age com negligência ou imperícia de forma que permita a quebra do referido sigilo[81].

A conduta culposa, neste contexto, mostra-se punível justamente diante das circunstâncias decorrentes da política da *compliance*, cuja aceitação impõe a obrigação de determinado individuo em exercer atividade visando evitar o resultado proibido pela norma penal, não bastando apenas seu dever moral, conforme pondera Aníbal Bruno com relação à conduta omissiva, destacando que o dever jurídico de agir pode também decorrer de aceitação particular por parte do agente.

A omissão relevante para o Direito Penal é a que consiste em omitir o cumprimento de um dever jurídico. O agente deixa de praticar a ação que lhe impunha o Direito, seja que desobedeça a um comando da lei, seja que deixe de exercitar a atividade a que, nas circunstâncias, estava obrigado para evitar o resultado que a lei proíbe.

---

[80] "Todo ilícito é uma contradição à lei, uma rebelião contra a norma, expressa na ofensa ou ameaça a um bem ou interesse por esta tutelado. A importância social atribuída a esse bem ou interesse jurídico é, em grande parte, o que determina a natureza da sanção – civil ou penal." (BRUNO, Aníbal. *Direito penal: parte geral*. 3. ed. Rio de Janeiro: Forense, 1967.p.280).

[81] Quanto à conduta culposa, Aníbal Bruno faz as seguintes considerações: "A omissão relevante para o Direito Penal é a que consiste em omitir o cumprimento de um dever jurídico. O agente deixa de praticar a ação que lhe impunha o Direito, seja que desobedeça a um comando da lei, seja que deixe de exercitar a atividade a que, nas circunstâncias, estava obrigado para evitar o resultado que a lei proíbe" (BRUNO, Aníbal. *Direito penal: parte geral*. 3. ed. Rio de Janeiro: Forense, 1967.p.299).

Esse dever que cabia ao omitente cumprir há de ser um dever jurídico, não simplesmente moral. Dever que pode resultar de uma norma de Direito, de particular aceitação do dever por parte do agente, ou de comportamento anterior que fundamente o dever de impedir o resultado.[82]

Nesse aspecto, destacam-se os comentários de Renato de Mello Silveira e Eduardo Saad-Diniz, que na obra *Compliance, direito penal e lei anticorrupção* fazem importantes apontamentos com relação à pertinência do *compliance* para proteção tanto dos trabalhadores, especialmente no caso de imputação de responsabilidades, quanto dos interesses da empresa:

Inconteste que, para além do sistema penal econômico, a recombinação dos elementos procedimentais de intervenção punitiva sugere modelos de repressividade, difundindo-se, desde a fixação de padrões de diligencia, a âmbitos como o da tutela penal das relações de trabalho e seguridade sociais, segurança industrial e também da proteção penal do meio ambiente. [...] Coloca-se, pois, que "um programa efetivo de *compliance* interessa primeiramente à própria empresa", protegendo-lhe, e também a seus empregados, pelos mecanismos de prevenção de riscos puníveis. Em outras palavras, o interesse pontuado de início preventivo vai além, incorporando setores distintos do campo fincado meramente à administração. Passa-se, pois, a justificar punições – quiçá penais – a partir do pressuposto de *compliance*[83].

Referindo-se às políticas de *compliance*, Silveira e Diniz enfatizam que, "em termos individuais, quando verificado o não cumprimento dessas medidas, isso pode influenciar na estipulação de sanções individuais, para além do que tradicionalmente se entende por comum ou corriqueiro"[84]. Pode-se apontar duas significativas inovações que acompanham o acoplamento das regras de *compliance* ao Direito Penal. A primeira seria a ampliação da responsabilidade da pessoa jurídica e a segunda as novas formas de responsabilidade penal do agente infrator[85], destacando-se esta última no presente estudo, já que "na hipótese de que o empregado da empresa não

---

[82] BRUNO, Anibal. *Direito penal: parte geral*. 3. ed. Rio de Janeiro: Forense, 1967. p. 299-300.
[83] SILVEIRA, Renato de Mello Jorge; DINIZ, Eduardo Saad. *Compliance, direito penal e lei anticorrupção*. São Paulo Saraiva 2015 1 recurso online. p. 262-263.
[84] SILVEIRA, Renato de Mello Jorge; DINIZ, Eduardo Saad. *Compliance, direito penal e lei anticorrupção*. São Paulo: Saraiva, 2015. 1 recurso online. p. 286.
[85] SILVEIRA, Renato de Mello Jorge; DINIZ, Eduardo Saad. *Compliance, direito penal e lei anticorrupção*. São Paulo: Saraiva: 2015. 1 recurso online. p. 266.

cumpra efetivamente o dever, ou mesmo na hipótese de a própria pessoa jurídica não logre fazer, seria o caso de responsabilização"[86]. Destacam-se ainda os ensinamentos dos supracitados autores no âmbito da responsabilização do agente:

[...] a adscrição das responsabilidades (diga-se, pelas atividades livremente organizadas em sua estrutura específica de gestão e monitoramento), "se o portador da decisão da associação promoveu ou deu causa a uma ação com déficit de organização monitoramento", desperta o merecimento de sansão a cada uma das pessoas, na medida de sua participação, ou mesmo à pessoa jurídica. Antes disso, a responsabilidade individual deve se encontrar limitada à tomada de decisão de cada um dos indivíduos, sem que venha ceder aos vários mecanismos de diversificação dos destinatários do dever primário original. É assim que, nestes parâmetros de compreensão, com a ressalva da limitação da responsabilidade individual e centrados na liberdade de organização e a consequente responsabilização em vista das carências organizativas, Bülte consolida sua fórmula: "a exigência de cuidado gera também segurança".

Embora se reconheça que a concepção das políticas de *compliance* seja diversa da que se observa no Direito Penal, justamente por sua essência voltada à prevenção, pode-se dizer que a interação entre ambos ocorre no sentido de complementaridade, estabelecendo estruturas de atuação em âmbito regulatório, colaborando tanto no exercício da atividade empresarial, quanto em caráter punitivo, como bem apontam Silveira e Diniz:

Assim é que as estruturas normativas peculiares ao *compliance* e à boa governança apontam para uma reorganização da intervenção jurídico-penal no sentido de estabelecer estruturas de atuação no âmbito regulatório, principalmente quando observada a criminalidade econômica. Esse, sem dúvida, um lado positivo da absorção do *compliance* ao ambiente penal.

De fato, isso significa que as recomendações de *compliance* determinam, em "complementaridade funcional", a incorporação na estrutura econômica de mecanismos de controle dos destinos negociais da atividade empresarial, um comportamento próprio da decisão gerencial ou administrativa. Essas sucessivas incorporações advindas do *compliance programs* é que viabilizam, em certa medida, modelos de colaboração funcional na

---

[86] SILVEIRA, Renato de Mello Jorge; DINIZ, Eduardo Saad. *Compliance, direito penal e lei anticorrupção*. São Paulo: Saraiva, 2015. 1 recurso online. p. 267.

'atividade empresarial/intervenção punitiva". Nisso reside o elevado incremento de racionalidade para o Direto Penal Econômico, já que daí surgem as novas possibilidades de combinação entre as diretrizes da atividade empresarial e a prevenção da criminalidade econômica[87].

Destarte, importante abordar a relevância das políticas de *compliance* ao se tratar das chamadas denúncias genéricas, corriqueiras nas esferas penal-econômica e societária, nas quais as acusações contra as instituições criminosas inicialmente mencionadas no presente estudo são formuladas somente com base no cargo ocupado pelo indivíduo, muitas vezes sócios não administradores, imputando-lhes erroneamente a conduta criminosa, não individualizando referidas condutas dos autores ou partícipes[88], ou, conforme menciona Eduardo Saad Diniz, criando figuras que o mesmo denomina "responsáveis profissionais" para assumir a responsabilidade na empresa[89]. Porém, ao implantar devidamente as supracitadas políticas, possibilita-se caracterizar a autoria do crime, pela separação de deveres e limites de responsabilização estabelecidos, permitindo, assim, o cumprimento do disposto no artigo 41 do Código de Processo Penal[90].

As políticas de *compliance* têm entre seus objetivos o estabelecimento de transparência e integridade das relações no âmbito da empresa, mediante a implementação e cumprimento de "um conjunto de regras, padrões,

---

[87] SILVEIRA, Renato de Mello Jorge; DINIZ, Eduardo Saad. *Compliance, direito penal e lei anticorrupção*. São Paulo: Saraiva, 2015. 1 recurso online.p. 262.

[88] KNOPFHOLZ, Alexandre. *A Denúncia Genérica nos Crimes Econômicos*. Núria Fabris Editora, 2013, p.100.

[89] Diniz destaca que "as discussões sobre a finalidade preventiva da tutela penal das infrações econômicas tiveram pouco sentido prático e muito pouco se fez para evitar as intrincadas estratégias societárias que criam figuras fungíveis de "responsáveis profissionais" para assumir a responsabilidade na empresa. Também na literatura especializada, constata-se que muito pouco se fez para encontrar as medidas do "castigo justo, dissuasão adequada, incentivos para que as organizações mantenham mecanismos internos de prevenção, detecção e informação de condutas delitivas", nem mesmo medidas idôneas para a reparação do dano ou como forma de ressarcimento às vítimas do dano sofrido. Diante desse cenário, a agenda do direito penal corporativo na tradição continental do *civil law* tem dedicado seus estudos a superar a fragilidade dos ordenamentos jurídicos, os vazios de punibilidade e a dar melhores contornos às teses de necessidade político criminal da responsabilidade empresarial e finalidade de prevenção geral" (SAAD-DINIZ, Eduardo; ADACHI, Pedro Podboi; DOMINGUES, Juliana Oliveira (Org.). *Tendências em governança corporativa e compliance*. São Paulo: LiberArts, 2016. p. 92-93).

[90] Art. 41. A denúncia ou queixa conterá a exposição do fato criminoso, com todas as suas circunstâncias, a qualificação do acusado ou esclarecimentos pelos quais se possa identificá--lo, a classificação do crime e, quando necessário, o rol das testemunhas.

procedimentos éticos e legais, que, uma vez definido e implantado, será a linha mestra que orientará o comportamento da instituição no mercado em que atua, bem como a atitude de seus funcionários"[91]. Na esfera criminal, pode ser visto como um instrumento para evitar riscos de responsabilidade penal, mostrando-se como mecanismo bastante útil para organização empresarial e para parametrização da responsabilidade das pessoas físicas[92].

Quando se fala em responsabilidade das pessoas físicas, as políticas de *compliance* desempenham importante papel ao estabelecer diretrizes e obrigações no âmbito da empresa no que se refere ao dever de cuidado, de vigilância e de controle, estabelecendo, dessa forma, barreiras de contenção ao risco e de práticas criminosas. Atuam ainda no estabelecimento dos deveres gerais de garantia às pessoas que ocupam posição de dirigente e de seus subordinados, no intuito de evitar delitos, bem como desempenham relevante função na imputação de responsabilidade individual dos empregados e em seu dever de diligência[93]. É ainda importante observar que:

No plano individual, atribui-se responsabilidade a resultados danosos no âmbito das organizações. A relevância das diretrizes de *compliance* pode se situar, por uma parte, tanto no manejo dogmático quanto na percepção do dolo da infração de dever de cuidado e em outros marcos normativos regulatórios, como na determinação da pena, e, por outra, na determinação de deveres de garante fundamentados na evitação de determinados resultados[94].

Tal possibilidade de individualização de responsabilidades, condutas, da imposição do dever de diligência e de barreiras ao cometimento de ilícitos, abrangidos pelas políticas de *compliance*, permitem o afastamento de denúncias genéricas, especialmente no que se refere aos crimes de organização criminosa e associação criminosa como anteriormente mencionados. A existência de políticas de *compliance* deve ser analisada tanto sob o

---

[91] CANDELORO, Ana Paulo P.; RIZZO, Maria Balbina Martins de; PINHO, Vinicius. *Compliance 360º: riscos, estratégias, conflitos e vaidades no mundo corporativo*. São Paulo: Trevisan Editora Universitária, 2012.p.30.

[92] SILVEIRA, Renato de Mello Jorge. *Direito penal empresarial: a omissão do empresário como crime*. Belo Horizonte: Editora D'Plácido, 2016. p. 237-238.

[93] SAAD-DINIZ, Eduardo; ADACHI, Pedro Podboi; DOMINGUES, Juliana Oliveira (Org.). *Tendências em governança corporativa e compliance*. São Paulo: LiberArts, 2016.p. 96.

[94] SAAD-DINIZ, Eduardo; ADACHI, Pedro Podboi; DOMINGUES, Juliana Oliveira (Org.). *Tendências em governança corporativa e compliance*. São Paulo: LiberArts, 2016. p. 97.

ponto de vista da acusação, quanto sob o ponto de vista da defesa, já que tal mecanismo é capaz viabilizar a identificação do real infrator, individualizando sua conduta e imputando responsabilidades, ou mesmo de evidenciar a existência da organização ou da associação criminosa no âmbito empresarial. No entanto, é também capaz de proporcionar mecanismos para demonstração da inexistência de tais crimes ou mesmo de responsabilidade penal, diante do estrito cumprimento da política de *compliance* por parte do acusado.

Renato de Mello Jorge Silveira, em sua obra Direito penal empresarial: a omissão do empresário como crime, aborda com exatidão tais aspectos relacionados às políticas de *compliance*, proporcionando uma visão conclusiva do tema:

Assim, para uma avaliação criteriosa da responsabilidade empresarial por falhas sistêmicas na organização, deve-se ter em conta a necessidade de avaliação, tanto por parte da acusação, como da defesa, de existência, ou não, de um *compliance program*. Conforme este se mostre, poderá se mitigar a pena imposta aos dirigentes – uma vez que este evidentemente estabelecera balizas de contenção para irregularidades em sede empresarial. Aliás, sob essa perspectiva, conforme se apresentem os programas, poder-se-ia, mesmo, sustentar por uma atipicidade na conduta desses sujeitos, uma vez que com sua atuação, eles teriam dado causa a uma diminuição do risco proibido, afastando, assim, a própria tipicidade[95].

Conclusão

Desse modo, retornando aos conceitos inicialmente apresentados, a possibilidade de concurso de pessoas é notável no caso do crime previsto no artigo, 195, inciso XI da Lei nº 9.279/96, ainda que em coautoria na modalidade culposa, quando o agente, tendo o domínio do fato, não age para evitar a conduta típica. Políticas de *compliance* vêm justamente no intuito de estabelecer padrões de conduta visando evitar a ocorrência do ilícito. Terão, no entanto, função de atribuir a responsabilidade àquele que descumpre tais normas de conduta. Por outro lado, poderão isentar de responsabilidade aquele que age em conformidade com as políticas de *compliance*,

---

[95] SILVEIRA, Renato de Mello Jorge. *Direito penal empresarial: a omissão do empresário como crime*. Belo Horizonte: Editora D'Plácido, 2016. p. 244.

tomando todas as medidas cabíveis e disponíveis ao seu alcance para evitar a ocorrência do ilícito.

Possível também se mostra a prática do crime de associação criminosa atrelado à conduta típica prevista no artigo 195, inciso XI da Lei nº 9.279/96, mediante a associação de três ou mais empregados ou prestadores de serviços no intuito de divulgar, utilizar ou explorar informações ou dados confidenciais, sendo os requisitos da durabilidade e permanência facilmente implementados pelos agentes e passíveis de identificação, mostrando-se ainda mais claros quando da existência de políticas de *compliance*.

Como destacado anteriormente, o crime de organização criminosa, previsto no artigo 1º, parágrafo 1º da Lei nº 12.850/2013 exige a associação de quatro "ou mais pessoas estruturalmente ordenada e caracterizada pela divisão de tarefas, ainda que informalmente, com objetivo de obter, direta ou indiretamente, vantagem de qualquer natureza, mediante a prática de infrações penais cujas penas máximas sejam superiores a 4 (quatro) anos". Dessa forma, considerando-se que a pena aplicável ao crime previsto no artigo 195, inciso XI da Lei nº 9.279/96 é de três meses a um ano ou multa, o crime de organização criminosa mediante a prática dos crimes de concorrência desleal mostra-se impossível, exceto se caracterizada a transnacionalidade.

Tal característica, de fato, em uma economia internacionalizada, em que a circulação de informações é facilitada pela tecnologia, não se mostra impossível de ser visualizada. Ao contrário, a possibilidade de prática de atos de concorrência desleal mediante a divulgação, utilização ou exploração de informações e dados sem autorização, em âmbito internacional se mostra plenamente viável em um mundo globalizado, sob o ponto de vista da criminalidade. Nesde aspecto, as políticas de *compliance*, assim como no caso da associação criminosa, auxiliam na prevenção e na identificação de práticas ilícitas, mediante o estabelecimento de padrões, normas e diretrizes que resultam em melhores práticas e em um ambiente empresarial mais ético, reduzindo, assim, o risco da divulgação, utilização ou exploração indevida dos segredos de negócio por parte dos empregadores e prestadores de serviços, como resultado da elevação do controle sobre condutas e sobre o próprio conjunto de informações protegidas pelo segredo.

Referências

ALFLEN, Pablo Rodrigo. *Teoria do domínio do fato*. São Paulo: Saraiva, 2014.
ASCENSÃO, José de Oliveira. *Concorrência desleal*. Coimbra: Almedina, 2002.
ASSAFIM, João Marcelo de Lima. *A transferência de tecnologia no Brasil: aspectos contratuais e concorrenciais da propriedade industrial*. Rio de Janeiro: Lumen Juris, 2010.
BAGNOLI, Vicente. *Direito econômico*. 6. ed. São Paulo: Atlas, 2013.
BARBOSA, Denis Borges. *Tratado da Propriedade Intelectual*. Lumen Juris, Rio de Janeiro, 2010.
_____. Do Segredo Industrial (2002). In: *Uma Introdução à Propriedade Intelectual*, 2a. Edição, Ed. Lumen Juris, 2003. Disponível em http://denisbarbosa.addr.com/trabalhospi.htm , acesso em 07.10.2017.
BASSO, Maristela. *O direito internacional da propriedade intelectual*. Porto Alegre: Livraria do Advogado, 2000.
BATISTA, Nilo. *Concurso de Agentes – Uma Investigação sobre os Problemas da autoria e da Participação no Direito Penal Brasileiro*. 3. ed. Rio de Janeiro: Ed. L. Juris, 1979.
BECCHI, Ada. *Criminalità organizada: paradigmi e scenari delle organizzazioni mafiosi in Italia*. Roma: Donzelli, 2000.
BITENCOURT, Cezar Roberto. **Tratado de direito penal: parte geral**. 21. ed., rev., ampl. e atual. São Paulo: Saraiva, 2015.
_____. *Tratado de direito penal econômico*, v. 2. São Paulo Saraiva Educação 2016 1 recurso online.
BRASIL, Decreto-Lei nº 2.848 de 07 de dezembro de 1940. *Código Penal*. Diário Oficial da República Federativa do Brasil 07 de dezembro de 1940. Disponível em: < http://www.planalto.gov.br/ccivil_03/decreto-lei/Del2848compilado.htm>. Acesso em 07 de outubro de 2017.
BRASIL, Lei nº 9.279 de 14 de maio de 1996. *Regula direitos e obrigações relativos à propriedade industrial*. Diário Oficial da República Federativa do Brasil 15 de maio de 1996. Disponível em: <http://www.planalto.gov.br/ccivil_03/Leis/L9279.htm>. Acesso em 07 de outubro de 2017.
BRASIL, Lei nº 10.850 de 02 de agosto de 2013. *Define organização criminosa e dispõe sobre a investigação criminal, os meios de obtenção da prova, infrações penais correlatas e o procedimento criminal; altera o Decreto-Lei nº 2.848, de 7 de dezembro de 1940 (Código Penal); revoga a Lei nº 9.034, de 3 de maio de 1995; e dá outras providências*. Diário Oficial da República Federativa do Brasil 02 de agosto de 2013. Disponível em: < http://www.planalto.gov.br/ccivil_03/_ato2011-2014/2013/lei/l12850.htm>. Acesso em 07 de outubro de 2017.
BRASIL. Superior Tribunal de Justiça. *Recurso de Habeas Corpus*. Habeas Corpus nº 401301PR(HABEAS CORPUS 2017-0123370-1), da 5ª Turma. Criminal. Juizado. Relator Min. Ribeiro Dantas, DJE, de 6 out. 2017.
BRUNO, Anibal. *Direito penal: parte geral*. 3. ed. Rio de Janeiro: Forense, 1967.
CANDELORO, Ana Paulo P.; RIZZO, Maria Balbina Martins de; PINHO, Vinicius. *Compliance 360º: riscos, estratégias, conflitos e vaidades no mundo corporativo*. São Paulo: Trevisan Editora Universitária, 2012.
CASTRO, Almeida A.C. et al. *Discursos sediciosos, crime, direito e sociedade*, ano 1, nº1, 1º semestre de 1996. Rio de Janeiro: Relume Dumará.1996.

CERQUEIRA, João da Gama. *Tratado de Propriedade Industrial.* Vol. II. São Paulo: Lumen Juris, 2010.

DIAS, Jorge de Figueiredo. A Criminalidade Organizada: do fenómeno ao conceito jurídico penal. *Revista Brasileira de Ciências Criminais.* n.71, mar-abr.2008.

DOTTI, Rene Arial. *Curso de direito penal: parte geral.* 2 ed. Rio de Janeiro: Forense, 2005.

DURVAL, Hermano. *Concorrência desleal.* São Paulo, Saraiva, 1976.

FIGUEIREDO, Leonardo Vizeu. *Lições de Direito Econômico.* 7ª. Rio de Janeiro Forense 2014.

FRANCO, Alberto Silva; LIRA, Rafael. *Direito Penal Econômico: Questões Atuais.* São Paulo: Revista dos Tribunais, 2011.

GRECO, Rogério. *Curso de Direito Penal: parte especial.* vol.IV.11 ed. Niterói: Ímpetus, 2015.

HASSEMER, Winfried. *Três temas de Direito Penal.* Porto Alegre: AMP/Escola Superior do Ministério Público, 1993.

HUNGRIA, Nelson. *Comentários ao código penal: Decreto-lei nº 2.848, de 7 de dezembro de 1940.* 4. ed. Rio de Janeiro: Forense, 1958. 9 v.

JESCHECK, Hans Heinrich; WEIGEND, Thomas. **T**ratado de Derecho Penal – Parte General. Granada: Comares, 2002.

KNOPFHOLZ, Alexandre. **A Denúncia Genérica nos Crimes Econômicos.** Núria Fabris Editora, 2013, p. 100.

LEMOS JUNIOR, Arthur Pinto. *Crime organizado: uma visão dogmática do concurso de pessoas.* São Paulo: Verbo Jurídico, 2011,

LODATO, Silverio. *Ho ucciso Giovani Falcone: la confessione di Giovanni Brusca.* Milano: Mandadori Editore, 1999.

MACEDO, C.M.R. *Lavagem de dinheiro: análise critica das Leis 9.613, de 03 de março de 1988 e 10.701 de 9 de julho de 2003.* Curitiba: Juruá, 2006.

MENDRONI, Marcelo Batlouni. *Crime organizado: aspectos gerais e mecanismos legais.* 5 d. São Paulo: Atlas, 2015.

MIRABETE, Julio Fabbrini; FABBRINI, Renato Nascimento. *Manual de direito penal.* 24. ed., rev. e atual. São Paulo: Atlas, 2007. p. 223.

MIRANDA, Pontes de. *Tratado de direito privado.* V.16. Campinas: Bookseller, 2002.

NELSON, Richard R. *As fontes do crescimento econômico.* São Paulo: Ed. UNICAMP, 2006.

NUCCI, Guilherme de Souza. *Código penal comentado.* 11. ed., rev., atual. e ampl. São Paulo: Revista dos Tribunais, 2012.

NUCCI, Guilherme de Souza. *Manual de direito penal: parte geral, parte especial.* 7. ed., rev., atual. e ampl. São Paulo: Revista dos Tribunais, 2011.

NUCCI, Guilherme de Souza. *Organização criminosa.* 2. ed. rev., atual. e ampl. Rio de Janeiro: Forense, 2013.

PERA, Sergio Le. *Cuestiones de derecho comercial moderno.* Buenos Aires: Astrea, 1974.

PIERANGELI, José Henrique. *Crimes contra a propriedade industrial e crimes de concorrência desleal.* São Paulo, Revista dos Tribunais, 2003.

POTTER, Gary W. *Criminal organizations.* Waveland, 1994.

PRADO, Luiz Regis. *Comentários ao código penal: jurisprudência, conexões lógicas com os vários ramos do direito.* 10. ed., rev., atual e ampl. São Paulo: Revista dos Tribunais, 2015.

_____. *Direito penal econômico: ordem econômica, relações de consumo, sistema financeiro, ordem tributária, sistema previdenciário, lavagem de capitais, crime organizado (de acordo com a Lei*

nº 12.850/2013). 6. ed., rev. e atual., 2. tiragem. São Paulo: Revista dos Tribunais, 2015.

SAAD-DINIZ, Eduardo; ADACHI, Pedro Podboi; DOMINGUES, Juliana Oliveira (Org.). *Tendências em governança corporativa e compliance*. São Paulo: LiberArts, 2016.

SALES, Sheila Jorge Selim de. *Escritos de Direito Penal*. 2 ed. Belo Horizonte: Del Rey, 2005.

SILVEIRA, Renato de Mello Jorge. *Direito penal empresarial: a omissão do empresário como crime*. Belo Horizonte: Editora D'Plácido, 2016.

SILVEIRA, Renato de Mello Jorge; DINIZ, Eduardo Saad. *Compliance, direito penal e lei anticorrupção*. São Paulo Saraiva 2015 1 recurso online.

SOARES, José Carlos Tinoco. *Crimes contra a propriedade industrial e concorrência desleal*. São Paulo: RT, 1980.

SOLER, Sebastian. *Derecho Penal argentino*. Buenos Aires: TEA, 1953.

A Panacéia da Teoria do Domínio do Fato e o *Compliance* como Possível Solução

Verena Holanda de Mendonça Alves

Introdução

Após o julgamento da Ação Penal n.º 470 pelo Superior Tribunal Federal que tinha como objeto um enorme escândalo de corrupção no âmbito do governo federal (popularmente conhecida como "Caso Mensalão"), a teoria do domínio do fato desenvolvida, principalmente, por Roxin, foi introduzida e disseminada no Judiciário nacional.

Na decisão citada, algumas inconsistências podem ser observadas, entre elas: não foi deixado claro o que o Tribunal Superior compreendia como a Teoria de Roxin; utilizaram teorias diversas (como, por exemplo, o domínio da organização e a posição de garantidor) como se sinônimo fossem desta primeira; ignoraram o fato de que tal justificativa não poderia ser enquadrada nos moldes penais e constitucionais nacionais, frente os dispositivos instituídos no Código Penal (artigo 29 desta lei) que adotou um sistema unitário (conflitante, assim, com o embasamento apresentado na decisão proferida).

Segundo a análise realizada pelo Tribunal Superior, independente de existirem (ou não) provas sobre a atuação, aprovação ou conhecimento por parte de algum dos réus envolvidos, pela simples função que este exerce ao tempo, quedaria justificada a sua condenação. O raciocínio simplificado que se aplicaria é o de que se este não tem conhecimento, pelo cargo que ocupava, deveria tê-lo. Depreende-se a aplicação das penalidades apenas pelo fato de ocuparem determinados cargos de chefia que supostamente teriam como obrigação a busca por obstar atos de corrupção, ou mesmo, implantar métodos e procedimentos para evitá-los.

Pela breve exposição, é possível perceber o risco às garantias constitucionais que tal interpretação abre a possibilidade de realizar, uma vez que possibilita a aplicação de medidas severas e viola garantias.

Nesse sentido, tal caso chamou a atenção para a necessidade de implementação de medidas de combate à corrupção no território nacional. Entre essas atuações a Lei n° 12.846/2013 (conhecida como "Lei Anticorrupção") foi criada, em linhas gerais, como uma forma de responsabilizar administrativa e civilmente pessoas jurídicas pela prática de atos contra a administração pública, nacional ou estrangeira.

Em vigência há cerca de quatro anos, detentora de penas extremamente severas (como até a extinção da empresa) apesar de representar importante tentativa de regulamentação das esferas público e privada, a norma não resolveu os problemas de uma responsabilização objetiva ou definiu de forma expressa as finalidades do direito sancionador.

Após a criação da lei em conjunto com a decisão citada do Tribunal Superior, se abre a possibilidade de aplicação de penalidades rigorosas aos administradores de empresas, mesmo quando estes desconhecem a ocorrência de fatos ilegais relacionados à corrupção em suas organizações.

Atualmente, a utilização da teoria do domínio do fato da forma como é realizada no território nacional seria muito mais um álibi retórico para aplicação punitiva da norma, do que uma fundamentação de decisões jurisdicionais repousadas na manutenção de direitos e garantias.

Como verdadeira caça às bruxas, se aplicaria uma penalidade desconexa com a legislação constitucional tanto em relação aos ditames relacionados às garantias estabelecidas, como em desacordo com os direcionamentos econômicos do país, uma vez que a aplicação de mecanismos sancionatórios severos e desarrazoados poderia até mesmo aniquilar pequenas e médias empresas, gerando um prejuízo econômico significativo ao país.

É nesse ponto que a implantação de um sistema eficiente de *compliance* pode se tornar uma grande vantagem protetiva (tanto em um viés preventivo como repressivo) para o administrador da empresa assim como para o poder público.

Nesse sentido, a própria Lei Anticorrupção citada perfilha essa situação ao trazer em seu artigo 7º, inciso VIII, a existência da possibilidade de ponderação como causa de diminuição da pena a ser aplicada ao administrador, quando versar sobre empresas que detenham um sistema de controle interno.

Ademais, a autorregulação da empresa pode ser um mecanismo mais efetivo do que as ideias de regulamentação estatais (em parte incompatíveis com o cotidiano das empresas). Conforme advertem Saad-Diniz e Silveira, isso não deve ser interpretado como um *laissez faire* liberal para as empresas, mas a *self police* poderia ser, em muitos casos, a única possibilidade de recuperação do controle estatal na forma de uma autorregulamentação regulada ou a *rule at a distance* (2015, p. 316).

Dessa forma, o gestor de empresa atento às medidas nevrálgicas que a Lei Anticorrupção e as demais modificações legislativas podem lhe trazer, em conjunto com um panorama que legitima discursos punitivos mediante decisões judiciais, se poderia enxergar na criação e no estímulo de uma área de *compliance* uma grande aliada para a sua proteção pessoal e manutenção de contratos e lucros.

Ressaltamos que se intenta com esse trabalho apresentar o *compliance* como estimulador do desenvolvimento sustentável, pois detém como metas a transparência, a confiança e a ética, essenciais para uma cooperação entre os particulares e o Estado, sendo um dos principais mecanismos de alteração da mentalidade no âmbito empresarial.

Para tanto, inicialmente, analisaremos a teoria do domínio do fato e as incongruências desta com a legislação nacional vigente. Após, traremos o tema do *compliance* para o debate, como solução a dicotomia existente entre a aplicação severa da norma e as consequências negativas para seara econômica que isso representa. Por fim, perceberemos de que forma tal instituto foi trazido na Lei Anticorrupção.

1. Teoria do Domínio do Fato e os Dispositivos Nacionais Sobre o Tema

A teoria do domínio do fato, primeiramente pensada por Hegler (*apud* ROXIN, 2016, p. 81), porém popularizada pelas linhas sistematizadas de Roxin, traz ao debate a definição de quem poderia ser considerado como autor por determinada conduta delituosa. Sobre esse aspecto, seria incumbido de tal titulação aquele que realizasse direta e imediatamente, como detentor do domínio da ação, assumindo protagonismo da realização de uma conduta típica descrita na lei penal como incriminadora. Para o autor, o domínio do fato seria a possibilidade de controlar, em razão do poder de condução, a realização típica (com todas as suas circunstâncias, no momento e na forma mais apropriadas) e o respectivo resultado delitivo.

A teoria em análise tem como finalidade a punição dos responsáveis pelas ordens proferidas, assim como as pessoas que executam tais ações, dentro de uma estrutura hierarquizada que atua em desconformidade com a norma. Dessa forma, não poderia se aplicar determinada penalidade a um presidente de certa empresa pelo crime cometido por seu funcionário, sob a justificativa de estar cumprindo as ordens de seu chefe. Nesse caso, o presidente tem o direito de dar ordens aos seus subordinados, não devendo responder pelas ilicitudes geradas no cumprimento de suas determinações, salvo se este tinha conhecimento de que a afronta à norma seria produzida.

Nesse sentido, citamos explanação de Cirino dos Santos que assim aduz:

A ideia básica da teoria do domínio do fato pode ser assim enunciada: o autor domina a realização do fato típico, controlando a continuidade ou a paralisação da ação típica; o partícipe não domina a realização do fato típico, não tem controle sobre a continuidade ou paralisação da ação típica (2008, p. 360).

A teoria do domínio do fato partiria de um sistema diferenciador e de um conceito restritivo de autor. O primeiro acredita na necessidade de uma diferenciação, no plano do tipo, de graus de interferência no delito, ou seja, entre autor (imediato e mediato, além da coautoria) e partícipe (instigador e cúmplice). Já a ideia restritiva compreende que apenas o autor da conduta delituosa é que desobedece os ditames legais da parte especial do Código, logo a penalidade sobre a participação seria resultado de uma norma extensiva da punibilidade.

Dessa forma, a ideia restritiva de autor seria oposta ao conceito extensivo, que aduz que autores e partícipes violariam as leis da parte especial do Código Penal e que a aplicação de uma menor punição em relação à participação seria uma opção legislativa. Já o sistema diferenciador seria contrário ao sistema unitário, haja vista não haver distinção entre autores ou partícipes, caracterizando conceitualmente, mas dispondo dos mesmos marcos penais para todas as contribuições.

Dessa forma, será considerado como autor não apenas aquele que satisfaz a disposição normativa, mas também aquele que tem conhecimento sobre a realização ilícita e dispõe do poder sobre sua realização.

Isto posto, é possível compreender a teoria, metodologicamente, a partir de três pontos de vista, quais sejam: o domínio da ação, o domínio da vontade e o domínio funcional do fato. O primeiro seria concernente àquele indivíduo que realiza, de mão própria, livre e dolosamente, todos os elementos do tipo penal. O segundo seria conhecido como sujeito de trás, ou seja, a pessoa que influencia a vontade do executor direto do tipo penal. O terceiro tange sua ocorrência na coautoria em uma atividade típica da distribuição de tarefas, em fato praticado por mais de duas pessoas culpáveis.

Tal teoria não teria sido recepcionada pelo Código Penal de 1940 que previa em seu artigo 25 que *"quem, de qualquer modo, concorre para o crime incide nas penas a este cominadas"*. Esses dizeres nos mostram que o Brasil adotou um sistema unitário, ou seja, não se adota diferenciação entre autores e partícipes, logo, quem realiza qualquer atividade com o fim de produzir uma conduta considerada como ilícita seria considerado responsável pela totalidade do resultado.

Com as alterações trazidas pela Lei nº 7.209, de 11 de julho de 1984, o legislador brasileiro resolveu alterar a Parte Geral do Código Penal, mantendo, contudo, a escolha pelo sistema unitário reproduzido em seu artigo 29[1].

Dessa forma, quedou esclarecido que o sistema unitário não seria incompatível com a diferenciação entre as modalidades de autoria e participação, bem como que apesar de não definir conceitos, traria critérios mínimos norteadores. Pela possibilidade de caracterização da autoria mediata, direta e coautoria, alguns doutrinadores como Damásio e Mestieri defenderam a adoção de uma teoria unitária temperada pela norma nacional.

Apesar de pautadas em bases opostas, ambas as lógicas narradas acima têm coexistido na jurisprudência nacional (apenas no Superior Tribunal Federal existem vinte acórdãos utilizando tal instituto como justificativa para a aplicação de decisões condenatórias). O que se percebe é a utilização de uma anomalia intitulada de domínio do fato, sem qualquer especifica-

---

[1] Art. 29 - Quem, de qualquer modo, concorre para o crime incide nas penas a este cominadas, na medida de sua culpabilidade. (Redação dada pela Lei nº 7.209, de 11.7.1984).

ção de critérios norteadores ou análise de dados empíricos hábeis a fundamentar qualquer suposto domínio do fato pelos réus nos casos concretos.

Frente a patente incongruência entre a aplicação da teoria pelos tribunais nacionais e sua desconformidade com a lei vigente, como uma forma de controlar danos maiores, se faz necessária à delimitação do alcance deste, no sentido de deixar claro de que forma, frente o caso concreto, o conteúdo desta fica evidenciado e a norma penal poderia ser aplicada.

Nesse sentido, poderia ser utilizada a ideia trazida por Alflen que, se utilizando do que denomina de ontologia relacional, busca apresentar novos fundamentos para a edificação de uma teoria da autoria. Para o autor, deveria ser ponderada a existência de um ser social enquanto complexo de relações que mantém com outros homens e com *as coisas*. Em síntese, deveria ser ponderado o homem em suas relações concretas (2014, p. 159-242).

Ao partir da ideia trazida por Alflen (ontologia relacional), se deve pontuar algumas questões essenciais na busca por apresentar uma nova estrutura ao instituto da autoria, a saber:

1) O direito penal é uma ordem relacional que observa o homem como um ser social e considera que, partindo de uma lógica fenomenológica, ele não pode deixar de ser percebido em uma rede de relações.
2) O sistema do direito penal deve ter como função primordial a proteção de bens jurídicos.
3) O bem jurídico deve ser compreendido como manifestação de um interesse ou valor pessoal ou comunitário com fins de manutenção de uma realidade comunitária relevante.
4) A ofensa a bens jurídicos tem que gerar um resultado jurídico para a existência de um ilícito penal.
5) A ação passa a ser entendida apenas na sua função negativa como manifestação de uma não observação do valor protegido pelo tipo penal.

Utilizando-se dessas premissas, o autor defende que poderia ser considerada a existência de um sistema jurídico penal orientado pelo caráter relacional, auxiliando a teoria da autoria.

Dessa forma, o domínio do fato seria critério determinante de autoria, mediante a aferição das relações do ser com o outro e o consequente resultado, o qual se caracterizaria pela ofensa ao bem jurídico.

Como uma forma de ser uníssono com a opção por um sistema unitário funcional, que exigiria a diferenciação entre as modalidades de participação no fato punível, o autor traz a autoria direta, mediata e a coautoria, analisando estas à luz da concepção do domínio do fato e suas categorias.

A primeira seria a autoria direta como domínio do resultado. Nela, o autor direto seria aquele que tem o poder de condução sobre a realização e a interrupção do ato delitivo direcionado ao prejuízo de um bem jurídico. Visualiza-se o controle da ofensa ao bem jurídico e o grau de ofensividade do comportamento já desencadeado.

A segunda seria a coautoria como domínio operacional. Compreende-se como a realização conjunta de um ato ofensivo a um bem jurídico, por meio do desmembramento da realização típica entre vários participantes, os quais, para a realização integral do fato, operacionalizam suas contribuições de acordo com a atribuição de papéis a serem desempenhados, em prol da consecução do resultado. Para Alflen, não deveria se fundar apenas na funcionalidade de Roxin (função exercida na realização típica), mas na sua operacionalização enquanto fator determinante da divisão de tarefas. Os coautores teriam que exercer o domínio do fato conjuntamente.

Por fim, a autoria mediata como domínio social. Nesta, o domínio social se daria pelo controle da realização, interrupção ou continuidade da ofensa ao bem jurídico, perpetrado por meio de um instrumento no complexo de relações que mantém com o fim de lesionar o bem jurídico. Essa situação versa sobre aquele que tem o controle mediante seu poder de condução da produção do resultado, enquanto ofensa ao bem jurídico, a qual é feita por meio de um instrumento punível ou não punível em suas relações fático sociais. Para configuração deste seria necessário analisar requisitos no caso concreto, como: a capacidade; o controle mediato da produção do resultado ofensivo ao bem jurídico; o fato de não praticar atos materiais direcionados ao resultado; se serve de outro indivíduo enquanto instrumento para a prática da ofensa; se tem conhecimento em relação à disposição condicionada do instrumento em realizar o fato.

Dessa forma, tal análise seria uma via de resguardar a justificativa já utilizada, mas demandando dos Tribunais que vierem a aplicá-la, fazendo com uma maior atenção frente às minúcias do caso concreto e a delimitação do alcance de suas justificativas.

2. A Teoria do Domínio do Fato Aplicada como uma Panaceia Geral

Sobre o caso Mensalão e a aplicação da teoria do domínio do fato, o ministro Ricardo Lewandowski afirmou que o Ministério Público:

> Incapaz, portanto, de comprovar as acusações lançadas contra José Dirceu [...], recorre, num derradeiro esforço de convencimento desta Suprema Corte, à denominada 'teoria do domínio do fato'. Trata-se de uma tese, embora já antiga, ainda controvertida na doutrina. No caso de processos criminais em que a produção da prova acusatória se mostre difícil ou até mesmo impossível, essa teoria permite buscar suporte em um raciocínio não raro especulativo com o qual se pretende superar a exigência da produção de evidências concretas para a condenação de alguém. Não quero dizer com isso que tal teoria não tenha espaço em situações especialíssimas, como na hipótese de sofisticadas organizações criminosas, privadas ou estatais. Não obstante a discussão que se trava em torno dela, muitas vezes é empregada pelo *Parquet* como uma espécie de panaceia geral, ou seja, de um remédio para todos os males, à míngua do medicamento processual apropriado[3] (grifo nosso)[2].

Importante destacar que a caracterização de panaceia ofertada pelo ministro não versa sobre a existência da teoria como um todo, mas sobre a forma que ela teria sido aplicada pelos tribunais nacionais, funcionando como verdadeiro álibi retórico para a aplicação de penalidades.

Nesse sentido, se ressalta o que foi consignado pela ilustre ministra Rosa Weber em seu voto: "Tendo o acusado José Dirceu sido o autoproclamado artífice da formação da base aliada e sendo o acerto quanto aos repasses financeiros parte delas, não há como negar ciência, assentimento e responsabilidade quanto ao ocorrido".

---

[2] Inteiro teor do acórdão da ação penal 470 Minas Gerais. P. 4950. Disponível em: <http://www.stf.jus.br/portal/cms/verNoticiaDetalhe.asp?idConteudo=236494>. Acesso em:18/11/ 2017.

É possível inferir que, de forma autônoma, a existência de provas robustas em relação ao papel exercido por José Dirceu nos métodos escusos do Mensalão (lógica mantida pelos preceitos constitucionais e processuais penais), pelo simples fato de exercer determinada função, já seria suficiente para demonstrar que este não teria como desconhecer os ilícitos praticados nessa operação. Depreende-se que, diante da alta complexidade teórica que a teoria do domínio do fato apresenta, em desconhecimento típico sobre sua composição, haveria a aplicação errônea da teoria em debate, tornando-a, assim, um famigerado remédio para todos os males.

Destaca-se que, conforme apresentado anteriormente, a finalidade da teoria sistematizada por Roxin é a de auxiliar a qualificação de um sujeito como autor de determinado fato típico, não sendo capaz de interferir no que diz respeito à presunção de culpabilidade.

Ainda, se destaca a importância da manutenção de uma lógica baseada no garantismo penal, onde a máxima *nulla actio sine culpa* não deve ser olvidada. Por meio desta, competiria ao Estado a realização de uma intervenção mínima e em caráter excepcional, como forma de limitar intervenções abusivas e autoritárias por parte do estado e salvaguardar o princípio da legalidade (FERRAJOLI, 2002, p. 390-391).

Infere-se, ainda, que tal decisão representou patente violação ao princípio da legalidade (art. 5, XXXIX, CF). Os tipos penais da parte especial descrevem ações e não posições, não podendo responsabilizar alguém pela função que ocupa e não pela ação ilícita que quedou comprovada como sendo de sua autoria. Nesse sentido, violasse o princípio da culpabilidade, uma vez que pune indivíduos pelo seu pertencimento à determinados grupos.

O que foi aplicado pelo Superior Tribunal Federal foi uma teoria própria legitimante de violações constitucionais que recebeu nome idêntico à teoria sintetizada por Roxin como forma de auferir certa credibilidade ao discurso proferido, blindando-o de possíveis críticas. Nesse sentido, nas palavras de Greco:

> O que a decisão pode, de fato, ensinar – segundo o jargão de que também com o erros se aprende – diz respeito à chamada teoria dos transplantes jurídicos, conhecida do direito comparado. A teoria brasileira do domínio do fato oferece um belo exemplo de como a concessão de autoridade científica pode explicar um transplante

jurídico, e isso a tal ponto que o conteúdo da teoria recepcionada se torna de todo irrelevante, importando apenas o nome. Aqui, parece que o mais adequado seria falar não simplesmente em legal transplants, mas em legal counterfeits.

Pelo exposto, se percebe que a existência e aplicação de tal teoria se dá como uma forma de álibi retórico que justifica a aplicação de penalidades, de acordo com a figura do réu e o cargo que este ocupa, independente do bojo probatório colacionado em seu desfavor.

3. *Compliance* como Possível Forma de Evitar Maiores Infortúnios

Frente à aplicação sem parâmetros objetivos da teoria do domínio do fato, em total dissonância com a norma penal existente, tudo legitimado pelos Tribunais Superiores, bem como após a entrada em vigor da Lei nº 12.846, de 2013 (que ficou conhecida pela possibilidade de uma responsabilização mais expandida que a já existente), se faz necessário que a ordem econômica e as estruturas empresariais (principalmente as pequenas e médias empresas) se protejam da aplicação desmedida da norma.

Entre as medidas que podem ser aplicadas pelo Estado perante a desorganização de uma empresa privada estão a suspensão de benefícios, a impossibilidade de licitar ou a suspensão ainda que parcial de suas atividades. Mas também se pode figurar a responsabilização individual do empresário, a redução de seu capital, poderio econômico e capacidade de absorção pelo mercado, vulnerabilizando o crescimento econômico de determinados setores.

Nesse sentido, conforme disciplinado por Schapiro e Marinho, a ideia de *compliance* tem espaço em um panorama da economia política marcada por dois vetores complementares. No lado da empresa, versa sobre a necessidade de autorregulamentação privada, que ultrapassem temas mais imediatos como a relação entre acionistas e a empresa (no sentido de orientar os múltiplos interesses que são afetados por uma companhia – o que os autores denominam *shareholder-oriented*). Em conjunto, se mostra a necessidade de haver uma regulamentação pública no sentido de direcionar processos e padrões. Seria uma meta-regulamentação, ou seja, uma atuação pública cujo propósito seria o de estabelecer uma coordenação regulatória e não uma intervenção de fato (2016, p. 275-276).

Para melhor compreensão do que seria essa lógica aqui defendida, se traz as lições de Xavier que enumera quais seriam os elementos necessários para que determinado instituto seja considerado como *compliance*. Para o autor, o primeiro deles seria o suporte da alta administração, principalmente mediante a adesão às regras e a disponibilização de recursos para a criação, a manutenção e o aprimoramento do mecanismo. Em segundo, seria necessária uma análise de risco para identificar de forma antecipada as principais áreas de exposição, a fim de tomar medidas preventivas proporcionais. O terceiro são políticas e procedimentos mediante códigos de conduta ou códigos de ética com valores e princípios norteadores. O quarto é a comunicação por meio de treinamentos periódicos em conjunto com outras medidas de informação. O quinto é a *due diligence*, ou seja, a obtenção de informações da pessoa física ou jurídica com a qual se pretende contratar ou realizar qualquer operação societária. Em sexto, canais de denúncia e investigação interna para possibilitar que os empregados possam se reportar ao tomar conhecimento de possível violação ou suspeita. Por fim, a revisão periódica, com o escopo de corrigir eventuais falhas e realizar adequações que se mostrem necessárias (2015, p. 46-49).

Nesse sentido, Ribeiro e Diniz alertam que não devemos confundir o *compliance* com o mero cumprimento das regras formais e informais, sendo o seu alcance mais amplo. Deveria ser visto como um conjunto de regras, padrões, procedimentos éticos e

legais que, após sua implantação, funcionará como linha-mestra no funcionamento da instituição, no mercado em que atua e na forma como lida com seus funcionários. Tais funções deveriam ser exercidas por um *compliance officer* independente e com acesso ao Conselho de Administração (2015, p. 88).

Entre os diversos objetivos que a implantação do *compliance* detém, os principais seriam: cumprir com a legislação nacional, internacional, regulamentações de mercado e normas internas da empresa; evitar demandas judiciais; conseguir transparência na administração do negocio; salvaguardar o sigilo das informações adquiridas mediante a confiança de clientes; evitar o conflito de interesses entre os atos da instituição; evitar ganhos pessoais indevidos; evitar crimes como a lavagem de dinheiro; e disseminar uma cultura organizacional por meio de treinamento e educação (RIBEIRO, DINIZ, 2015, p. 89).

Nesse sentido, a cooperação interna e externa seriam essenciais para o desenvolvimento das empresas. No primeiro viés, geraria empregados mais satisfeitos e dedicados à manutenção e ao incremento da produtividade e lealdade. No segundo, ensejaria o estabelecimento de relações mais estáveis, que pela reputação da empresa, criam condições que facilitam as negociações, tornando-as mais seguras e aumentando o lucro (RIBEIRO, DINIZ, 2015, p. 95).

A implantação de um *compliance* dentro de determinada empresa não deveria ser realizada de forma hierárquica e impositiva somente aos menores funcionários, mas necessitaria ser implantado, principalmente, nas altas cúpulas da empresa, como em seus conselhos fiscais e organizações responsáveis pela tomada de decisão.

Utilizando-se de uma perspectiva prática, a conexão entre os modelos público e privado seria funcionalmente mais adequada à prevenção de infrações à ordem econômica, pois o sistema de regulamentação estatal poderia prescrever e influenciar os sistemas não estatais, podendo obrigar a lógica privada a cooperar com o sistema sancionatório estatal e vincular os resultados dos códigos privados (SILVEIRA, SAAD- DINIZ, 2015, P. 317).

Ressalta-se que a correção dentro da própria empresa também deve ser vista de forma positiva pela seara do estado, uma vez que a aplicação de uma norma penal não deve ser vista como um fim em si mesma e atuações voltadas a um viés preventivo
tendem a ser mais efetivas quando se almeja a redução da reprodução de atos considerados como criminosos.

Diversas medidas poderiam ser tomadas pelo poder público como formas de incentivar a instauração de *compliance* no âmbito interno. Nesse sentido, Schapiro e Marinho narram as experiências da DOJ e da Comissão Europeia para a Concorrência, principais autoridades antitrustes no âmbito internacional. Tal forma consistiria na combinação da regulação pública por meio de um *enforcement* concorrencial rigoroso, com a promoção de medidas paralelas, tais como a concessão de benefícios quase implícitos no curso do processo condenatório e o fomento da educação concorrencial. Os autores narram que ambas as autoridades apresentam informações ou guias que procuram esclarecer os agentes econômicos sobre quais condutas estão em conformidade com a lei da concorrência e quais seriam potencialmente reprováveis. Com isso, se intentaria conjugar uma ameaça permanente de punição com medidas que facilitem a adoção de mecanismos de prevenção e de detecção prematura das condutas desviantes (2016, p. 289).

Por todo o aqui exposto, se percebe que a instituição de um escritório efetivo de *compliance* dentro das empresas representaria uma forma de segurança tanto para a esfera pública como para privada, bem como significaria uma atuação repressiva e preventiva sobre eventuais condutas reprováveis.

3.1. Compliance no Território Nacional (Lei nº 12.846/ 2013)

Após a criação da Lei nº 12.846/2013, houve a inserção de uma possibilidade interessante às pessoas jurídicas, ao trazer em seu artigo 7º a possibilidade do magistrado ponderar, no ato de aplicação da sanção, requisitos como "a existência de mecanismos e procedimentos internos de integridade, auditoria e incentivo à denúncia de irregularidades e a aplicação efetiva de códigos de ética e de conduta no âmbito da pessoa jurídica" (art. 7º, VIII, Lei Anticorrupção).

Com a inclusão de tal dispositivo, a norma nacional tentou estimular as empresas aqui instaladas a desenvolver mecanismos internos e particulares que funcionassem como uma forma de autofiscalização regulada, na tentativa de propagar práticas de atuação dentro da legalidade (tanto de forma preventiva quanto repressiva), bem como a aplicação de sanções internas àqueles que vierem a desrespeitar os patamares previamente estabelecidos.

Destaca-se que a introdução de tal dispositivo não representa uma imposição legal expressa por parte do Estado sobre as pessoas jurídicas. Contudo, frente às demais penalidades que a norma insere no ordenamento nacional, bem como a probabilidade de responsabilização objetiva e a possibilidade de responsabilização da pessoa jurídica, tal ponderação se mostra importante forma de benefício na aplicação futura da norma.

Infelizmente, apesar dos pontos positivos que tal norma tentou inserir, a disposição legislativa não se mostrou a mesma para a produção de dispositivos que esclarecessem os mecanismos e procedimentos que deveriam existir para que uma pessoa jurídica fosse beneficiada pela implantação do *compliance* em sua estrutura interna.

Apesar da importância que a Lei Anticorrupção pode significar para o estabelecimento de padrões morais e éticos exigíveis para a manutenção de um mercado formado com empresas consolidadas e sustentáveis. Schapiro e Marinho alertam que as empresas brasileiras analisadas em seus estudos apresentaram programas deficientes de *compliance*. Normalmente, a linguagem apresentada em seus códigos se mostra genérica ou protocolar. Da mesma forma, as estruturas de governança se mostram pouco adequadas, até mesmo nas empresas que demonstraram adotar padrões concorrenciais específicos para contratação pública (2016, p. 187-188).

Nesse sentido, Xavier aduz que a existência de parâmetros se mostra necessária como uma forma de promover segurança jurídica às empresas (permitindo que tomem conhecimento sobre o que se espera delas), mas não apenas isso, também mostra relevância para que não ocorra o estímulo à existência de programas formais ("programas de papel") sem qualquer execução efetiva, apenas para conseguir os benefícios dispostos na norma em caso de eventuais demandas judiciais (2015, p. 45).

Pelo exposto, mesmo que represente um estímulo que o legislador tentou aplicar ao particular, mediante a concessão de benefícios na ponderação da aplicação da sanção, muitas definições em relação aos limites e procedimentos ainda precisam ser realizadas para que mecanismos de integridade, auditoria e incentivo à denúncia de

irregularidades (como o *compliance*) sejam efetivamente implantados e gerem frutos positivos nas empresas nacionais.

Conclusão

A decisão do Superior Tribunal Federal violou o princípio da legalidade (art. 5, XXXIX, CF), principalmente quando se observa que não se pode aplicar uma reprimenda penal em casos que não quedaram comprovadas quaisquer ação ou omissão. Ocorreu a criação de uma nova teoria, desconectada com os dizeres de culpabilidade nacional e a ela foi atribuído o nome da famosa teoria sintetizada por Roxin (se utilizando do prestígio que o nome do autor recebe) como simples recurso retórico, como apelo e não como fundamento.

Nas palavras de Greco: "A decisão brasileira revela-se como uma aplicação primitiva de um modelo de responsabilidade penal por pertencimento a um grupo, que se tentou mascarar por meio de um suposto recurso a uma teoria moderna" (2015, p. 393).

Apesar dos desacordos, após a repercussão que o caso do mensalão tomou e as contraprestações que o Brasil resolveu tomar, principalmente como forma de dar uma resposta internacional, tivemos uma série de mudanças legislativas entre as quais a Lei Anticorrupção (Lei nº 12.846/2013) se insere, permitindo a responsabilização objetiva de pessoas jurídicas, o chamado acordo de leniência entre outras questões.

Como forma se salvaguardar as empresas particulares e o próprio estado das criações legislativas inseguras e gravosas, bem como das decisões judiciais completamente apartadas dos preceitos constitucionais e demais regras existentes. Sugere-se como solução a esse conflito a implantação do *compliance* como forma preventiva e repressiva em relação à ocorrência e possível realização de desconformidades éticas e morais na atuação de empresas.

Nesse sentido, em apertada síntese, os benefícios da aplicação do *compliance* existem tanto para o Estado como para a pessoa jurídica. Para o particular, podemos verificar: uma maior segurança aos investidores, a tentativa de evitar que violações ocorram, o fim de irregularidades e a mitigação das sanções que poderiam ser aplicadas.

Sobre o ponto de vista do estado, a vantagem seria o posicionamento da pessoa jurídica de forma mais preparada para evitar que o ato lesivo seja cometido, a identificação dos responsáveis pela sua prática e a gradativa disseminação de culturas de desestímulo a atividades delituosas e o estímulo ao cumprimento de códigos morais e éticos anteriormente criados.

A implantação de uma política de *compliance* auxiliaria não apenas o desenvolvimento e a geração de lucros da própria empresa, mas também a sociedade como um todo, pois os comportamentos adotados em ambas as searas tendem a ser copiados e replicados, estimulando a transparência, a ética e a confiança em qualquer relação, bases para uma verdadeira sustentabilidade (RIBEIRO, DINIZ, 2015, p. 103).

A citada lei nacional atende a pressões internacionais no sentido de buscar consolidar no nosso país um ambiente empresarial estável e moralmente controlável. Mas ainda existem imprecisões no seu texto que podem afetar a sua eficácia, assim como previsões que podem desestimular a atuação e expansão empresária desejável, como por exemplo a ampliação do risco quando da formação dos grupos de sociedade, em razão do aumento do custo da transação (RIBEIRO, DINIZ, 2015, p. 103).

São indiscutíveis os avanços que a promulgação de tal legislação representou para o Brasil. Também é certo que a existência de um texto normativo torna direitos exigíveis perante o Judiciário nacional. Contudo, o amadurecimento do ambiente institucional brasileiro e a redução das condutas de corrupção não estão conectadas apenas a uma criação legislativa, mas também a práticas que estimulem a cooperação, a responsabilização e a transparência que fundamentem relações empresariais duradouras e estáveis socialmente, para tanto, se insere o *compliance* como possível solução.

Referências

ALFLEN, Pablo Rodrigo. *Teoria do domínio do fato*. São Paulo: Saraiva, 2014.

ASSIS, Augusto; ROXIN, Imme. Problemas e estratégias da consultoria de compliance em empresas. *Revista Brasileira de Ciências Criminais*. v. 114. Maio- Junho de 2015.

CIRINO DOS SANTOS, Juarez. *Direito Penal: parte geral*. 3. ed. Curitiba: ICPC; Lumen Juris, 2008.

FERRAJOLI, Luigi. *Direito e razão*. Tradução de Ana Paula Zomer et. al. São Paulo: RT, 2002.

GRECCO, Luis; LEITE, Alaor. A "recepção" das teorias do domínio do fato e do domínio da organização no direito penal econômico brasileiro. *Zeitschrift für Internationale Strafrechtsdogmatik*. Munique: ZIS. Número 7-8, 2015. Disponível em < http://www.zis-online.com/dat/artikel/2015_7-8_937.pdf >. Acessado em 11 de junho de 2019.

MESTIERI, João. *Manual de Direito Penal, Parte Geral*. v. I. Rio de Janeiro: Forense, 2002.

RIBEIRO, Maria Carla Pereira; DINIZ, Patrícia Dittrich Ferreira. Compliance e Lei Anticorrupção nas Empresas. *Revista de Informação legislativa*. Ano 52. N. 205. Janeiro/Marco 2015.

ROXIN, Claus. *Autoría y Domínio del Hecho en Derecho Penal*. Madrid: Marcial Pons, 2016.

SCHAPIRO, Mario Gomes; MARINHO, Sarah. Compliance concorrencial: cooperação regulatória na defesa da concorrência. *Revista de informações legislativas: RIL*, v. 53, n. 211, jul/set/2016.

SILVEIRA, Renato de Mello Jorge; SAAD-DINIZ, Eduardo. *Compliance, direito penal e lei anticorrupção*. São Paulo: Saraiva, 2015.

XAVIER, Christiano Pires Guerra. *Programas de Compliance anticorrupção no contexto da Lei 12.846/13: elementos e estudo de caso*. São Paulo: FGV, 2015. Disponível em: < http://bibliotecadigital.fgv.br/dspace/handle/10438/13726>.

A Repercussão da Governança Corporativa na Responsabilidade Penal da Pessoa Física e Jurídica

Marco Aurélio Pinto Florêncio Filho

Amanda Scalisse Silva

Introdução

O presente artigo tem como objetivo investigar quais os impactos da adoção de um plano de governança coorporativa pela empresa na configuração da responsabilidade penal da pessoa jurídica e de seus dirigentes por delitos cometidos no âmbito empresarial.

A pesquisa se justifica política e dogmaticamente. Politicamente pois, a partir da reação aos escândalos de corrupção internacionais (Parmalat, Siemens, Enron, Worldcom) e nacionais (Mensalão, Lava-Jato), bem como para prevenção de futuras crises financeiras internacionais, o debate do direito penal econômico se inclina à verificação de novos padrões de imputação e uma nova orientação em torno da colaboração preventiva entre os indivíduos, as empresas e o Estado. Dogmaticamente, por sua vez, tendo em vista que a construção desse cenário recente no Brasil trouxe impactos que representam profunda redefinição dos conceitos em matéria penal econômica, especialmente da culpabilidade.

Para seu embasamento, utilizou-se o método dedutivo, que permite uma construção lógica de raciocínio, em ordem descendente de análise, em que são escolhidas duas proposições como base de estudo, chamadas premissas, para que possa ser retirada uma terceira, denominada conclusão. Em relação aos objetivos apresentados, a presente pesquisa se configura como exploratória, pois visa proporcionar maior familiaridade com o problema, com vistas a torná-lo explícito ou construir hipóteses, através da utilização de levantamento bibliográfico.

Desse modo, incialmente, foi preciso compreender o fenômeno da criação de novas formas de controle da criminalidade pelo Estado, especialmente a cooperação funcional dos indivíduos a partir da imposição do dever legal de vigilância. Posteriormente, tendo como premissa que essa colaboração preventiva é exercida pelas empresas, principalmente, mediante a adoção de programas de integridade, foi necessário o estudo do conceito e dos princípios de governança corporativa, para compreensão do instituto.

Por fim, para atingir o objetivo do presente estudo, ou seja, entender qual a repercussão da adoção de normas de integridade na responsabilização penal das pessoas físicas e da pessoa jurídica por crimes cometidos no âmbito empresarial, foi analisada a culpabilidade dos dirigentes e, em seguida, da própria empresa, a partir do dever de vigilância conferido às mesmas pelo Estado e dos princípios da governança corporativa.

1. A Expansão do Direito Penal e a Necessidade de Novas Formas de Controle

Uma das principais causas da expansão do Direito Penal, instrumento qualificado de proteção de bens jurídicos especialmente importantes para a sociedade, é justamente o aparecimento de novos bens jurídicos, causado pelo surgimento nas sociedades modernas de novos interesses ou de novas valorações acerca de interesses preexistentes.[1]

O surgimento de novos interesses ou valorações pode ser em razão da conformação ou da generalização de novas realidades que não existiam ou que existiam com menor incidência (como as instituições de crédito ou de inversão); em razão da degradação de realidades tradicionalmente

---

[1] SILVA SÁNCHEZ, Jesús-María. A expansão do direito penal: aspectos da política criminal nas sociedades pós- industriais. Tradução Luiz Otávio de Oliveira Rocha. 3. ed. rev. e atual. São Paulo : Editora Revista dos Tribunais, 2013, p. 33.

abundantes que atualmente são como "bens escassos" (como o meio ambiente); e, por fim, uma terceira razão, em consequência da evolução sociocultural, pode ser o acréscimo essencial de valor a realidades que sempre existiram sem que se atentassem a elas (como o patrimônio histórico-artístico)[2].

No Brasil, especialmente a partir da década de 1990, com a abertura dos mercados internacionais, estes novos processos de vitimização passaram a determinar a feição mais atualizada da preocupação penal: ao risco de andar nas ruas com insegurança se soma a redução das incertezas na vida negocial[3].

No lugar das técnicas de inocuização de determinados indivíduos ou grupos para preservar a segurança da sociedade, o foco passou a ser a estabilidade e confiança nas relações negociais, sobretudo no que diz respeito às possibilidades que cada indivíduo pode ter em relação à veracidade de informações e à capacidade de planejamento funcional de suas atividades[4].

Assim, o país torna-se signatário de tratados internacionais de combate à corrupção que se pautam por uma linha mestra: o reconhecimento implícito de que cada país, por si só, não é capaz de dar ao problema a solução adequada por meio da aplicação dos instrumentos de controle tradicionais, inclusive os de direito penal[5].

Frente a este novo parâmetro, as relações entre os indivíduos e o Estado acabam gerando mecanismos de cooperação funcional que põem em

---

[2] SILVA SÁNCHEZ, Jesús-María. A expansão do direito penal: aspectos da política criminal nas sociedades pós-
industriais Tradução Luiz Otávio de Oliveira Rocha. 3. ed. rev. e atual. São Paulo : Editora Revista dos Tribunais, 2013, p. 33.
[3] SAAD-DINIZ, Eduardo. Novos modelos de responsabilidade empresarial: a agenda do direito penal coorporativo. In: Tendência em governança e compliance. Organizadores: Eduardo Saad-Diniz, Pedro Podboi Adachi e Juliana Oliveira Domingues. São Paulo : LiberArs, 2016, p. 91 a 98.
[4] SAAD-DINIZ, Eduardo. Novos modelos de responsabilidade empresarial: a agenda do direito penal
coorporativo In: Tendência em governança e compliance. Organizadores: Eduardo Saad-Diniz, Pedro Podboi Adachi e Juliana Oliveira Domingues. São Paulo : LiberArs, 2016, p. 91 a 98.
[5] BADARÓ, Gustavo Henrique; BOTTINI, Pierpaolo Cruz. Lavagem de dinheiro: Aspectos penais e processuais penais: comentários à Lei 9.613/1998 - 3ª ed. rev., atual. e ampl. – São Paulo : Editora Revista dos Tribunais, 2016, p. 29.

evidência novos padrões de gestão e condução da atividade empresarial (*corporate governance*). Passa-se, então, a criar obrigações impostas aos particulares, colocando-os na posição de garantes, que não só estão proibidos de cometer crimes, mas também têm o dever de ajudar o Estado a preveni-los e a reprimi-los[6].

Tal política tem forçado as corporações empresariais a tomarem medidas organizacionais no sentido de criar estruturas internas de prevenção de fraudes e delitos, as chamadas estruturas de cumprimento normativo.

Tais estratégias têm como um de seus principais propulsores o *Foreign Corrupt Practices Act – FCPA*, a lei estadunidense que trata de atos corruptos nas relações internacionais, a qual é datada de 1977, mas que dormitou durante a *era Reagan* e nos anos que a seguiram, somente ganhando seu maior impulso a partir da celebração da Convenção da OCDE (Organização para Cooperação e Desenvolvimento Econômico), 33 em 17 de dezembro de 1997[7].

Com a celebração da Convenção da OCDE, os países signatários comprometeram- se a exigir das empresas que passassem a adotar medidas anticorrupção, mormente no plano internacional, inclusive por meio da responsabilização penal de pessoas jurídicas (artigo 2º), o que representou, na prática, a adoção de verdadeiras medidas de *self compliance* pelas companhias, ou seja, de códigos internos de conduta e de linhas de denúncia de atos corruptos com a finalidade de criar a cultura de cumprimento dos imperativos legais e regulatórios[8].

Desse modo, percebe-se que a política-criminal internacional de combate à corrupção se funda sobre a imposição do dever de cooperação do setor privado, por meio dos entes que exercem suas atividades nas áreas mais sensíveis à possibilidade de ocorrências dessas práticas, com o setor

---

[6] SAAD-DINIZ, Eduardo. Novos modelos de responsabilidade empresarial: a agenda do direito penal corporativo. In: Tendências em governança corporativa e compliance / Eduardo Saad – Diniz, Pedro Podboi Adachi, Juliana Oliveira Domingues (organizadores) – São Paulo : LiberArs, 2016, p. 91 a 98.

[7] SARCEDO, Leandro. Compliance e responsabilidade penal da pessoa jurídica: construção de um novo modelo de imputação baseado na culpabilidade corporativa. São Paulo : LiberArs, 2016., p. 30.

[8] SARCEDO, Leandro. Compliance e responsabilidade penal da pessoa jurídica: construção de um novo modelo de imputação baseado na culpabilidade corporativa. São Paulo : LiberArs, 2016., p. 31.

público, assim entendido como as instituições fiscalizadoras e aquelas integrantes da persecução penal.

Assim, os parâmetros de regulação de conflitos pertinentes aos atos antissociais de cunho econômico passaram por três fases, quais sejam: 1) regulação privada, focada no indivíduo; 2) regulação pública, fundamentada na crença de que o Estado e suas normas podem ser indutores de crescimento; e 3) corregulação público-privada, a atual, que se caracteriza por uma maior aproximação entre os extremos individual e público, na busca de um novo paradigma pautado pela adoção, por parte das empresas, de deveres de organização administrativa e de governança corporativa, em face de imperativos estatais de fiscalização e obrigações de comunicação correspondentes[9].

Trata-se da chamada "autorregulação regulada". Enquanto a pura autorregulação particular permite um considerável espaço de liberdade para as empresas e a regulação estatal acaba fixando todas as decisões determinantes, na corregulação ou autorregulação regulada, criam-se preceitos estatais e estruturas de incentivo para que os particulares (empresas) adotem mecanismos de autorregulação, que se vinculam, por sua vez, às determinações legais e regulatórias provenientes do Estado. Acoplam-se ordenamento estatal e sistemas privados, permitindo, num mundo complexo, a coexistência de muitos matizes de regulação no âmbito econômico[10].

A partir dessa tendência de expansão do direito penal a searas até então estranhas a ele, a autorregulação passou a representar verdadeira armadilha para as empresas. Não havendo marcos legais sobre os limites daquilo que deve ser feito e não sendo possível prever toda a gama de ocorrências futuras que permeiam a atividade empresarial, as estruturas preventivas, quando por algum motivo falham ao evitar algum resultado lesivo, acabam se transformando na própria demonstração dos pressupostos

---

[9] SARCEDO, Leandro. Compliance e responsabilidade penal da pessoa jurídica: construção de um novo modelo de imputação baseado na culpabilidade corporativa. São Paulo : LiberArs, 2016., p. 32.
[10] SIEBER, Ulrich. Programas de compliance no Direito penal empresarial: um novo conceito para o controle para o controle da criminalidade econômica. Tradução de Eduardo Saad-Diniz. In: OLIVEIRA, William Terra; LEITE NETO, Pedro Ferreira; ESSADO, Tiago Cintra; SAAD-DINIZ, Eduardo (orgs.). Direito penal econômico: estudos em homenagem aos 75 anos do professor Klaus Tiedemann. São Paulo: LiberArs, 2013.

da imputação penal subsequente, numa perversão indesejável do ponto de vista não só empresarial, mas também social, porquanto a ação repressiva estatal deve ser, sempre, o mais previsível quanto possível[11].

Nesse cenário, é importante o estudo dos impactos da governança corporativa na responsabilidade penal da pessoa física e jurídica.

2. Governança corporativa

Em qualquer situação em que o poder de decisão é transferido ou compartilhado, surge em maior ou menor grau uma assimetria informacional. Seja em uma empresa privada ou pública, clube, associações, cooperativas ou universidades, sempre existirão em maior ou menor grau conflitos de interesse derivados da delegação de algum tipo de poder. Em outras palavras, "alguém" governa em nome de outro "alguém", que delegou direitos para o exercício de poder.

Assim, o desafio central da governança corporativa em qualquer tipo de organização é a minimização de assimetrias e conflitos de interesses inerentes à delegação de poder. O alinhamento da empresa na busca de eficiência e eficácia empresarial incorpora conceitos de transparência de gestão, responsabilidade social e ética[12].

O conceito clássico de governança corporativa, originado pela necessidade de mecanismos de regulação e controle das atividades de gestão, concebidos em defesa dos interesses do controle acionário, cede espaço ao movimento de governança corporativa "social", consistente em uma extensão da teoria de agência oriunda de estudos organizacionais de origem sociológica, segundo a qual não somente os proprietários outorgam aos gestores poder decisório para maximizar seus interesses[13].

O conflito de agência surge quando um determinado agente age em nome de outro, o chamado principal, e os objetivos de ambos não coincidem

---

[11] SARCEDO, Leandro. Compliance e responsabilidade penal da pessoa jurídica: construção de um novo modelo de imputação baseado na culpabilidade corporativa. São Paulo: LiberArs, 2016., p. 40 et. seq.

[12] BECHT, Marco; BOLTON, Patrick; ROELL, Ailsa. Corporate governance and control. NBER working paper series. 2002. Disponível em: <http// www.nber.org/papers/w9371>. Acesso em: jun. 2018.

[13] ANDRADE, Adriana; ROSSETTI, José Paschoal. Governança corporativa: fundamentos, desenvolvimento e tendências. 2. ed. – atual. e ampl. São Paulo:Atlas, 2006.

integralmente. Assim, numa relação principal/agente como empregador/empregado, acionistas/executivos ou instituidores/executivos, o principal busca implementar uma estrutura de incentivos e monitoramento, visando alinhar os interesses do agente aos seus[14].

Nas sociedades democráticas, as instituições de governança do estado são adotadas à medida que o exercício da cidadania se aprofunda. As sociedades definem os mecanismos pelos quais seus governantes são monitorados, por meio de um conjunto de regras formais resultantes da interação dos diferentes atores sociais. O exercício e o cumprimento da lei são função tanto do aparato legal existente, como da própria pressão informal exercida pela sociedade no cumprimento e na melhoria dessas regras[15].

Analogamente, as organizações privadas também criam mecanismos de governança para lidar com a delegação de poder. A gênese de uma organização que nasce e cresce no mercado, de forma simplificada, passa por algumas etapas: primeiro o "dono" cria a empresa; com o tempo a companhia cresce; o dono não mais executa as atividades gerenciais sozinho; assim, a empresa passa por sucessivos processos de delegação e o "dono" se vê obrigado a implementar mecanismos de incentivo e monitoramento, para que os agentes aos quais ele delegou poderes estejam alinhados com as suas expectativas[16].

Nesse cenários, a definição de governança corporativa ainda não é pacificada, pois sua existência não só é ainda muito recente, mas também está inserida num contexto de diversidades bastante grande no

---

[14] MACHADO FILHO, Cláudio Antônio Pinheiro. Governança e responsabilidade corporativa: interface e implicações no ambiente contemporâneo. In: Comunicação, governança e organizações [recurso eletrônico] / org. Luiz Alberto de Farias, Valéria de Siqueira Castro Lopes. – Dados Eletrônicos. – Porto Alegre : EDIPUCRS, 2016. 90 p. Disponível em: http://www.pucrs.br/edipucrs/. Acesso em: jun. 2018.

[15] MACHADO FILHO, Cláudio Antônio Pinheiro. Governança e responsabilidade corporativa: interface e implicações no ambiente contemporâneo. In: Comunicação, governança e organizações [recurso eletrônico] / org. Luiz Alberto de Farias, Valéria de Siqueira Castro Lopes. – Dados Eletrônicos. – Porto Alegre : EDIPUCRS, 2016. 90 p. Disponível em: http://www.pucrs.br/edipucrs/. Acesso em: jun. 2018.

[16] MACHADO FILHO, Cláudio Antônio Pinheiro. Governança e responsabilidade corporativa: interface e implicações no ambiente contemporâneo. In: Comunicação, governança e organizações [recurso eletrônico] / org. Luiz Alberto de Farias, Valéria de Siqueira Castro Lopes. – Dados Eletrônicos. – Porto Alegre : EDIPUCRS, 2016. 90 p. Disponível em: http://www.pucrs.br/edipucrs/. Acesso em: jun. 2018.

que se refere à sua aplicação prática no âmbito das empresas, que fica submetida a diversas variáveis e critérios, tais como: a dimensão da empresa; sua estruturação societária; a composição e a estruturação de seu financiamento; o nível de regulação estatal a que está submetida; a tipologia legal em que está enquadrada; a origem do capital de seu grupo controlador; a sua abrangência geográfica e características culturais do países em que opera; os marcos legais e regulatórios desses países[17].

Em vista desse conjunto de diversidades em que está inserida, bem como considerando sua relativa novidade no mundo corporativo, a conceituação de governança corporativa pode ser dividida em quatro grupos principais: (i) guardiã de direitos das partes com interesses em jogo nas empresas; (ii) sistema de relações pelo qual as sociedades são dirigidas e monitoradas; (iii) estrutura de poder que se observa no interior das corporações; (iv) sistema normativo que rege as relações internas e externas das companhias[18].

Sob qualquer um dos prismas que pode ser conceituada a governança corporativa, é certo que têm eles pontos em comum: o respeito e a obediência ao sistema legal em que a companhia opera e está inserida, e o aprimoramento das relações interpessoais e de poder na corporação.

Assim sendo, conforme descrito no Código de melhores práticas de governança corporativa[19], os princípios básicos de governança são:

> a. Transparência: Consiste no desejo de disponibilizar para as partes interessadas as informações que sejam de seu interesse e não apenas aquelas impostas por disposições de leis ou regulamentos;

> b. Equidade: Tratamento justo e isonômico de todos os sócios e das demais partes interessadas, levando em consideração seus direitos, deveres, necessidades, interesses e expectativas;

---

[17] ANDRADE, Adriana; ROSSETTI, José Paschoal. Governança corporativa: fundamentos, desenvolvimento e tendências. 2. ed. – atual. e ampl. São Paulo: Atlas, 2006, p. 137 et. Seq.
[18] ANDRADE, Adriana; ROSSETTI, José Paschoal. Governança corporativa: fundamentos, desenvolvimento e tendências. 2. ed. – atual. e ampl. São Paulo: Atlas, 2006, p. 138 et. seq.
[19] IBGC, Instituto Brasileiro de Governança Corporativa. Código das melhores práticas de governança corporativa.
5.ed. / Instituto Brasileiro de Governança Corporativa. - São Paulo, SP: IBGC, 2018, 5ª reimpressão. 108p. Disponívelem:<http://www.ibgc.org.br/userfiles/files/Publicacoes/Publicacao- IBGCodigodasMelhoresPraticasdeGC-5aEdicao.pdf> Acesso em: jun. de 2018.

c. Prestação de contas (accountability): Os agentes de governança devem prestar contas de sua atuação de modo claro, conciso, compreensível e tempestivo;

d. Responsabilidade corporativa: Os agentes de governança devem zelar pela viabilidade econômico-financeira das organizações, reduzir as externalidades negativas de seus negócios e suas operações e aumentar as positivas, levando em consideração, no seu modelo de negócios, os diversos capitais (financeiro, manufaturado, intelectual, humano, social, ambiental, reputacional etc.) no curto, médio e longo prazo.

Assim, para atingir seus objetivos, as técnicas de governança corporativa adotam, como linhas mestras de ação, a transparência administrativa, a responsabilidade na prestação de contas, a equidade e a responsabilidade corporativa, sendo que, de eventual falha, podem ocorrer consequências nefastas para a companhia, decorrentes de abusos de poder (seja do acionista majoritário sobre minoritários, dos executivos sobre os acionistas ou mesmo dos administradores sobre terceiros); erros estratégicos (consequência de excesso de poder concentrado nas mãos de poucos executivos); fraudes (utilização de informações privilegiadas para benefício próprio, iniciativas em conflito de interesses, desvios patrimoniais)[20].

Portanto, do ponto de vista jurídico-penal, tais políticas, quando sérias e efetivas, têm que ser levadas em conta para delimitação da chamada culpabilidade corporativa, o que gera grande impacto na responsabilização penal da pessoa física e da pessoa jurídica na criminalidade de âmbito empresarial.

---

[20] SARCEDO, Leandro. Compliance e responsabilidade penal da pessoa jurídica: construção de um novo modelo de imputação baseado na culpabilidade corporativa. São Paulo: LiberArs, 2016., p. 41.

3. A Responsabilidade Penal da Pessoa Física: Responsabilidade dos Dirigentes De Empresas

Quando se trata da responsabilização penal da pessoa física no âmbito da criminalidade de empresa, a posição de garante do empresário tem assumido um papel bastante intrigante em cenário de criminalização indireta.

No início, o direito penal constituía o delito de omissão com base no delito de comissão, mas agora o que se percebe é o inverso. Emprega-se na comissão categorias da omissão, principalmente porque se supera a noção do plano descritivo (causal-naturalista), para se buscar referência em um plano valorativo (normativista)[21].

Essa busca de atribuição de valores esperados de determinados agentes faz com que a posição de garante tenha importância para além do horizonte omissivo.

SCHUNEMANN entende que o dever penal do garante surge em face do seu domínio, enquanto garante, sobre a causa do resultado, o que equivale dizer, o domínio fático sobre os elementos perigosos do estabelecimento e do seu poder de mando sobre os trabalhadores subalternos[22].

Já SILVA SANCHÉZ entende que para a possibilidade de atribuição de responsabilidade a título de omissão imprópria, ainda dever-se-ia verificar a presença de um especial dever jurídico por parte do empresário[23].

De todo modo, é importante entendermos o empresário como tendo assumido, por seu próprio papel, a responsabilidade de barreira de contenção de riscos. Ele não assume somente o domínio organizativo, mas também o controle sobre todos os riscos que podem ameaçar a própria esfera da empresa.

Sendo visível a assunção desse domínio organizativo, deve-se, então, verificar como se estipula a divisão funcional de decisões e de trabalho

---

[21] SILVEIRA, Renato de Mello Jorge. Direito Penal Empresarial – A omissão do empresário como crime – Coleção Ciência Criminal Contemporânea – vol. 5 – Coordenação Cláudio Brandão – Belo Horinzonte: Editora D'Plácido, 2016, p. 187.

[22] SILVEIRA, Renato de Mello Jorge. Direito Penal Empresarial – A omissão do empresário como crime – Coleção Ciência Criminal Contemporânea – vol. 5 – Coordenação Cláudio Brandão – Belo Horinzonte: Editora D'Plácido, 2016, p. 187.

[23] SILVEIRA, Renato de Mello Jorge. Direito Penal Empresarial – A omissão do empresário como crime – Coleção Ciência Criminal Contemporânea – vol. 5 – Coordenação Cláudio Brandão – Belo Horinzonte: Editora D'Plácido, 2016, p. 188.

na própria empresa para, então, poder-se avaliar as respectivas esferas individuais de domínio e o quanto se mostrariam elas vinculadas ou não à determinação superior ou à uma política da empresa.

O art. 13, §2º do Código Penal determina que a omissão é penalmente relevante quando o omitente devia e podia agir para evitar o resultado. O dever de agir incumbe, assim, a quem: (i) tenha obrigação por lei de cuidado, proteção ou vigilância; (b) de outra forma assumiu a reponsabilidade de impedir o resultado; ou (c) com seu comportamento anterior, criou o risco da ocorrência do resultado.

Portanto, afirmar uma possível posição de garantidor e fornecer critérios para a determinação da conduta dele juridicamente esperada é só um primeiro passo no longo caminho rumo à afirmação da punibilidade do omitente garantidor. O pressuposto mínimo para a punibilidade de um crime omissivo impróprio consumado é a ocorrência de um resultado que, utilizando o §2º do art. 13 do Código Penal, pode ser interpretado como ofensa (perigo ou lesão) ao bem jurídico, o que, numa compreensão do tipo como descritor de condutas perigosas para bens jurídicos, nada mais é do que um "acontecimento típico"[24].

Assim, a omissão típica pressupõe uma situação que exija a intervenção do agente para evitar a ocorrência do resultado. Essa intervenção deve ocorrer numa fase na qual o resultado ameaça ocorrer, mas que ainda pode ser revertida por meio de uma ação. É ela que ativa o concreto dever de agir do garantidor, o dever de praticar uma conduta determinada em benefício daquele bem jurídico concretamente ameaçado.

A partir desses preceitos, percebe-se a importância da governança corporativa, pois, tendo em conta que o que vai estabelecer, em última análise, a responsabilidade criminal dos dirigentes empresariais é o seu comportamento diante dos seus deveres de garante e, entendendo-se estes como gerenciamento e vigilância dos riscos à bens jurídicos dentro da empresa, os meios de controle normativo vão se mostrar, em boa medida, como elemento definidor da culpabilidade dentro de um espaço empresarial. Vejamos.

---

[24] ESTELLITA, Heloisa. Responsabilidade penal de dirigentes de empresas por omissão: estudo sobre a responsabilidade omissiva imprópria de dirigentes de sociedades anônimas, limitadas e encarregados de cumprimento por crimes praticados por membros das empresas – 1 ed. – São Paulo : Marcial Pons, 2017, p. 295.

A partir da análise dos princípios da governança corporativa – estudados no tópico anterior –, em relação à transparência, destaca-se a necessidade de definição de uma estrutura interna clara e determinada, em que os deveres e as responsabilidades de cada um dos dirigentes e trabalhadores estejam bem delineados pelas políticas internas da empresa.

A comunicação interna, apresenta-se, portanto, como eixo fundamental da transparência, devendo fazer entender as políticas internas e a divisão de trabalho para todos.

Assim, de maneira equânime, cada um dos funcionários entenderá as normas da empresa, sua função e suas responsabilidades dentro dos processos internos.

Dessa forma, será possível aferir não somente os responsáveis pela conduta tida como criminosa e a culpabilidade de seu agente, mas se impossibilitará a alegação de desconhecimento dos procedimentos determinados pelas normas internas, os quais devem seguir os padrões éticos e legais esperados pela sociedade.

A necessidade de prestação de contas dos atos praticados em nome e em interesse da empresa, por sua vez, relaciona-se ao dever dos agentes de governança de prestar informações de sua atuação de modo claro, conciso, compreensível e tempestivo, para assumir integralmente as consequências de seus atos e omissões, bem como a responsabilidade no âmbito dos seus papéis.

Já em relação à responsabilidade corporativa, os administradores e dirigentes devem zelar pela viabilidade econômico-financeira das empresas não apenas criando normas e procedimentos de organização interna que atinjam ou excedam as expectativas éticas, legais e comerciais do ambiente social no qual elas se inserem, mas também fiscalizando seu cumprimento pelos funcionários.

Nesse contexto insere-se o *criminal compliance*, que tem como enfoque central a organização das companhias a partir de uma cultura empresarial orientada ao cumprimento das normas jurídicas, mediante a imposição de valores, códigos, regras e procedimentos guiados pela prevenção da criminalidade, assim como sua revelação e efetiva sanção[25].

---

[25] ALFARO, Luis Miguel Reyna. Implementación de los compliance programs y sus efectos de exclusión o atenuación de responsabilidad penal de los sujetos obligados. In: Lavado de activos y compliance: perspectiva internacional y derecho comparado. Coordinadores: Kai

A percepção do *criminal compliance* como elemento útil para o combate para o fenômeno da corrupção parece um dos importantes pontos a referendar a necessidade de se firmar a estipulação de programas de cumprimento normativo bastante específicos, minuciando toda a possibilidade de prática dentro da organização empresarial[26].

Assim, tem-se entendido que, com o escopo de se prevenir riscos empresariais, deve-se ter em conta um programa de integridade que impõe filtros a qualquer sorte de prática delitiva. Essa seria, derradeiramente, uma obrigação dos órgãos diretivos da empresa e do seu próprio Conselho de Administração[27].

Isso significa dizer que o órgão de administração que omite a implementação de um programa de *compliance* quando necessário poderá sofrer uma sanção penal no caso de cometimento de delitos por um subordinado[28].

Portanto, podemos concluir, a partir dos preceitos indicados, que a implementação de um *compliance program* constitui um dever jurídico penalmente reforçado dirigido às pessoas físicas. Esse dever de ação tem como finalidade, entre outras, concertar os defeitos da organização, favorecedores de delitos individuais, e substituí-los progressivamente por um estado favorável ao cumprimento do Direito por parte dos funcionários[29].

Uma vez implementado um programa de cumprimento normativo razoavelmente eficaz, o principio de desconfiança que rege as relações verticais é substituído pelo princípio da confiança. Os administradores

---

Ambos, Dino Carlos Caro Coria e Ezequiel Malarino. Lima : Jurista Editores E.I.R.L, 2015, p. 463. Tradução livre.

[26] SILVEIRA, Renato de Mello Jorge. Direito Penal Empresarial – A omissão do empresário como crime – Coleção Ciência Criminal Contemporânea – vol. 5 – Coordenação Cláudio Brandão – Belo Horinzonte: Editora D'Plácido, 2016, p. 241.

[27] SILVEIRA, Renato de Mello Jorge. Direito Penal Empresarial – A omissão do empresário como crime – Coleção Ciência Criminal Contemporânea – vol. 5 – Coordenação Cláudio Brandão – Belo Horinzonte: Editora D'Plácido, 2016, p. 241.

[28] SÁNCHEZ, Jesús Maria Silva. Fundamentos del Derecho Penal de la Empresa. Buenos Aires : Euros Editores S.R.L., 2013, p. 195. Tradução livre.

[29] SÁNCHEZ, Jesús Maria Silva. Fundamentos del Derecho Penal de la Empresa. Buenos Aires : Euros Editores S.R.L., 2013, p. 195. Tradução livre.

da sociedade empresária podem, então, confiar que não se produzirá uma conduta delituosa em seu âmbito[30].

Desse modo, para uma avaliação criteriosa da responsabilidade empresarial por falhas sistêmicas na organização, deve-se ter em conta a necessidade de avaliação da existência ou não de um *compliance program*. Conforme este se mostre, a pena imposta aos dirigentes poderá ser mitigada, vez em que estabelece balizas de contenção para irregularidades em sede empresarial.

Aliás, sob essa perspectiva, conforme se apresentem os programas, poder-se-ia sustentar por uma atipicidade da conduta destes sujeitos, uma vez que, com sua atuação, eles teriam dado uma diminuição ao risco proibido, afastando, assim, a própria tipicidade[31].

Em outras palavras, a implementação de um sistema de *compliance*, cujas feições e funcionamento atendem às necessidades concretas de vigilância das atividades empresariais individuais, é indício de ausência de dolo, mesmo eventual, nos escalões superiores das empresas – o que não pode ser dito em um sistema "aparente" ou "de papel"[32].

Portanto, percebe-se que quanto mais aderidas as normas de governança dentro da empresa, mais aderente o programa de *compliance* e menor o risco de responsabilização penal injusta de seus dirigentes por atos cometidos por seus funcionários.

4. A Responsabilidade Penal da Pessoa Jurídica

No Brasil a pessoa jurídica só pode ser responsabilizada criminalmente nos casos de crimes ambientais, pois assim é estabelecido no artigo 225, § 3º, da Constituição da República, *in verbis*:

---

[30] SÁNCHEZ, Jesús Maria Silva. Fundamentos del Derecho Penal de la Empresa. Buenos Aires : Euros Editores S.R.L., 2013, p. 196. Tradução livre.

[31] 31 SILVEIRA, Renato de Mello Jorge. Direito Penal Empresarial – A omissão do empresário como crime – Coleção Ciência Criminal Contemporânea – vol. 5 – Coordenação Cláudio Brandão – Belo Horinzonte: Editora D'Plácido, 2016, p. 243.

[32] ESTELLITA, Heloisa. Responsabilidade penal de dirigentes de empresas por omissão: estudo sobre a responsabilidade omissiva imprópria de dirigentes de sociedades anônimas, limitadas e encarregados de cumprimento por crimes praticados por membros das empresas – 1 ed. – São Paulo : Marcial Pons, 2017, p. 293.

Art. 225. Todos têm direito ao meio ambiente ecologicamente equilibrado, bem de uso comum do povo e essencial a sadia qualidade de vida, impondo-se ao Poder Público e à coletividade o dever de defendê-lo e preservá-lo para as presentes e futuras gerações.
[...]
§ 3º As condutas e atividades consideradas lesivas ao meio ambiente sujeitarão os infratores, pessoas físicas ou jurídicas, a sanções penais e administrativas, independentemente da obrigação de reparar os danos causados.

Para tanto, o legislador ordinário, atendendo ao comando dirigente da Constituição de 1988, promulgou, em 12 de fevereiro de 1998, a Lei Federal nº 9.605, que prevê o seguinte em seu artigo 3º:

Art. 3º As pessoas jurídicas serão responsabilizadas administrativa, civil e penalment no interesse ou benefício de sua entidade.
Parágrafo único. A responsabilidade das pessoas jurídicas não exclui a do mesmo fato.

A partir da promulgação da Lei Federal nº 9.605/1998, a atividade lesiva perpetrada pela empresa em desfavor do meio ambiente deixa a sua antiga posição de indiferença ao Direito Penal. Na medida em que essa seara jurídica lança seus instrumentos de combate a práticas lesivas ao meio ambiente, há um reforço na resposta jurídica, antes exercida apenas pelos âmbitos civil e administrativo. Há, também e por consequência, um recrudescimento dos meios repressivos a tais condutas postos à disposição do Estado[33].

Ainda assim, as discussões a respeito da possibilidade constitucional da existência da responsabilidade penal da pessoa jurídica no Brasil, e especificamente sobre a constitucionalidade da sua previsão na Lei Federal nº 9.605, de 12 de fevereiro de 1998, somente foram pacificadas quando foi julgado pela 5ª Turma do Superior Tribunal de Justiça o Recurso Especial 610.114, de relatoria do Ministro Gilson Dipp:

---

[33] SALVADOR NETTO, Alamiro Velludo; SOUZA, Luciano Anderson de (coords.). Comentários à Lei de Crimes Ambientais – Lei nº 9.605/1998. São Paulo: Quartier Latin, 2009, p. 98.

[...] I. A Lei ambiental, regulamentando preceito constitucional, passou a prever, de forma inequívoca, a possibilidade de penalização criminal das pessoas jurídicas por danos ao meio-ambiente.

A responsabilização penal da pessoa jurídica pela prática de delitos ambientais advém de uma escolha política, como forma não apenas de punição das condutas lesivas ao meio-ambiente, mas como forma mesmo de prevenção geral e especial.

A imputação penal às pessoas jurídicas encontra barreiras na suposta incapacidade de praticarem uma ação de relevância penal, de serem culpáveis e de sofrerem penalidades.

Se a pessoa jurídica tem existência própria no ordenamento jurídico e pratica atos no meio social através da atuação de seus administradores, poderá vir a praticar condutas típicas e, portanto, ser passível de responsabilização penal. [...]
(REsp 610.114/RN, Rel. Ministro GILSON DIPP, QUINTA TURMA,
julgado em 17/11/2005, DJ 19/12/2005, p. 463)

Na oportunidade determinou-se a aplicação do modelo de heterorresponsabilidade, no qual os critérios de transferência da responsabilidade penal da pessoa física ao ente coletivo estão pouco e mal legislados.

A consequência dessa interpretação é que transforma, de um lado, a responsabilidade penal da pessoa jurídica prevista na Lei nº 9.605/1998 quase numa espécie de responsabilidade empresarial objetiva; e, de outro, acaba criando um enorme déficit na aplicação prática do instituto, na medida em que – estritamente dependente da responsabilização da pessoa física – acaba enfrentando, na sua aplicação aos casos práticos, todos os empecilhos existentes à identificação e à responsabilização do responsável humano pelo fato no âmbito da empresa[34].

A responsabilidade penal da pessoa jurídica, da forma como interpretada nesse mesmo acórdão-paradigma, acaba subordinando-se justamente às dificuldades encontradas pela aplicação do direito penal tradicional à criminalidade supraindividual na sociedade contemporânea e ao deficitário

---

[34] SARCEDO, Leandro. Compliance e responsabilidade penal da pessoa jurídica: construção de um novo modelo de imputação baseado na culpabilidade corporativa. São Paulo : LiberArs, 2016., p. 118.

exercício do controle social formal que objetivava superar a partir de sua concepção e vigência[35].

O entendimento jurisprudencial permaneceu praticamente pacificado até o ano de 2011, quando, em julgamento do Agravo Regimental em Recurso Extraordinário 628.582, realizado na 1ª Turma do Supremo Tribunal Federal, relatado pelo Ministro Dias Toffoli, asseverou-se que *"a responsabilização da pessoa jurídica independe da responsabilização da pessoa natural"*.

Posteriormente, nesta mesma linha, foi julgado e provido o Agravo Regimental em Recurso Extraordinário 548.181, de relatoria da Ministra Rosa Weber, no qual foi dado provimento ao Recurso Extraordinário, por maioria de três votos favoráveis e dois votos contrários, sendo editada a seguinte ementa:

> O art. 225, § 3º, da Constituição Federal não condiciona a responsabilização penal da pessoa jurídica por crimes ambientais à simultânea persecução penal da pessoa física em tese responsável no âmbito da empresa. A norma constitucional não impõe a necessária dupla imputação.
>
> As organizações corporativas complexas da atualidade se caracterizam pela descentralização e distribuição de atribuições e responsabilidades, sendo inerentes, a esta realidade, as dificuldades para imputar o fato ilícito a uma pessoa concreta.
>
> Condicionar a aplicação do art. 255, § 3º, da Carta Política a uma concreta imputação também a pessoa física implica indevida restrição da norma constitucional, expressa a intenção do constituinte originário não apenas de ampliar o alcance das sanções penais, mas também de evitar a impunidade pelos crimes ambientais frente às imensas dificuldades de individualização dos responsáveis internamente às corporações, além de reforçar a tutela do bem jurídico ambiental.
>
> A identificação dos setores e agentes internos da empresa determinantes da produção do fato ilícito tem relevância e deve

---

[35] SARCEDO, Leandro. Compliance e responsabilidade penal da pessoa jurídica: construção de um novo modelo de imputação baseado na culpabilidade corporativa. São Paulo: LiberArs, 2016., p. 118.

ser buscada no caso concreto como forma de esclarecer se esses indivíduos ou órgãos atuaram ou deliberaram no exercício regular de suas atribuições internas à sociedade, e ainda para verificar se a atuação se deu no interesse ou em benefício da entidade coletiva. Tal esclarecimento, relevante para fins de imputar determinado delito à pessoa jurídica, não se confunde, todavia, com subordinar a responsabilização da pessoa jurídica à responsabilização conjunta das pessoas físicas envolvidas. Em não raras oportunidades, as responsabilidades internas pelo fato estarão diluídas ou parcializadas de tal modo que não permitirão a imputação da reponsabilidade penal individual. [...]

(RE 548181, Relator(a): Min. ROSA WEBER, Primeira Turma, julgado em 06/08/2013, ACÓRDÃO ELETRÔNICO DJe-213 DIVULG 29-10-2014 PUBLIC 30-10-2014)

Do voto condutor proferido pela Relatora Ministra Rosa Weber, é possível extrair alguns critérios de imputação penal à pessoa jurídica[36], quais sejam:

a. É necessário verificar se o ato apontado com delituoso decorreu do processo normal de deliberação interna da corporação e se as instâncias decisórias internas foram observadas;
b. Constatar se houve ciência da pessoa jurídica, por meio de seus órgãos internos de deliberação, do fato ilícito que se estava a cometer, diante do qual houve aceitação ou mesmo inércia em não o impedir;
c. Examinar se a atuação delituosa estava de acordo com os padrões e objetivos da empresa e visava a atingir seus objetivos sociais, tendo sido realizado em seu nome;
d. Evidenciar que o fato foi cometido no interesse ou benefício do ente coletivo, possibilitando o afastamento da ilicitude quando foi cometido em benefício exclusivo de terceiro(s).

---

[36] STF. RECURSO EXTRAORDINÁRIO : RE 548181. Relator(a): Min. ROSA WEBER, Primeira Turma, julgado em 06/08/2013, ACÓRDÃO ELETRÔNICO DJe-213 DIVULG 29-10-2014 PUBLIC 30-10-2014. Disponível em: <http://redir.stf.jus.br/paginadorpub/paginador.jsp?docTP=TP&docID=7087018>. Acesso em 10 jun. 2018, p. 55 et. seq.

Percebe-se, que o voto em questão aproxima a discussão da ideia de defeito de organização empresarial, no entanto sugere apenas critérios de atribuição do resultado ilícito à pessoa jurídica, não se aprofundando – mesmo porque o deficitário conteúdo da Lei n. 9.605/1998 assim não lhe permite – nos parâmetros de aferimento concreto da culpabilidade empresarial, na medida em que não há deveres organizacionais e de cumprimento normativo diretamente decorrentes da lei, de maneira que tal análise deve ficar relegada à construção doutrinária ou jurisprudencial, o que, aliás, foi sugerido no próprio texto da decisão[37].

Para superar esse ambiente propiciador de verdadeira insegurança jurídica, ainda mais no panorama atual, no qual a tendência apontada pelo Supremo Tribunal Federal é passar a admitir imputações autônomas de delitos às pessoas jurídicas, faz-se necessária a normatização dos deveres organizacionais, de cumprimento normativo e de prevenção de delitos minimamente exigíveis às pessoas jurídicas, ou seja, a elaboração de um programa de governança corporativa pelas empresa.

Isso porque, somente dentro de um sistema claro e seguro, com deveres e obrigações definidas e conhecidas, é que os programas de normatização interna poderão ganhar toda a importância para a qual foram preconizados.

Cabe ressaltar que, certamente, no seio de uma pessoa jurídica se exerça o devido controle sobre os funcionários sem que exista formalmente um programa de normas de integridade. Contudo, se existe um programa de governança corporativa na companhia, e este seja eficaz, parece difícil negar que a pessoa jurídica está cumprindo devidamente seu dever de controle[38].

Nesse cenário, assim como em relação à responsabilização das pessoas físicas, a definição e transparência de procedimentos dentro da empresa e a responsabilidade corporativa apresentam-se como eixos fundamentais na diferenciação de companhias de fato comprometidas com a prevenção de riscos e empresas que nada investem nesse sentido.

Podemos, dessa forma, concluir que quanto mais específicas e claras as normas de governança corporativa e efetiva a fiscalização de seu

---

[37] SARCEDO, Leandro. Compliance e responsabilidade penal da pessoa jurídica: construção de um novo modelo de imputação baseado na culpabilidade corporativa. São Paulo : LiberArs, 2016., p. 123.

[38] SÁNCHEZ, Jesús Maria Silva. Fundamentos del Derecho Penal de la Empresa. Buenos Aires : Euros Editores S.R.L., 2013, p. 197. Tradução livre.

cumprimento por parte da empresa, menor a chance de responsabilização criminal indevida da pessoa jurídica, tendo em vista que a demonstração de uma efetiva prevenção aos riscos excluiu sua culpabilidade.

Conclusão

No que interessa ao Direito Penal e às suas técnicas de intervenção na sociedade, a atual concepção de autorregulação regulada da atividade econômica ligada aos preceitos da governança corporativa criou uma pressão político-criminal no sentido da expansão do direito penal, por meio da utilização cada vez maior de tipos penais omissivos, ou comissivos por omissão e da crescente aceitação e adoção da responsabilidade penal da pessoa jurídica.

As empresas, enquanto agrupamento de pessoas que exerce atividade econômica e assume obrigações, têm inegável existência social, e o Direito, ao normatizar sua existência, nada mais faz do que reconhecer essa realidade.

Portanto, quando esse agrupamento de pessoas age coletivamente, omitindo-se na adoção das medidas preventivas e de cuidado que deveria observar, causando, com isso, um resultado desastroso para algum bem caro à sociedade, há reprovação social do seu ato e, portanto, no entender da doutrina majoritária e da jurisprudência de nossos Tribunais, da sua culpabilidade.

Realiza-se verdadeiro juízo moral a respeito da prática ocorrida, buscando a responsabilização criminal da própria pessoa jurídica e dos dirigentes da empresa, por terem deixado de agir na prevenção do risco.

Trata-se do chamado defeito de organização, que exprime a ideia de falta ou culpa organizacional, consistente do ato de o ente coletivo e de seus administradores não terem adotado todas as medidas que lhe seriam exigíveis, razoáveis e indispensáveis para impedir a ocorrência de determinado fato delituoso.

Neste cenário, as normas de governança corporativa empresarial, além de se mostrarem como meio de externalização de uma política de boas práticas, firmando-se, assim, como meio de prevenção de delitos, acaba sendo um bastante útil instrumento de defesa da própria organização e de seus dirigentes, pois, ao demonstrar a prevenção a riscos, a culpabilidade de ambos poderá ser excluída, impossibilitando uma responsabilização criminal injusta.

É importante ressaltar que o objetivo das normas de integridade não deve ser evitar que as empresas e seus dirigentes sejam castigados por um delito, mas sim que a companhia, como um todo, esteja em conformidade com a legislação geral e devidamente vinculada a sua atividade fim.

Somente assim teremos programas de governança corporativa efetivos e eficientes que possibilitarão a perpetuação das boas práticas na cultura empresarial.

Referências

ALFARO, Luis Miguel Reyna. Implementación de los compliance programs y sus efectos de exclusión o atenuación de responsabilidade penal de los sujetos obligados. In: Lavado de activos y compliance: perspectiva internacional y derecho comparado. Coordinadores: Kai Ambos, Dino Carlos Caro Coria e Ezequiel Malarino. Lima : Jurista Editores E.I.R.L, 2015.

ANDRADE, Adriana; ROSSETTI, José Paschoal. Governança corporativa: fundamentos, desenvolvimento e tendências. 2. ed. – atual. e ampl. São Paulo:Atlas, 2006.

BADARÓ, Gustavo Henrique; BOTTINI, Pierpaolo Cruz. Lavagem de dinheiro: Aspectos penais e processuais penais: comentários à Lei 9.613/1998 - 3ª ed. rev., atual. e ampl. – São Paulo : Editora Revista dos Tribunais, 2016.

BECHT, Marco; BOLTON, Patrick; ROELL, Ailsa. Corporate governance and control. NBER working paper series. 2002. Disponível em: <http// www.nber.org/papers/w9371>. Acesso em: jun. 2018.

ESTELLITA, Heloisa. Responsabilidade penal de dirigentes de empresas por omissão: estudo sobre a responsabilidade omissiva imprópria de dirigentes de sociedades anônimas, limitadas e encarregados de cumprimento por crimes praticados por membros das empresas – 1 ed. – São Paulo : Marcial Pons, 2017.

IBGC, Instituto Brasileiro de Governança Corporativa. Código das melhores práticas de governança corporativa. 5.ed. / Instituto Brasileiro de Governança Corporativa. - São Paulo, SP: IBGC, 2018, 5ª reimpressão. 108p. Disponível em: <http://www.ibgc.org.br/userfiles/files/Publicacoes/Publicacao-IBGCodigodasMelhoresPraticasdeGC-5aEdicao.pdf> Acesso em: jun. de 2018.

MACHADO FILHO, Cláudio Antônio Pinheiro. Governança e responsabilidade corporativa: interface e implicações no ambiente contemporâneo. In: Comunicação, governança e organizações [recurso eletrônico] / org. Luiz Alberto de Farias, Valéria de Siqueira Castro Lopes. – Dados Eletrônicos. – Porto Alegre : EDIPUCRS, 2016. 90 p. Disponível em: http://www.pucrs.br/edipucrs/. Acesso em: jun. 2018.

SAAD-DINIZ, Eduardo. "Fronteiras del normativismo: a ejemplo de las funciones de la información em los programas de criminal compliance" In: Revista da Faculdade de Direito da USP, 108/2013, p. 415 e ss.

SAAD-DINIZ, Eduardo. Novos modelos de responsabilidade empresarial: a agenda do direito penal corporativo. In: Tendências em governança corporativa e compliance / Eduardo Saad – Diniz, Pedro Podboi Adachi, Juliana Oliveira Domingues (organizadores) – São Paulo : LiberArs, 2016, p. 91 a 98.

SAAD-DINIZ, Eduardo. Novos modelos de responsabilidade empresarial: a agenda do direito penal coorporativo. In: Tendência em governança e compliance. Organizadores: Eduardo Saad- Diniz, Pedro Podboi Adachi e Juliana Oliveira Domingues. São Paulo : LiberArs, 2016, p. 91 a 98.

SALVADOR NETTO, Alamiro Velludo; SOUZA, Luciano Anderson de (coords.). Comentários à Lei de Crimes Ambientais – Lei nº 9.605/1998. São Paulo: Quartier Latin, 2009. SÁNCHEZ, Jesús Maria Silva. Fundamentos del Derecho Penal de la Empresa. Buenos Aires: Euros Editores S.R.L., 2013.

SARCEDO, Leandro. Compliance e responsabilidade penal da pessoa jurídica: construção de um novo modelo de imputação baseado na culpabilidade corporativa. São Paulo : LiberArs, 2016.

SIEBER, Ulrich. Programas de compliance no Direito penal empresarial: um novo conceito para o controle para o controle da criminalidade econômica. Tradução de Eduardo Saad-Diniz. In: OLIVEIRA, William Terra; LEITE NETO, Pedro Ferreira; ESSADO, Tiago Cintra; SAAD- DINIZ, Eduardo (orgs.). Direito penal econômico: estudos em homenagem aos 75 anos do professor Klaus Tiedemann. São Paulo: LiberArs, 2013.

SILVEIRA, Renato de Mello Jorge. Direito Penal Empresarial – A omissão do empresário como crime – Coleção Ciência Criminal Contemporânea – vol. 5 – Coordenação Cláudio Brandão – Belo Horinzonte: Editora D'Plácido, 2016.

Compliance e Aspectos Prático-Legais da Investigação em Ambiente Digital

Maurício Antonio Tamer

Samara Schuch Bueno

Introdução

É inconteste que o *compliance* tem ganhado cada mais relevância nos cenários nacional e internacional, especialmente por uma mudança de percepção social a respeito da necessidade da observância do ordenamento jurídico, sobretudo em razão dos prejuízos sociais advindos diretamente da contrariedade dos comportamentos empresariais em relação às normas postas.

Também como consequência, há uma premente necessidade das corporações de evitar a responsabilização administrativa, civil e criminal sobre suas atividades, especialmente, mas não só logicamente, em razão dos impactos reputacionais à imagem e marca. A exemplo, é possível pensar o quanto abala a reputação de uma companhia ser mencionada em algum escândalo de corrupção.

Esse é o contexto. Mas o que é o *compliance*? Quais são seus objetivos? A que está vocacionado? Essas são algumas perguntas que se pretende, a partir da revisão bibliográfica da matéria, formular respostas.

Mas não só. O contexto digital em que as pessoas e empresas estão inevitavelmente inseridos altera a importância de estarem em conformidade com o ordenamento jurídico? A menor pessoalidade ou o que pode se chamar do fenômeno dos proprietários ausentes alteram essa percepção? Parece que sim.

Fato é que, como se verá, a utilização dos mecanismos digitais potencializa a necessidade de um *compliance* devidamente estruturado, sendo um dos principais aspectos dessa sistematização o conhecimento dos melhores procedimentos prático-legais da investigação privada e dos meios de obtenção da prova digital.

Especificamente, esses procedimentos se perfazem em dois grandes grupos de atuação, os quais serão estudados no texto com o objetivo de trazer noções objetivas de *o que* e *como* precisa ser feito: o monitoramento das atividades dos empregados e a correta preservação das evidências no caso da identificação da prática de irregularidades por parte dos membros da organização privada.

1. O *Compliance* e e Importância do Conhecimento do Ordenamento Jurídico Pelas Empresas no Contexto Digital Contemporâneo

A expressão *compliance* tem sido incorporada cada vez mais no vocabulário da rotina jurídica e empresarial. Isso se deve não só de uma mudança de percepção e atenção social sobre o respeito às normas jurídicas, mas também da promulgação de leis vocacionadas a tal finalidade, com destaque para a Lei Anticorrupção nº 12.846/2013, cujo objeto é exposto já em seu artigo inaugural "Esta Lei dispõe sobre a responsabilização objetiva administrativa e civil de pessoas jurídicas pela prática de atos contra a administração pública, nacional ou estrangeira".

Mas não só. Há uma preocupação das empresas e daqueles que ocupam postos de decisão de manter suas atividades em máximo acordo com ordenamento jurídico, especialmente para manutenção do respeito à imagem e marcas junto ao mercado e seus consumidores. Há esse lado comercial, por assim dizer, que não pode ser ignorado. No campo acadêmico, o estudo do tema também tem se desenvolvido.

Nesse sentido, como bem pondera Michel Volkov, os programas de *compliance* tem dois escopos destacados (i) promover os aspectos positivos da empresa, tanto interna como externamente, com a promoção de uma cultura ética positiva no intuito de construir uma visão de confiança junto aos consumidores e parceiros; e (ii) proteger a empresa dos mais variados riscos, evitando que a empresa e seus colaboradores fiquem sujeitos a investigações governamentais e ações judiciais.[11]

Desses três primeiros parágrafos, já é possível ao leitor começar a deduzir ou inspirar-se sobre o conceito de *compliance* e sobre o que se trata esse primeiro tópico.

Muito bem. O termo *compliance* vem da semântica contida na língua inglesa de *concordância* ou *conformidade*. *Compliant* é o termo que indica aquele que está em conformidade ou de acordo com algo, assim como a expressão inglesa *to comply with* guarda significância na ideia de obedecer.[2]

Antes mesmo da origem inglesa, já é possível identificar no termo em latim *complere* o seu significado ligado à ideia de alguém cumprir com o que foi solicitado ou atuar em plena concordância com as normas, regras, prescrições, condições.[3]

Além da acepção do termo em si considerada, é possível encontrar normas internacionais que apresentam definições do que vem a ser *compliance*. Especialmente, pode ser destacado o texto da *International Organization for*

---

[1] "*An effective ethics and compliance program promotes the positive aspects of a company, both internally and externally. By promoting a positive culture of ethics, the company will increase profits, improve its employee morale and build pride in the company, its brand and its leadership. A positive message provides an important critical message to external stakeholders, including consumers, vendors, suppliers, media, competitors, political leaders, NGOs and other important entities in the marketplace. A company dedicated to a culture of ethics can use its culture to build trust with its customers and important constituents. [...] In addition to promoting a company's culture, an effective ethics and compliance program protects the company from a variety of risks. It is too simplistic to calculate this factor to just avoiding government investigations and prosecutions. From a broader and more accurate perspective, an effective ethics and compliance program protects the company's culture as an asset that promotes ethical behavior by senior executives, managers and employees.*" (VOLKOV, Michel. *The two Ps of compliance: promote e protect. Corruption, crime and compliance*. Disponível em: https://blog.volkovlaw.com/2015/04/the-two-ps-of--compliance-promote-and-protect/. Acesso em: 05.ago.2018).

[2] "*Compliance* é um substantivo que significa concordância com o que é ordenado; *compliant* é aquele que concorda com alguma coisa, e *to comply with* significa obedecer. Essa explicação, em si, não diz muito. A acepção que interessa ao tema em estudo é a que remete à ideia de cumprimento normativo." (VERÍSSIMO, Carla. *Compliance*: incentivo à adoção de medidas anticorrupção, São Paulo: Saraiva, 2017, p. 90).

[3] CARDOSO, Débora Motta. *Criminal compliance na perspectiva da lei de lavagem de dinheiro*. São Paulo: Liberars, 2015, p. 37.

Standardization – ISO 19600:2014, para o qual *compliance* é definido como o cumprimento de todas as obrigações pela organização.[4]

Paralelamente, por vezes o termo também encontra raiz de compreensão não na sua origem, como visto acima, mas em sua finalidade. É o que é possível a partir de uma de suas principais finalidades, qual seja, viabilizar a melhor governança corporativa das empresas. Por definição do Instituto Brasileiro de Governança Corporativa – IBGC, governança corporativa "é o sistema pelo qual as empresas e demais organizações são dirigidas, monitoradas e incentivadas, envolvendo os relacionamentos entre sócios, conselho de administração, diretoria, órgãos de fiscalização e controle e demais partes interessadas."[5], orientada pelos princípios da transparência, equidade, prestação de contas e responsabilidade corporativa. *Compliance*, nessa perspectiva finalística, seria então o conjunto de operações e práticas dedicadas a adoção da melhor estratégia preventiva de riscos à empresa, como instrumento estrutural vocacionado a assegurar a observância estrita dos referidos princípios.

É possível dizer que o *compliance* tem objetivos preventivos e reativos. Preventivamente, tem por escopo prevenir a prática de infrações legais de toda ordem, prevenindo a empresa dos riscos legais, com a implementação de medidas concretas internas de controle e apuração de práticas contrárias ao ordenamento. A perspectiva reativa, por sua vez, se revela no momento em que o evento que demanda investigação ocorre, ensejando que a empresa e seus colaboradores estejam preparados para a busca lícita de provas do ocorrido e para se comportarem perante às autoridades investigativas.[6]

---

[4] INTERNATIONAL ORGANIZATION FOR STANDARDIZATION. *ISO19600*: Compliance management systems -- Guidelines. Genebra, 2014.

[5] INSTITUTO BRASILEIRO DE GOVERNANÇA CORPORATIVA. *Código das melhores práticas de governança corporativa*. 5 ed. São Paulo: Ibgc, 2015, p. 20. Disponível em: <http://conhecimento.ibgc.org.br/Lists/Publicacoes/Attachments/21138/Publicacao-IBGCCodigo--CodigodasMelhoresPraticasdeGC-5aEdicao.pdf>. Acesso em: 05 ago. 2018.

[6] "O *compliance* tem objetivos tanto preventivos como reativos. Visa à prevenção de infrações legais em geral assim como a prevenção dos riscos legais e reputacionais aos quais a empresa está sujeita, na hipótese de que essas infrações se concretizem. Além disso, impõe à empresa o dever de apurar as condutas ilícitas em geral, assim como as que violam as normas da empresa, além de adotar medidas corretivas e entregar os resultados de investigações internas às autoridades, quando for o caso. O aspecto reativo do *compliance* se revela no momento em que ocorre algum evento que demanda investigação, busca de elementos de prova, preparação

Ainda, filosoficamente, é possível pensar na ideia de *compliance* como o incentivo do Estado, que por meio de fontes jurídicas legais e judiciais, para que o particular atue em parceria com os órgãos oficiais na fiscalização, sobretudo com a adoção de medidas preventivas.

Com efeito, a partir dessas ideias preliminares e não exaustivas, é possível compreender *compliance* como uma ideia ou um conjunto de atos em procedimento vocacionados a promover constantemente o pleno ajuste de comportamento das pessoas jurídicas e seus colaboradores aos deveres normativos, prevenindo riscos de responsabilização administrativa, civil e criminal, bem como de prejuízos à imagem, marca e nome dos envolvidos na atividade.

Dito isso, o *compliance* também ganha relevância no cenário contemporâneo em razão do avanço e consolidação dos mecanismos digitais. Isso parece acontecer por dois motivos mais claros: (i) um primeiro atrelado à diminuição da pessoalidade; e (ii) um segundo vinculado às próprias especificidades tecnológicas dos meios existentes.

Quanto ao primeiro, a existência dos meios digitais apresenta incontáveis benefícios, mas, igualmente, propõe uma nova realidade que exige uma adaptação das empresas e seus colaboradores, especialmente com a compreensão de que se fazem necessários procedimentos a assegurar a confiabilidade e credibilidade diante de parceiros e consumidores que não estão mais próximos fisicamente do negócio, mas que com ele lidam à distância. Em outras palavras, se uma das principais funções do *compliance* é fomentar a credibilidade do negócio, como visto, e se os mecanismos digitais diminuem a pessoalidade que viabiliza o que pode se chamar de uma *credibilidade in loco*, cresce a importância dos procedimentos de *compliance*.

Como bem reconhece Débora Motta Cardoso:

Na atualidade, a crescente demanda pelo *compliance* às exigências legais e regulamentares justifica-se pela necessidade de transparência e confiabilidade na concretização dos negócios que, movidos pelos avanços tecnológicos e pela globalização são realizados em sua maioria à distância, e sem qualquer pessoalidade. Exemplo disso são relações comerciais dos dias de hoje, nas quais o vínculo presencial foi substituído pela virtualidade e, como tal, tornou-se rotineiro que um investidor seja portador de ações de

de uma defesa perante autoridades regulatórias ou de aplicação da lei penal. Assim como a gestão do impacto do descumprimento normativo ou do escândalo, na reputação da empresa." (VERÍSSIMO, Carla. Idem, p. 91).

determinada empresa na bolsa de valores e, portanto, um pequeno sócio, sem sequer conhecê-la fisicamente. Por assim ser, apesar de as origens do *compliance* serem atribuídas ao mercado financeiro, pioneiro na preocupação com as regras de segurança para a boa reputação corporativa, sua aplicação tem se estendido para as mais diversas áreas, públicas e privadas, em especial aos chamados setores sensíveis, sujeitos a forte regulamentação e controle, o que implica afirmarmos que as regras ou os procedimentos de *compliance*, entendido *a priori* em sua forma mais ampla, alcançam um sem-número de hipóteses.[7]

Na mesma esteira, é o que Leandro Sarcedo, a partir das palavras de Zygmunt Bauman, apresenta sobre o fenômeno dos *proprietários ausentes*:

O imperativo desregulamentador da economia surgido nos anos 1980, aliado à escalada do desenvolvimento tecnológico, que permite um fluxo de informações em tempo real ao redor do planeta, criou o que Zygmunt Bauman denomina de uma nova categoria de proprietários ausentes, comparando e demonstrando as diferenças existentes entre os investidores de hoje e os proprietários rurais da fase inicial do capitalismo, que deixaram de residir em suas terras para viverem longe, nas cidades. [...] Os proprietários ausentes contemporâneos decidem por investir seus recursos em determinada atividade econômica sobre a qual não têm controle administrativo e operacional direto e localizado. Em vista disso, pode haver distanciamento e, por vezes, colisão entre os interesses dos acionistas e investidores – os reais proprietários das empresas na atualidade [...]. Surge, assim, a necessidade de estabelecimento de regras e manuais que possam proteger as partes interessadas no bom desempenho da empresa de eventuais desmandos de sua gestão profissional, da inoperância de seu conselho de administração ou fiscal, ou mesmo das constantes omissões ou mesmo contestações das auditorias ditas independentes.[8]

Em relação ao segundo aspecto, a necessidade de se compreender as especificidades tecnológicas fala por si só. Questões sobre a correta formatação da prova, com a preservação da legalidade de coleta e utilização em procedimentos administrativos ou processos judiciais futuros e questões sobre até que ponto pode o empregador imiscuir nas atividades do empregado são apenas dois exemplos que indicam a necessidade das áreas inter-

---

[7] Idem, p. 15.
[8] SARCEDO, Leandro. *Compliance e responsabilidade penal jurídica*: construção de um novo modelo de imputação baseado na culpabilidade corporativa. São Paulo: LiberArs, 2016, p. 41-42.

nas da empresa de conhecerem os regramentos e entendimentos judiciais vinculados. Ou seja, uma vez mais o *compliance* ganha relevância.

E é nesse segundo ponto, mais precisamente, que se concentra o presente estudo e sobre o qual se desenvolverá o segundo item do texto: compreender de forma objetiva os principais aspectos prático-legais da investigação da prova digital pela empresa.

2. Os Aspectos Prático-Legais da Investigação Privada Com Foco na Prova Digital

Visto o conceito de *compliance* e sua importância no contexto contemporâneo de utilização cada vez mais crescente dos meios digitais pelas empresas, nesse tópico objetiva-se concentrar os principais aspectos práticos e a roupagem legal a ser observada no procedimento de investigação e formatação da prova digital, considerando que se trata de um ponto fundamental para o sucesso do *compliance*. Isso, notadamente, sempre com a ótica dos seus objetivos preventivos e reativos.

Dito isso, as regras de experiência mostram dois focos de compreensão principais sobre os quais se desenvolverá esse tópico, a fim de apresentar os procedimentos de forma direcionada, quais sejam (i) monitoramento das atividades dos empregados pela empresa, e (ii) a correta preservação da prova assegurando sua integridade, autenticidade e cadeia de custódia.

Aliás, a própria Lei Anticorrupção nº 12.846/2013 já referenciada no começo desse texto reconhece a importância da adoção pela empresa desses procedimentos. Em seu artigo 7º, onde são expostos os critérios a serem considerados na aplicação de sanções, a existência de procedimentos dessa natureza assume posição relevante no inciso VIII:

> Art. 7º. Serão levados em consideração na aplicação das sanções:
> I – a gravidade da infração;
> II – a vantagem auferida ou pretendida pelo infrator;
> III – a consumação ou não da infração;
> IV – o grau de lesão ou perigo de lesão;
> V – o efeito negativo produzido pela infração;
> VI – a situação econômica do infrator;
> VII – a cooperação da pessoa jurídica para a apuração das infrações;

VIII – a existência de mecanismos e procedimentos internos de integridade, auditoria e incentivo à denúncia de irregularidades e a aplicação efetiva de códigos de ética e de conduta no âmbito da pessoa jurídica;
IX – o valor dos contratos mantidos pela pessoa jurídica com o órgão ou entidade pública lesados; e
X – (vetado).

Parágrafo único. Os parâmetros de avaliação de mecanismos e procedimentos previstos no inciso VIII do caput serão estabelecidos em regulamento do Poder Executivo federal.[9]

No entanto, as informações monitoradas pela organização privada podem levar à descoberta de infrações não só relacionadas à legislação anticorrupção, mas, eventualmente, à constatação de evidências do cometimento de ilícitos nas mais variadas esferas.

Fundamental, portanto, a observância pela organização do procedimento lícito e dos métodos mais adequados para a coleta e reunião dessas informações em relatórios internos de auditoria ou *compliance*, de forma a preservar a validade, integridade e autenticidade do que foi produzido.

2.1. O Monitoramento das Atividades dos Empregados pela Empresa e a Licitude da Prova Obtida

O monitoramento das atividades dos empregados tem por objetivo principal acompanhar suas atitudes ativas e passivas a fim de verificar se estão de acordo com o ordenamento jurídico e com as normas de *compliance* internas da empresa. Nos meios digitais, o monitoramento se pauta, principalmente, nas comunicações atreladas à conta de e-mail corporativa, aplicativos de mensagens e nas atividades feitas no equipamento de trabalho. Isso confere grande poder de prevenção, mas também permite a pronta reação diante da ocorrência do evento.

Exemplos não faltam. Não é incomum o envio não autorizado de documentos a pessoas de fora da empresa, com os mais diversos objetivos, inclusive para concorrentes que, de forma desleal, buscam angariar espaço no mercado. Também não é incomum a troca de e-mails com agentes estatais

---

[9] Idem, p. 15.

em conluio para práticas corruptivas. Ou, ainda, casos extremos em que o e-mail corporativo é utilizado pelo colaborador em comportamentos relacionados à pornografia, inclusive infantil.

A primeira discussão a ser feita é a respeito dos fundamentos legais que envolvem a questão que, em suma, se concentram no embate normativo entre os direitos e deveres do empregador e os direitos do empregado.

Assim, ao se falar em monitoramento do empregado, tem-se em prol do empregador o direito de propriedade sobre o equipamento (art. 5º, XXII, CF), o reconhecimento pela Súmula nº 341 do STF ("É presumida a culpa do patrão ou comitente pelo ato culposo do empregado ou preposto), a responsabilidade objetiva do empregador pelos atos ilícitos de seus colaboradores (art. 932, III, Código Civil), seu poder de direção (art. 2º, Consolidação das Leis do Trabalho), responsabilidade da pessoa jurídica e seus dirigentes (art. 3º, da Lei nº 12.843/2013) e o já referido inciso VIII do art. 7º da Lei Anticorrupção. Todos esses fundamentos respaldam juridicamente o monitoramento por parte do empregador em atividade de *compliance*.

Em contraposição, tem-se o direito à privacidade do empregado (art. 5º, X, CF), seu direito à inviolabilidade da correspondência e das comunicações telegráficas, de dados e telefônicas (art. 5º, XII, CF).

O embate, como se pode presumir, é delicado. No entanto, do ponto de vista bem prático, algumas medidas devem ser adotadas pelas empresas no intuito de reforçar a legitimidade pelo monitoramento das atividades dos seus colaboradores, a fim de que suas medidas de *compliance* não sejam questionadas juridicamente. E o conhecimento dessas providências práticas é fundamental justamente por isso, pois, do contrário, uma área vocacionada a diminuir riscos e sanções legais, pode ser responsável por colocar a empresa diante de questionamentos jurídicos trabalhistas, seja pelo Ministério do Trabalho, seja pelo Ministério Público, seja ainda na própria Justiça do Trabalho.

Dentre essas medidas, além da orientação pessoal dos colaboradores, alguns documentos obrigatórios para legitimação do monitoramento do comportamento, vejamos cada um deles.

O primeiro é elaboração e disponibilização ao colaborador de um *Código de Conduta Ética*. Sua grande função é definir e deixar claro quais são os comportamentos esperados e quais são os valores da empresa, deixando claro ao colaborador quais são as expectativas comportamentais e de conformidade a serem seguidas.

O segundo, também importante, sobretudo na contemporânea sociedade da informação, é o Regulamento Interno de Segurança da Informação – RISI. Nele são definidas as propriedades dos equipamentos e finalidades as quais eles são destinados. A ideia desse documento é deixar bem claro ao colaborador que os equipamentos da empresa a essa pertencem, podendo ela fazer jus dos poderes inerentes ao direito elástico de propriedade, bem como as finalidades para as quais os dispositivos são vocacionados, pontuando com nitidez que a ruptura de tais regras pode resultar na responsabilização do colaborador. Tem por escopo, por fim, criar uma verdadeira cultura de segurança da informação dentro da empresa.

Como terceiro, podem ser mencionados os Termos de Uso de Sistemas de Informação – TUSI. A principal função corporativa desse documento é reduzir a expectativa de privacidade do colaborador-usuário, pois a partir de tal documento ele ficará ciente do que pode ou não fazer no equipamento, conta de e-mail ou linha telefônica colocados à sua disposição e que estará sujeito ao controle de suas atividades. A existência desse documento, assim, convalida as provas digitais obtidas por meio desse controle, pois o empregado, ainda que goze do direito à privacidade, sabia de antemão que essa restava reduzida concretamente.

Nesse sentido, há muito já se posicionou a jurisprudência pela licitude da prova obtida pelo monitoramento de e-mail corporativo e equipamentos da empresa por exemplo:

PRELIMINAR DE NULIDADE DO JULGADO POR CERCEAMENTO DE DEFESA PROVA ILÍCITA ACESSO PELO EMPREGADOR À CAIXA DE E-MAIL CORPORATIVO FORNECIDA AO EMPREGADO ÓBICE DA SÚMULA 126 DO TST. 1. (...) a caixa do e-mail corporativo não se equipara às hipóteses previstas nos incisos X e XII do art. 5º da CF, tratando-se, pois, de ferramenta de trabalho que deve ser utilizada com a mesma diligência emprestada a qualquer outra de natureza diversa. Deve o empregado zelar pela sua manutenção, utilizando-a de forma segura e adequada e respeitando os fins para que se destinam. Mesmo porque, como assinante do provedor de acesso à Internet, a empresa é responsável pela sua utilização com observância da lei. 8. Assim, se o empregado eventualmente se utiliza da caixa de e-mail corporativo para assuntos particulares, deve fazê-lo consciente de que o seu acesso pelo empregador não representa violação de suas correspondências pessoais, tampouco violação de sua privacidade ou intimidade, porque se trata de equipamento e tecnologia fornecidos pelo empregador para utilização no trabalho e para alcance das finalidades da empresa. (TST, AIRR-1542/2005-055-02-40, 7ª T., Rel. Min. Ives Gandra Martins Filho, DJe 6.6.2008)

O cerne da questão reside na análise do uso de e-mail corporativo para fins particulares. E, nesse sentido, restou comprovado nos autos, através das testemunhas da ré ouvidas a fls. 920, que ao ser fornecido o endereço do e mail é esclarecido ser o mesmo corporativo, "que quando o professor recebe o endereço do e-mail é informado que o mesmo é corporativo; que muitas vezes a depoente orienta os professores através do próprio e-mail ou verbalmente", segunda testemunha e, que: "sabe que o reclamante fez uso do e-mail corporativo da reclamada que extrapola o uso para fins devidos, que depoente tem e-mail corporativo; que foi dito ao depoente que teria que usar o e-mail corporativo para fins profissionais, que existe uma orientação a respeito", primeira testemunha. *In casu*, a documentação acostada aos autos com a própria petição inicial deixa claro que o recorrente extrapolou o uso dessa ferramenta de trabalho – e-mail corporativo –, porquanto através dele manteve contato com aluna da recorrida, com a qual trocava e-mails com nítido caráter pornográfico, em completo desvirtuamento do uso, portanto, da ferramenta de trabalho a si confiado. Outrossim, não há ilicitude do empregador que acessa e-mail corporativo, haja vista ser este ferramenta de trabalho fornecido pela empresa para utilização no trabalho, com fins profissionais, portanto. (TRT 2ªR, RO nº 01189200646402002, 5ª T., Rel. Des. Ana Cristina L. Petinati, j. 18.08.2009)

É certo que o art. 5º, XII, da CF, garante a inviolabilidade do sigilo de correspondência, sendo patente que a afronta a esta garantia é passível de indenização. Outrossim, entendo que este não é o caso dos autos. Não se constitui prova ilícita e violação de sigilo de correspondência o monitoramento pelo empregador dos computadores fornecidos pela empresa. E-mails enviados pelo empregado no computador do empregador e relativos a interesses comerciais da empresa não podem ser considerados correspondência pessoal. Ora, o notebook pertence à reconvinda, sendo que os dados nele lançados eram compartilhados entre empregado e empregador, até porque o uso do aparelho compreende também a limpeza de seu conteúdo. Assim, o desfecho da lide está circunscrito a se decidir se o empregador pode, ou não, utilizar a correspondência negocial, não a privada, existentes no computador, na defesa de seus interesses. Há que se ter em mente que entre o interesse privado e o coletivo há de se privilegiar o segundo, o que configura um limite razoável do entendimento do direito ao sigilo. Nesse compasso, entendo que as informações obtidas eram relativas aos negócios da empresa e que não foi usado qualquer meio impróprio, nem violento para a obtenção dos documentos acostados com a inicial. Nada, pois, que autorizasse o entendimento de estar a empresa agindo de forma ilícita. E nem aética. (TRT 2ªR, RO nº 0074300-27.2008.5.02.0080, 9ª T., Rel. Juíza Eliane Aparecida da Silva Pedroso, j. 16.06.2011)

Além desse monitoramento direto, é possível a empresa delegar aos seus próprios colaboradores a atividade de monitoramento de seus pares, viabilizando que a empresa indiretamente controle internamente as atividades. O meio mais adequado e conhecido para tanto é a criação de um *canal de denúncias* vocacionado a receber notícias anônimas ou não de colaboradores sobre o comportamento dos demais. Tal mecanismo se mostra também importante e eficiente na prevenção de eventos.

Assim, é possível verificar que o monitoramento das atividades dos colaboradores se apresenta como importante meio prático de *compliance* a ser implementado pelas empresas, no intuito de prevenir comportamentos desajustados às normas internas e externas da companhia, assim como para obtenção de provas vocacionadas a embasar as medidas a serem adotadas. Para tanto, viu-se os fundamentos jurídicos aptos a sustentar tal providência e a possibilidade do reconhecimento judicial da validade da prova dela decorrente.

2.2. *A Correta Preservação da Prova Assegurandos sua Integridade, Autenticidade e Cadeia de Custódia: a Importância do Procedimento*

Paralelamente e também do ponto de vista procedimental e prático, além da legitimidade do monitoramento das atividades por parte dos seus colaboradores, é preciso que a empresa esteja bem instruída e estruturada a formatar com o cuidado necessário as provas dos eventos verificados. Do contrário, mais uma vez vale frisar, o despreparo na coleta de prova pode gerar sensivelmente uma maior exposição a riscos da empresa.

A preservação de evidências é o momento destinado a garantir que as informações armazenadas nos dispositivos a serem analisados não serão alteradas. Assim como em local de crime convencional, as evidências não podem sofrer nenhuma alteração.

Basta pensar, por exemplo, uma ação indenizatória promovida em face de um colaborador na qual uma prova é reconhecidamente ilícita. Fatalmente, uma ação indenizatória por parte do colaborador seria proposta. A área de *compliance* não só seria inútil, como uma das responsáveis diretas pelo prejuízo. Não olvidando, ainda, prejuízos comerciais e à reputação da imagem e marca. A importância do procedimento é, portanto, inconteste.

E falar em licitude da prova digital é falar na preservação da evidência por um tripé inconteste formado por três ideias: (i) integridade, (ii) autenticidade; e (iii) cadeia de custódia.

A *integridade* se perfaz pela *inexistência de qualquer adulteração da prova*. Significa, portanto e por exemplo, que o dispositivo onde está a prova não pode de forma alguma ser adulterado, mantendo-se íntegro. Ou seja, o evento ocorreu, tem um autor e o dispositivo permaneceu intacto de modo a garantir, *v.g.*, que nenhuma informação foi adicionada ou deletada.

A *autenticidade* se caracteriza pela manutenção da certeza de quem é o verdadeiro autor do evento. Essa, com absoluta certeza, é dependente da própria integridade, pois qualquer adulteração no dispositivo de armazenamento ou no conteúdo em si já levanta a dúvida sobre quem é de fato o autor. Pergunta-se: como a empresa será capaz de imputar uma conduta a um colaborador ou mesmo assegurar que nenhum de seus colaboradores praticaram o evento a respeito do qual é investigada se a integridade e a autenticidade não forem estritamente observadas?

Por fim, a ideia da *cadeia de custódia* consiste na preservação do método mais ajustado de coleta. Há um procedimento a ser observado de começo ao fim, com o objetivo de assegurar que a prova foi protegida e é idônea, de modo a afastar quaisquer questionamentos sobre seu conteúdo, autoria e origem.[10] Essa preocupação é importante pois:

> *la prueba digital es vulnerable, es decir susceptible de alterarse facilmente, ya que cualquier persona con acceso a los datos, archivos, servidores, etc. puede modificarlos, borrarlos, etc. [...] Esto produce una contaminación en la prueba, lo cual es irreversible: la prueba no es susceptible de "descontaminar-se", y así*

---

[10] ELEUTÉRIO, Pedro Monteiro da Silva; MACHADO, Marcio Pereira. *Desvendando a computação forense*. Ed. Novatec, São Paulo, 2010, p. 39.

se perde veracidade en la valiosa información que contiene la evidencia digital. Se infiere entonces, que la correcta forma de adquirir es aquella que no contamine la "escena" del objeto a periciar. [11]

Ignoradas essas três ideias a empresa ficará verdadeiramente inapta a adotar as medidas jurídicas em relação aos eventos apurados, pois não poderá fazer prova lícita a esse respeito, seja como autora da medida, seja como acusada do próprio evento.

Partindo desses pressupostos, a empresa poderá realizar o levantamento e a preservação de evidências nos seus sistemas e redes internos, sendo recomendável que sejam observadas, também, as disposições constantes na Norma Complementar nº 21/IN01/DSIC/GSIPR[12], que dispõe sobre as Diretrizes para o Registro de Eventos, Coleta e Preservação de Evidências de Incidentes de Segurança em Redes.

Tal norma dispõe que, caso o ilícito tenha partido de computadores específicos, o primeiro passo é a adequada preservação das informações por meio do isolamento dos dispositivos que podem conter os indícios e registros capazes de auxiliar na comprovação da irregularidade.

Assim, dispositivos que possam ter sido utilizados para o cometimento de ilícitos e estejam conectados na rede interna da organização deverão ser retirados do alcance de qualquer colaborador, bem como desconectados da rede, de modo a evitar acessos indevidos e eventual destruição e/ou invalidação jurídica das evidências.

Isolado o dispositivo, ideal que seja realizada a criação de cópia forense da mídia de armazenamento, seja por meio de cópia bit a bit do dispositivo ("espelhamento"), seja por meio da criação de uma imagem das informações contidas no dispositivo.

O espelhamento copia de forma exata e fiel os dados contidos em um dispositivo de armazenamento para outro dispositivo, conservando a propriedade dos arquivos e sua estrutura organizacional. É mais recomendado do que a simples cópia de arquivos, já que esta pode alterar informações importantes, como a data de criação ou de modificação, bem como os

---

[11] SAIACH, Victoria M. Rodríguez. *Prueba y carga de la prueba en materia informática*. Buenos Aires: Gowa Ediciones Profissionales, 2014, p. 256.

[12] BRASIL. Norma complementar nº 21/IN01/DSIC/GSIPR. *Diretrizes para o registro de eventos, coleta e preservação de evidências de incidentes de segurança em redes*. Disponível em: http://dsic.planalto.gov.br/legislacao/nc_21_preservacao_de_evidencias.pdf. Acesso em: 30.07.2018

registros de interação de usuários com o arquivo, retirando seu valor probatório. A criação de imagem do dispositivo é processo semelhante ao espelhamento, mas, ao invés de copiar *bit* a *bit* os dados de um dispositivo para outro, eles são copiados para arquivos.[13]

Dispondo de cópia forense, o responsável pela apuração interna terá mais segurança para extrair dados e analisar as possíveis evidências, já que terá acesso à cópia exata do dispositivo original. A partir daí, podem ser usadas diversas técnicas para a análise dos dados capturados, de acordo com a necessidade do caso concreto.

A realização de cópia forense depende da utilização de ferramentas técnicas adequadas, tanto de hardware quanto de software, utilizados por peritos e assistentes técnicos em computação forense.

Não à toa, aliás, é extremamente recomendável – e aí se tem mais um aspecto prático-legal importante do *compliance* digital – que toda a cadeia de custódia da prova, ou seja, todo o procedimento de coleta da evidência seja acompanhado por um tabelião, o qual lavrará uma ata notarial[14] – meio de prova típico (art. 384, Código de Processo Civil) – conferindo fé-pública a todo o passo a passo.

Apesar de todas as possibilidades narradas acima, a investigação privada encontra alguns requisitos e limites bem delineados, não podendo ser aplicada sem a observância e o cuidado necessários.

Conforme exposto no tópico anterior, o monitoramento e a fiscalização no ambiente da organização privada podem ocorrer, desde que os equipamentos monitorados sejam comprovadamente de propriedade da organização, haja previsão específica no Contrato de Trabalho ou nas Polí-

---

[13] ELEUTÉRIO, Pedro Monteiro da Silva; MACHADO, Marcio Pereira. *Desvendando a Computação Forense*. São Paulo: Novatec, 2011. p. 55 e 56.

[14] Trata-se de documento público, lavrado por tabelião de notas, nos termos do art. 7º, III, da Lei Federal n.º 8.935/1994, que tem a finalidade de constatar a existência ou o estado de coisas, pessoas e outros objetos, com a presunção de veracidade típica dos documentos públicos. Nela, o tabelião descreve os fatos que presencia, tanto no recinto interno como em local externo à serventia, ou ainda em ambiente virtual, atribuindo fé pública àquilo que constatar. Atualmente, com o desenvolvimento da tecnologia, grande parte das relações sociais, negociações comerciais, ou mesmo interações com o Estado, se estabelecem por meio eletrônico. Nesse contexto, vê-se renovada a importância da ata notarial. Provas *in* Temas Essenciais do Novo CPC: Análise das Principais Alterações do Sistema Processual Civil Brasileiro. Coordenadores: WAMBIER, Luiz Rodrigues; WAMBIER, Tereza Arruda Alvim. São Paulo, Ed. *Revista dos Tribunais*, 2016, p. 247.

ticas de Segurança da Informação acerca da destinação única e exclusiva dos equipamentos para fins corporativos, e os membros da organização ou empregados sejam avisados de que são monitorados, reduzindo a sua expectativa de privacidade.

Assim, a investigação realizada pela organização privada nunca poderá invadir a esfera privada e a intimidade do investigado, ficando restrita ao monitoramento e a fiscalização de dispositivos e materiais corporativos.

Os Tribunais têm se posicionado com relação aos limites do monitoramento e da fiscalização dos membros da organização privada, em particular o Tribunal Superior do Trabalho, que diferencia o acesso aos equipamentos e aplicações corporativas, das de caráter privado ou pessoal:

Prova ilícita. E-mail corporativo. Justa Causa. Divulgação de material pornográfico. 1) Os sacrossantos direitos do cidadão à privacidade e ao sigilo de correspondência constitucionalmente assegurados, concernem à comunicação estritamente pessoal, ainda que virtual. Assim, bem assim do próprio endereço eletrônico que lhe é disponibilizado igualmente pela apenas o e-mail pessoal ou particular do empregado socorrendo-se do próprio provedor, desfruta de proteção constitucional e legal de inviolabilidade. 2) Solução diversa impõe-se em se tratando de e-mail corporativo, instrumento de comunicação virtual mediante o qual o empregado louva-se de terminal e de computador da empresa (...) Ostenta pois natureza jurídica equivalente à de uma ferramenta de trabalho proporcionada pelo empregador ao empregado para consecução do serviço. 3) (...) notadamente o e-mail corporativo não raro sofre acentuado desvio de finalidade, mediante a utilização abusiva e ilegal, de que é exemplo o envio de fotos pornográficas. Constitui assim expediente pelo qual o empregado pode provocar expressivo prejuízo ao empregador.(...) 5) Pode o empregador monitorar e rastrear a atividade do empregado no ambiente de trabalho, em e-mail corporativo, isto é, checar suas mensagens, tanto do ponto de vista formal quanto sob o ângulo material ou de conteúdo. Não é ilícita a prova assim obtida, visando a demonstrar justa causa para despedida decorrente do envio de material pornográfico a colega de trabalho. Inexistência de afronta ao art. 5º, incisos X, XII e LVI, da Constituição Federal.[15]

Ainda, os meios utilizados para a obtenção de informações ou evidências devem ser lícitos, ou seja, devem obedecer aos princípios constitucio-

---

[15] TST, RR nº 61300-23.2000.5.10.0013, 1ª T., Rel. Min. João Oreste Dalazen, DJ de 10.6.2005.

nais e respeitar a legislação vigente, principalmente com relação à esfera privada e a intimidade de cada membro da organização. A coleta de imagens e de áudio, por exemplo, deve sempre estar estarem embasada pelo consentimento inequívoco do membro da organização ou do empregado, o qual pode ser coletado mediante assinatura das Políticas Internas de Segurança da Informação.

A investigação privada, ainda, deve ocorrer somente quando a conduta apurada impactar o ambiente de trabalho, violando as normas internas de conduta, ou tiver o condão de responsabilizar a empresa diretamente ou solidariamente, civil ou criminalmente. Ou seja, os fatos investigados precisam ter relação direta com as atividades do membro da organização e trazer consequências diretas para a empresa.

Por fim, sempre que a investigação interna esbarrar no cometimento de crimes que demandem a imediata comunicação para a autoridade policial, como por exemplo crimes relacionados à pornografia infantil, as autoridades deverão ser comunicadas imediatamente, não cabendo à organização privada prosseguir com a investigação, inclusive porque crimes dessa natureza podem acarretar na responsabilização daqueles que o manusearem meramente em razão do contato e do armazenamento do conteúdo[16].

Conclusão

Concluindo esse ensaio, é possível verificar a fundamentalidade que o *compliance* tem para as empresas e seus colaboradores, sobretudo no contexto contemporâneo de utilização inevitável dos mecanismos digitais – de retrocesso com chances quase inexistentes.

Com objetivos preventivos e reativos, sem qualquer pretensão de esgotar o tema, é possível compreender *compliance* como uma ideia ou um conjunto de atos em procedimento vocacionados a promover constantemente o pleno ajuste de comportamento das pessoas jurídicas e seus colaboradores aos deveres normativos, prevenindo riscos de responsabilização administrativa, civil e criminal, bem como de prejuízos à imagem, marca e nome dos envolvidos na atividade.

No contexto digital, o *compliance* ganha ainda mais relevância por dois motivos principais: a crescente impessoalidade das relações de proprie-

---

[16] Vide artigos 241 e seguintes do Estatuto da Criança e do Adolescente, Lei n° 8.069/1990.

dade, comerciais e de consumo, inclusive com o fenômeno do proprietário ausente, e a necessidade de se compreender as especificidades tecnológicas.

No primeiro caso, o que se observa é que cada vez menos proprietários, parceiros comerciais e consumidores tem o contato direto com as atividades das empresas para saber quais são os posicionamentos tomados e se estão em conformidade com o ordenamento jurídico. Se em tempos anteriores um fornecedor de insumos para uma fábrica conhecia seus vários espaços, hoje por vezes sequer sabe onde a sede está, confiando suas relações e decisões estratégicas em protocolos internos de conformidade de seu parceiro.

No segundo, a correta compreensão tecnológica e das normas e entendimentos judiciais atrelados é fundamental para a própria sobrevivência do *compliance* e da própria empresa, portanto. Nesse passo e contexto, tanto o monitoramento das atividades dos colaboradores como a correta coleta das evidências são imprescindíveis. Sendo o primeiro plenamente possível na prática e juridicamente, desde que a empresa se resguarde previamente com os documentos vocacionados a esclarecer seus colaborares, a definir responsabilidades e finalidades de uso dos equipamentos, bem como a reduzir claramente as expectativas de privacidade. Em paralelo, a correta colheita de provas é fundamental para preservar a integridade, autenticidade e cadeia de custódia da prova para que ela seja útil à empresa ao se deparar com o ônus de fazer prova do evento ocorrido ou de que adotou todas as providências preventivas e reativas necessárias.

Caso contrário, se a empresa desconhecer ou inobservar os aspectos prático-legais de tais providências, o *compliance*, se existir, antes vocacionado a mitigar riscos, os aumentará em verdadeira ineficiência. Em síntese, o conhecimento do procedimento prático-legal da investigação da prova digital é, contemporaneamente e sem medo de errar, peça-chave na sustentação da área de conformidade, e por tudo dito, da própria companhia no mercado.

Referências

BRASIL. Lei nº 12.846, de 01 de agosto de 2013. *Dispõe sobre a responsabilização administrativa e civil de pessoas jurídicas pela prática de atos contra a administração pública, nacional ou estrangeira, e dá outras providências.* Disponível em: http://www.planalto.gov.br/CCivil_03/_Ato2011-2014/2013/Lei/L12846.htm. Acesso em: 05.08.2018.

BRASIL. Norma complementar nº 21/IN01/DSIC/GSIPR. *Diretrizes para o registro de eventos, coleta e preservação de evidências de incidentes de segurança em redes.* Disponível em: http://dsic.planalto.gov.br/legislacao/nc_21_preservacao_de_evidencias.pdf. Acesso em: 30.07.2018.

CARDOSO, Débora Motta. *Criminal compliance na perspectiva da lei de lavagem de dinheiro.* São Paulo: LiberArs, 2015.

ELEUTÉRIO, Pedro Monteiro da Silva; MACHADO, Marcio Pereira. *Desvendando a computação forense.* Ed. Novatec, São Paulo, 2010.

INSTITUTO BRASILEIRO DE GOVERNANÇA CORPORATIVA. *Código das melhores práticas de governança corporativa.* 5 ed. São Paulo: Ibgc, 2015, p. 20. Disponível em: <http://conhecimento.ibgc.org.br/Lists/Publicacoes/Attachments/21138/Publicacao-IBGC-Codigo-CodigodasMelhoresPraticasdeGC-5aEdicao.pdf>. Acesso em: 05.ago.2018.

INTERNATIONAL ORGANIZATION FOR STANDARDIZATION. *ISO19600*: Compliance management systems – Guidelines. Genebra: ISO, 2014.

SAIACH, Victoria M. Rodríguez. *Prueba y carga de la prueba en materia informática.* Buenos Aires: Gowa Ediciones Profissionales, 2014.

SARCEDO, Leandro. *Compliance e responsabilidade penal jurídica: construção de um novo modelo de imputação baseado na culpabilidade corporativa.* São Paulo: Liberars, 2016.

VERÍSSIMO, Carla. *Compliance: incentivo à adoção de medidas anticorrupção*, São Paulo: Saraiva, 2017.

VOLKOV, Michel. *The two Ps of compliance: promote e protect. Corruption, crime and compliance.* Disponível em: https://blog.volkovlaw.com/2015/04/the-two-ps-of-compliance-promote-and-protect/. Acesso em: 05.ago.2018.

WAMBIER, Luiz Rodrigues; WAMBIER, Tereza Arruda Alvim. [coord.]. *Temas Essenciais do Novo CPC: Análise das Principais Alterações do Sistema Processual Civil Brasileiro*, São Paulo: Ed. Revista dos Tribunais, 2016, p. 247.

Responsabilidade Social Corporativa como Instrumento de Compliance

Cristiane Mancini

Introdução

Há alguns anos a Responsabilidade Social Corporativa (RSC) está em voga por questões especialmente ambientais e escassez de matérias primas, o que estimulou, neste sentido, a criação de diversos programas empresariais. Semelhante ao observado em ações socioambientais estratégicas aplicadas pelas empresas quando estas buscavam atrair consumidores engajados, posicionamento de mercado e perenidade, os programas de *compliance* tornaram-se estratégias essenciais de funcionamento empresarial principalmente em empresas internacionalizadas. Atos de desvio de conduta empresarial seriam uma das razões para sua mais frequente implantação, razões estas que não caberão a este artigo. Fato é que os programas de *compliance* não excluem ou anulam as ações de RSC ou vice e versa, na verdade, ampliam seus objetivos, de modo a garantir a preservação reputacional da empresa, a minimização de riscos de fuga de capital, de pagamento de multas e/ou sanções de outras naturezas, tornando assim, ambos os programas mais completos.

Será possível compreender, através desta contribuição empírica, que seu compromisso combinado aos programas de *compliance*, dada as inúmeras semelhanças que permeiam em ambos, podem desenvolver-se conjuntamente, construindo uma empresa mais ética, comprometida e preocupada com seus consumidores. Através de uma síntese histórica, será possível verificar neste artigo que os programas de *compliance* são formas evoluídas das antigas práticas de RSC e que devem ser suportadas e monitoradas pelos programas de *compliance*. O inverso também é possível, já que ambos são convergentes.

Responsabilidade Social Empresarial é a forma de gerir as empresas preservando os interesses dos colaboradores, clientes, fornecedores, distribuidores, sociedade e governo (*stakeholders*[1]) pela aplicação de ações éticas e transparentes, ou mesmo compensadoras dos impactos das atividades da empresa, elevando, desta maneira, a boa imagem empresarial a todos os agentes econômicos com os quais esta se relaciona (KOTLER, 2005).

Programa de *Compliance* ou de Integridade, por sua vez, "é um conjunto de medidas internas que permite prevenir ou minimizar os riscos de violação às leis decorrentes de atividade praticada por um agente econômico e de qualquer um de seus sócios ou colaboradores" (Cade, 2006). Isto é, é o conjunto de processos e procedimentos que objetivam a preservação da imagem da empresa bem como, do interesse das partes relacionadas, incluindo, não se limitando, a seus acionistas, pelo respeito às leis a ela aplicáveis e mesmo às suas políticas internas, de modo a evitar, detectar e tratar atos corruptivos.

Como exposto, as similaridades entre *Compliance* e RSC são evidentes e sobrepõem as diferenças: o fundamento de ambos são os valores éticos e seus beneficiários são a própria empresa que os adota e seus *stakeholders*. Os fundamentos explicitados são de certa forma ambiciosos e desfiadores por não requererem apenas a elaboração de uma série de procedimentos, mas também (e principalmente) uma alteração na cultura corporativa (todos os níveis hierárquicos). Uma vez que tais colaboradores podem apresentar diferentes motivações e graus de tolerância a riscos e desvios de conduta, o programa tem por função ditar valores e objetivos comuns, garantindo sua observância de maneira contínua e permanente. Ademais, precisam da convergência e colaboração entre todas as áreas da empresa. Por fim, além das próprias empresas, a adoção de ambos os programas beneficia

---

[1] Para Freeman (2000), *stakeholders* são quaisquer grupos ou indivíduos que possam vir a afetar ou ser afetados através das atividades da organização como, funcionários, clientes e o governo.

terceiros, entre eles investidores, consumidores e parceiros comerciais, na medida em que garante que os mercados permaneçam competitivos, previne a ocorrência de infrações e danos delas decorrentes e evita perda de valor da empresa. Ainda, para as autoridades, a prevenção é sempre preferível à repressão e representa menor custo à sociedade como também menor burocracia na aquisição de financiamentos e créditos. Em síntese, a sociedade, a economia e a concorrência como um todo se beneficiam de programas de RSC e *compliance*.

Quanto às divergências, seus objetivos principais são pouco diferentes. Nos programas de *compliance* são o de especialmente prevenir fraudes, corrupção, a prática de lavagem de dinheiro e o financiamento do terrorismo, enquanto o da RSC é contribuir para uma sociedade mais justa em todos os parâmetros e a conservação do meio ambiente. Ainda, a RSC é caracterizada por ser um ato voluntário da empresa, o que nem sempre ocorre com os programas de *compliance*. O profissional de *compliance* atua como verificador das ações de RSC, de modo a prevenir ou erradicar eventuais conflitos de interesse ou, até mesmo, a utilização da área para práticas indevidas, por exemplo, doações para instituição de agente público ou político em contrapartida obtendo vantagens na contratação pública ou para a prática de lavagem de dinheiro.

Tal como apresentado, a RSC não deixa de ter importância nas corporações, ao contrário, pode ser utilizada como um instrumento para atender as leis e boas práticas mais atuais e abranger novos focos de atenção que podem impactar a reputação da empresa, assim como a permanência do negócio a ser vista a seguir.

1. Responsabilidade Social Corporativa (CSR)

1.1. Síntese da Origem e Evolução

Segundo alguns especialistas, a Responsabilidade Social Corporativa (RSC) ou Responsabilidade Social Empresarial (RSE) como é mais conhecida no Brasil foi reinventada a partir de uma noção desacreditada para um dos conceitos mais aceitos no mundo corporativo atual (LEE, 2008).

A atuação social das empresas e o debate quanto ao papel das corporações na sociedade não é uma prática recente. Em verdade, foi a partir do surgimento das primeiras relações de trabalho capitalistas que se estabeleceu uma noção de obrigatoriedade e responsabilidade dos empresários para com os seus subordinados nas indústrias, regida pela moral religiosa em meados do século XVI. Deste modo, o envolvimento das empresas em ações de caráter social não é algo atual, e as primeiras noções de responsabilidade social remontam ao surgimento das primeiras corporações (LEE, 2008).

A ideia de que a empresa possuía uma responsabilidade sobre seus colaboradores e para com a sociedade sempre existiu, sustentada por princípios filantrópicos e religiosos, e executada mediante as práticas paternalistas. A RSC, assim, se reduzia ao filantropismo, com caráter pessoal atribuído aos líderes das grandes corporações. Contudo, até o início do século XX, atribuía-se ao Estado a responsabilidade de atender as necessidades da sociedade por meio de serviços e programas sociais, conferindo às empresas a principal função de maximização dos lucros e geração de empregos (CARROLL, 1999). Por volta do século XX, como consequência da Grande Depressão e da Segunda Guerra Mundial (a partir da década de 1950), o conceito de responsabilidade social gradualmente atravessou por um processo árduo de racionalização, que se estendeu pelas quatro décadas seguintes (CARROLL, 1999 e 2010; LEE, 2008), e permanece até hoje.

É possível observar que por um período foram retomados os estudos sobre ética e responsabilidade social corporativa, partindo da visão econômica disseminada por Milton Friedman, na qual a empresa socialmente responsável é aquela que corresponde às expectativas de seus acionistas. Já na última década, concluiu-se que a empresa socialmente responsável é aquela que corresponde às expectativas de seus *stakeholders* atuais e prospectivos, compartilhando de uma visão mais radical de sociedade sustentável, ideias estas mais aceitas no mundo corporativo atual, pela aderência às atuais estratégias organizacionais, alinhamento com o conceito de sustentabilidade e com o novo perfil do consumidor.

Segundo William C. Frederick (2006), "a década de 50 foi responsável por importantes etapas de desenvolvimento do conceito de RSC. São estas, a ideia de que o empresário deveria desempenhar um papel de curador público; a busca pelo equilíbrio das diversas demandas pelos recursos corporativos e a filantropia corporativa, em que as corporações apoiam causas sociais".

O ano de 1953 foi determinante na aproximação das relações entre corporações e sociedade. Primeiramente, o caso *A.P. Smith Manufacturing Company versus Barlow*, no qual a Suprema Corte de Nova Jersey julgou a ação favorável à doação de recursos da organização para Universidade de Princeton, sendo contrário aos interesses de um grupo de acionistas que protestaram por acharem inadequada utilização de recursos financeiros senão para a multiplicação de lucros. A partir daí, se estabeleceu a lei da filantropia corporativa, regulamentando que uma corporação poderia destinar recursos para promover o desenvolvimento social.

Para Friedman (1962), a RSC impunha um custoso e injusto compromisso aos acionistas das organizações, pois a mais importante responsabilidade dos executivos era a de maximizar os lucros dos acionistas das organizações, devendo deixar que os problemas sociais fossem sanados por organismos públicos e pelas organizações da sociedade civil - mesmo porque se julgava não serem agentes da responsabilidade social, por agirem de acordo com interesses individuais e não da coletividade.

A década de 1970, por sua vez, foi marcada pelo esforço a operacionalizar e aplicar de maneira efetiva a RSC e seu comprometimento para com a sociedade. Desta forma, as organizações se consolidam como entidade moral sobre a sociedade, se dissociando do conceito limítrofe da filantropia corporativa, e se aproximando assim, das atividades das organizações (FREDERICK, W. C, 2006).

De acordo com o *Committee for Economic Development*, a relação entre as empresas e a sociedade se alterou significativamente em função dos movimentos sociais que permaneciam desde a década de 60. Dessa forma, as corporações assumiram responsabilidades mais amplas, sendo impulsionadas a contribuir com a sociedade sem limitar-se ao fornecimento de produtos e serviços – especialmente nos Estados Unidos (CARROLL, 1999). Com isso, as discussões éticas e filosóficas passaram para um plano secundário (LEE, 2008) e a publicação nomeada *"A New Rationale for Corporate Social Policy"* foi decisiva para a mudança no rumo das discussões.

Os estudiosos nesta época argumentam que o engajamento social é de interesse econômico de longo prazo para as corporações e de seus acionistas a medida que a RSC fortalece a sociedade e o meio ambiente no qual as organizações estão inseridas. Assim, a maior parte da literatura da década foi construída a partir do pensamento do questionamento sobre o verdadeiro interesse das organizações ao engajamento com a

RSC. Importante mencionar que existia a proposição de que as empresas deveriam incluir em seus processos de tomada de decisão uma análise da repercussão das decisões empresariais à sociedade, com o pressuposto de que se esta estiver ao redor de uma organização em crise, os negócios sofrerão com a perda de poder do seu mercado consumidor e com a deterioração da infraestrutura base para as operações corporativas. Outra definição importante desta década foi a diferenciação entre o compromisso empresarial em relação à sociedade e a empresa literalmente se engajar em práticas socialmente responsáveis - de maneira proativa (LEE, 2008).

Para Frederick (1978), o primeiro tipo de postura empresarial poderia ser definido como responsabilidade social empresarial, enquanto o segundo, responsividade social empresarial, em que caberia uma antecipação das demandas sociais por parte das empresas, adequando às atividades empresariais às necessidades desta sociedade. A aplicação do segundo, portanto, seria mais desafiador e exigiria um comprometimento maior por parte das empresas. No entanto, por mais desenvolvidos que se apresentassem, os conceitos eram considerados somente esboços da RSC e distantes do modelo efetivo de aplicação (LEE, 2008).

Na década de 80, o conceito de RSC se consolida gradativamente, como consequência das pesquisas empíricas e do surgimento de temas alternativos, como as políticas públicas corporativas, ética empresarial e gestão dos *stakeholders*, bem como o desenvolvimento do Modelo de Performance Social Corporativa (CARROLL, 2010) – apresentado na próxima seção. Por conta da incompatibilidade entre os objetivos sociais e financeiros das empresas, este modelo foi aperfeiçoado por Wartick & Cochran (1985), ao incluir a dimensão das políticas organizacionais, estabelecendo a primeira relação entre RSC e a teoria da gestão dos *stakeholders*.

As descobertas do período indicaram, em sua maioria, uma ligeira relação positiva entre RSC e a performance financeira das organizações, no entanto, problemas metodológicos impossibilitaram esta correlação (LEE, 2008). Na década de 1980 e 1990, com a intensificação da globalização, que conferia maior velocidade na troca de informações além de novas tecnologias e aumento da competitividade entre as empresas e movimentos da sociedade civil que exigiam das empresas uma postura mais responsiva, a RSC definitivamente se tornou uma estratégia empresarial necessária e nesta década, a gestão dos *stakeholders* foi integrada ao conceito de

RSC. Com isso, tornou-se mais fácil a mensuração da performance social corporativa, e um direcionamento para a atuação social da empresa foi criado, identificando seu público-alvo e compromissos para com ele.

1.2. Caracterização

A definição atual para Responsabilidade Social Corporativa (RSC) é uma ação voluntária das empresas em relação à sociedade local em que estão inseridas. Ação esta de natureza vinculante e sancionável e que também pode ser incentivada por meios regulatórios.

"CSR is a voluntary, enterprise-driven initiative and refers to activities that are considered to exceed compliance with the law" (Subcomitê de MNEs da Organização Internacional do Trabalho, 2006).

O voluntariado é o resultado de uma percepção interna, empresarial, de seus compromissos e impactos positivos e negativos na sociedade, seja ela local, bem como em seu todo. Além disso, a empresa percebe que a tomada de determinadas decisões poderão ser benéficas para sua imagem perante aos que usufruem de seus produtos e serviços e que por sua vez, sua reputação pode ser elevada e sua marca fortalecida. Ações estas que arrefecem custos com publicidade e propaganda, pois antecedem os desejos do consumidor e agem no início da produção ou prestação de serviço ao invés de mediante algum descontentamento, prepararem possíveis defesas. Ademais, o fortalecimento da marca confere a empresa o acesso a mercados, sejam estes países ou um determinado público ainda não conquistado.

A RSC é igualmente uma integração de anseios sociais e ambientais traduzidos em metas comerciais e planejamento empresarial, assim como financeiro-contábil. Além disso, relatórios de desempenho empresarial devem ser transparentes, auditados e acessíveis a todos os consumidores e colaboradores da organização – independentemente do nível hierárquico destes. Vale mencionar, que poucas assimetrias de informação são de certa forma aceitáveis já que algumas possuem caráter confidencial.

Não somente uma interação de áreas e departamentos internos de uma empresa, a RSC é uma interação entre os *stakeholders*, isto é, o comprometimento com o que se produz, com o que se fornece; com o segmento em que atua, se tornam parte da responsabilidade para com todos os elos da cadeia produtiva e o comprometimento de um agente passa a ser de todo um conjunto deles (*Ellen Macarthur Foundation*, 2016).

A Responsabilidade Social Corporativa (RSC) é demasiadamente ampla e não se concentra em questões somente ambientais ou sociais como foi possível observar na sua evolução. A sua prática é uma forma de conduta em todos os aspectos operacionais da empresa, sejam eles relacionados ao meio ambiente, à empregabilidade, a sociedade e cultura, denotando que a empresa passa a se responsabilizar por tudo aquilo que comercializa, e não somente isso, mas com tudo aquilo que provoca, incentiva e realiza na sociedade seja com seus funcionários ou, sejam eles, os consumidores.

Ao se tratar do meio ambiente, as empresas se responsabilizam pela gestão de recursos e resíduos; eficiência ecológica-energética; contratação responsável, dentre outros. No que se refere à temática empregabilidade, convergência às normas trabalhistas e boas condições de trabalho (não discriminatória e não abusiva) e relações entre o empregado e a comunidade se tornam temas de relevância e de comprometimento. Por fim, no que tange à sociedade e à cultura, equidade social; equilíbrio de gênero; direitos humanos; anticorrupção e suas práticas, indo de encontro a práticas transparentes, éticas e de boa conduta. Segundo o Instituto para o Desenvolvimento do Investimento Social (IDIS), organização da sociedade civil de interesse público com a missão de promover o Investimento Social Privado, uma empresa socialmente responsável é aquela que:

"Zela pela qualidade ética e transparente das relações com os públicos de interesse; Incorpora interesses legítimos das partes interessadas nos planos da empresa; Considera o impacto de suas ações no meio ambiente e identifica estratégias para reduzi-lo; É corresponsável pelo desenvolvimento sustentável social, ambiental e econômico (especialmente da comunidade onde está instalada); Assume uma atitude estratégica, não apenas postura legal ou filantrópica; Agrega valor para todos" (IDIS, 2006).

1.3. A Reputação Empresarial

Ao adotar a Responsabilidade Social Corporativa, a empresa se antecipa sobre os anseios futuros e como seus funcionários e consumidores a visualizará. Desta forma, toma decisões racionais que conferem competitividade à empresa, pois transmite a imagem de comprometimento e boa conduta. Ademais, a boa reputação, repercute no valor de mercado desta marca, desta empresa, permitindo maior acesso aos mercados, sejam os já acessados ou ainda desconhecidos e conseguem monopolizá-los de uma maneira meritosa, idônea e respeitável.

Dada à idoneidade percebida e respeito conquistado, a concessão e acesso ao capital é facilitado, atraindo mais investidores, o que por sua vez, incentiva a inovação, novos produtos e processos (qualidade e produtividade); permite os recursos humanos mais eficientes e comprometidos (maior atratividade de funcionários, fidelizando-os, promovendo orgulho de fazer parte da empresa e incentiva sua permanência nela). Ainda, com a boa reputação atrelada ao contentamento de consumidores e funcionários, as empresas são agentes ativos na criação de políticas finais inclusive públicas.

Vale mencionar que a empresa, seus funcionários e consumidores caminham juntos, compartilhando esta responsabilidade, sendo agentes ativos de transformação, de eficiência, produtividade e disseminação de boa conduta.

A imagem da empresa nos dias atuais passou a ser um *driver* de suma relevância em termos de competitividade. Imersa na Responsabilidade Social Corporativa, é de acordo com a maneira que a sociedade percebe a empresa, que o sucesso de seus negócios se dará em menor ou maiores proporções. A preocupação com sua reputação é algo construído, de longo prazo, um compromisso com os diretamente e todos os envolvidos. Também um facilitador na tomada de decisões e análise de riscos bem como, um componente inevitável na busca de vendas e por sua vez, maior lucratividade.

A imagem empresarial é vista como adição de valor à companhia, cujas questões sociais, de meio ambiente se tornam questões financeiras também. Isto é, problemas de quaisquer ordens, neste sentido, significam maiores riscos à perenidade desta empresa. Com isso, o conceito do tripé da sustentabilidade, conhecido como *triple bottom line*[2], criado nos anos 90, quando aplicado nas empresas, correspondem aos resultados de uma organização medidos em aspectos sociais, ambientais e econômicos. O desenvolvimento sustentável pode ser compreendido como aquele que atende às necessidades das gerações atuais sem comprometer a possibilidade das futuras gerações de atenderem às suas próprias necessidades em todos os aspectos mencionados (Savitz, A.W. and Weber, K, 2016).

---

[2] *people, planet, profit* – pessoas, planeta, lucro.

Essa percepção foi gerada a partir da exigência maior do consumidor em relação às empresas e sua relação com os impactos ambientais, econômicos e sociais que geram seus produtos. O tripé deve interagir de forma dependente e é composto pelos seguintes pilares são: a) *People* – refere-se ao tratamento do capital humano de uma empresa ou sociedade: salários justos, capacitação e oportunidades equitativas, adequação a legislação trabalhista e ambiente de trabalho agradável, prevenção à corrupção e repercussão nas comunidades vizinhas; b) *Planet* – refere-se ao capital natural de uma empresa ou sociedade, isto é, ambiental. Nesse aspecto, a empresa ou a sociedade deve pensar em maneiras de amenizar e compensar os impactos ambientais, incluindo adequação à legislação ambiental (redução de emissões de poluentes, reutilização de resíduos); c) *Profit* – é resultado econômico positivo de uma empresa que adere aos pilares anteriores, de maior rentabilidade, de maior retorno ao acionista e economia de custos de produção e processos e eficiência. Quando se refere aos acionistas, o compromisso se eleva por terem responsabilidades com transparência, boa conduta, inclusive atestados mediante auditoria.

Neste sentido, as empresas acabam por adotar padrões maiores que o Estado, pois para atingir o mercado consumidor e corresponder às expectativas de seus acionistas, é necessário antever o que o Estado proporia e exigiria e o que os consumidores e acionistas esperam desta companhia. Amplia desta forma, a "boa imagem" e a reputação da empresa/de seus produtos/de sua marca nos mais diversos locais que se estabelece. Vale mencionar que em uma empresa multinacional, por exemplo, esta conduta é sempre exigida, pois para o mercado concorrencial extremamente acirrado, a responsabilidade social corporativa passa a ser requisito e ganho de parcela de mercado.

Estas ações são incentivadas e valorizadas, principalmente nos dias atuais em que existem incentivos para melhores atuações internacionais (*rankings*). Neste caso, o início desta ação é dado pelo Estado que por sua vez, incentiva as empresas que por meio de *rankings* divulgam de maneira "gratuita" sua imagem e reconhecimento adquiridos através da sociedade. As empresas que adotam um programa de Responsabilidade Social Corporativa (RSC) acreditam que se continuarem permitindo atos corruptivos sem penalidade, poluindo, consumindo energia ineficientemente bem como maus tratos, insatisfação por parte dos funcionários, falta de transparência, dentre outros, em algum momento existirão normas por parte dos governos que incorrerão em custos maiores, em forma de regulamentação, penalidades e possível extinção de suas atividades. Desta forma, as empresas buscam anteceder os aspectos que precisam ser melhorados, trabalhados e utilizados de uma maneira mais eficaz e eficiente, o que reduzirão seus custos e incorrerá na aceitação e respeito dos consumidores, mercados e da sociedade como um todo.

Os consumidores por sua vez, prezam por produtos que estão em concordância com suas maneiras de viver e de pensar, que não agridam aos direitos humanos, a regulamentação, e ao meio ambiente. Ademais, esperam que as empresas não somente produzam, mas que sejam idôneas, respeitáveis, que zelem e sejam parte do desenvolvimento e difusão de tecnologias ambientalmente amigáveis, de promoção ao desenvolvimento social e econômico e disseminadoras de boas práticas onde estiverem estabelecidas.

2. Modelos de Responsabilidade Social Corporativa (RSC)

O primeiro modelo a ser apresentado é o normativo de Carroll (1979) que investiga quais são as responsabilidades almejadas por uma empresa, composto por quatro dimensões: a econômica, a social, a ética e a discricionária. São consideradas uma parte integral da responsabilidade social total da organização, e poderiam ser estruturadas na pirâmide a seguir.

Figura: A pirâmide da Responsabilidade Social Corporativa.

Na pirâmide de Carroll, a dimensão econômica está na base, pois é considerada o alicerce para todas as demais, e obviamente a organização não consegue ser perene sem que essa seja atendida. Em seguida, estão as categorias legal, ética e discricionária, esta última que em uma versão posterior do modelo é descrita como filantrópica (CARROLL, 1979 e 1991). O modelo foi desenhado não para que tais categorias fossem atendidas na sequência que são apresentadas - de baixo para cima - mas para que todas sejam contempladas nas ações da organização de uma maneira contínua. Desta forma, a organização deve almejar a lucratividade, obedecer à lei, ser ética e apresentar boa conduta corporativa na sociedade que está inserida. Por estar esquematizado em uma pirâmide, este modelo possuía algumas limitações. Isto porque este formato sugere uma hierarquia entre as diferentes dimensões da RSC, podendo levar a um entendimento errôneo daquele que o interpreta, além de não permitir uma sobreposição entre a aplicação das dimensões. Outra limitação seria a da existência da dimensão filantrópica ou discricionária com uma categoria obrigatória da RSC e separada das demais, podendo ser, na verdade, inserida como uma parte dos interesses da categoria ética ou econômica das organizações.

Por conta destas limitações, surgiu o modelo desenvolvido por Schwartz e Carroll (2003). O Modelo de Responsabilidade Social Corporativa de Três Domínios apresenta a ideia de que todas as categorias podem ser realizadas conjuntamente ou separadamente, com diferentes sobreposições entre si, demonstrando as atuações possíveis das organizações diante das suas dimensões econômica, legal e ética.

Outro modelo desenvolvido foi apresentado por Husted e Salazar (2006). Elaborado a partir das diferentes motivações pelas quais as organizações se engajam com a RSC. O modelo parte do pressuposto de que a organização não consegue maximizar as dimensões lucrativa e social simultaneamente, a não ser através de uma atuação estratégica. Esta se dá de maneira: a altruísta, a egoísta, e estratégica. O tipo altruísta de RSC é aquele em que a empresa investe neste programa sem endereçar investimentos ligados diretamente ao seu lucro. O egoísta é quando o programa de RSC é visto como uma forma de sobreviver ou crescer no mercado em que a empresa atua, seja por uma imposição legal (inclusive quando os concorrentes já aderiram a RSC e uma ou poucas empresas ainda não o fizeram). O tipo estratégico por sua vez, ocorre quando a organização investe de tal maneira a gerar para si mesma um benefício adicional, gerando um lucro maior.

Por fim, o modelo de RSC estratégico de Porter e Kramer (2006), que percebe a atuação social da organização como uma fonte de vantagem competitiva, e consequentemente de melhor performance econômica para a organização. O modelo expõe diferentes estágios de inclusão da RSC. Os dois estágios da RSC, o Defensivo e o Estratégico são desenvolvidos em três passos: (1) identificar os pontos de intersecção entre a organização e a sociedade; (2) selecionar questões sociais; e (3) desenvolver um programa - uma política social corporativa. O primeiro estágio de envolvimento em RSC seria o envolvimento responsivo ou defensivo ou ainda, reativo, tipo esse incapaz de gerar vantagem competitiva para o negócio.

A RSC responsiva se dá quando uma organização está sintonizada às preocupações sociais dos seus *stakeholders*, que antecipa efeitos adversos de suas operações. Já a RSC Estratégica, são ações tomadas diferentemente de seus concorrentes, diminuindo os custos e melhor endereçando as questões sociais. Esta vai além da boa cidadania corporativa, e envolve um trabalho apurado com os pontos de interesses comuns entre a organização e a sociedade. No que se refere ao *compliance*, as empresas adotam uma política baseada nesta temática, como um custo de realizar os negócios e o fazem para mitigar a deteriorização do valor econômico no médio prazo devido a questões legais e de reputação.

3. Responsabilidade Social da Empresa na Proposta de Instrumento de *Compliance*

A alta administração caracteriza-se como a mais elevada influência na cultura organizacional. Isto porque é responsável por determinar o estímulo a mudanças e seu modelo impactará a conduta dos demais, reproduzindo-se em efeito cascata, tanto de maneira positiva quanto negativa. A compreensão de que a rentabilidade sustentada de uma organização pode ser positivamente impactada com a implantação de um efetivo programa de *compliance* é determinante na propagação de uma nova cultura dentro de uma organização.

A avaliação por parte da alta administração é capaz de elencar o que deve ser melhorado, corrigido e as possíveis mudanças que se fazem necessárias. Para isso, compromisso e ações condizentes com o discurso, isto é, com a missão e valores de uma organização, são fundamentais para elevar a credibilidade do programa e para que seja seguido por todos os colaboradores de uma organização. É imprescindível que o primeiro passo seja um comunicado formal por parte da alta administração endossando o comprometimento da organização em fomentar condutas éticas, responsivas, transparentes e a observância nos processos de *compliance*. Esta comunicação deve contínua, transparente e consistente, colocada não como fardo a ser seguido. Deve ainda ser disseminada para todos os níveis hierárquicos e se torna indispensável para garantir que o *compliance* seja uma prioridade quotidiana e como padrão de comportamento da organização. A seguir serão apresentados alguns passos para esta implementação como instrumental.

3.1 Implementação da Área de **Compliance**

É necessário considerar que o objetivo da área de *compliance* são as atividades preventivas e consultivas e que, portanto, deve ser valorizado e incentivado pela alta administração. Para criar a área, é necessária a elaboração de um plano de negócios, com soluções inovadoras e alinhadas aos objetivos estratégicos da organização bem como apontar os benefícios inquestionáveis para a empresa, funcionários e para a valorização da reputação da organização, mitigação de riscos e o consequente aumento de seu valor de mercado. É imprescindível denotar a representatividade desta área com estudos de casos e argumentos infundados e a que a efetividade depende da colaboração de todos na organização.

3.2. Formação da Equipe e os Recursos

Caso a organização não disponha de recursos financeiros ou autorização para contratar um profissional especializado, há a possibilidade de terceirização. Para a seleção do(s) colaborador(es) deve-se levar em conta a complexidade e a natureza das tarefas. Uma equipe bem preparada e multidisciplinar resultará em maior credibilidade, eficiência e boas condutas e, consequentemente, evitará que a organização incorra em infrações legais e regulatórias. Os treinamentos e capacitações também são ações muito bem vistas e necessárias.

3.3. Mapeamento, Monitoramento de Riscos e Avaliações Contínuas

É fundamental analisar e compreender os significativos impactos/riscos regulatórios, as circunstâncias operacionais, legais e históricas do setor, integrando-as à matriz de riscos da organização. Além de que vale lembrar que a elaboração de um programa de *compliance* é único, individual, pois sempre dependerá da natureza e estágio de maturação do negócio, cultura organizacional, recursos e, acima de tudo, dos tipos de risco aos quais o negócio está exposto. Portanto, vale mapeá-los e compreendê-los para desenhar o programa adequado para cada organização. Além disso, para o acompanhamento, é importante criar testes periódicos de verificação de aderência às políticas e aos processos implementados e definição de metas, pois assegurarão a efetividade do programa.

3.4. Canal de denúncias, investigação e reporte

Canais de comunicação entre os principais públicos envolvidos na atuação da organização - colaboradores, fornecedores, distribuidores e clientes - e a área de *compliance* devem ter a oportunidade de se manifestar e de compartilhar seus receios. Para tanto, é imprescindível que se assegure o sigilo da informação, o anonimato, a não retaliação e o retorno quanto aos resultados das investigações ao denunciante. Falhas neste processo poderão expor a organização a contingências e colocar em dúvida a credibilidade da área.

3.5. Calibragem de Condutas

O cumprimento do programa de *compliance*, por todos os níveis da organização, deve ser mediante as ações de incentivos, para condutas conformes e, para os casos de infração a leis, regulamentos ou políticas internas, medidas disciplinares justas, consistentes, proporcionais à gravidade da conduta e comunicadas de forma objetiva e transparente. Maus comportamentos detectados, mas não corrigidos, colocam em risco a missão, a reputação e a segurança jurídica da organização.

3.6. Compromissos Internacionais

Tratados e leis internacionais sobre anticorrupção são cada vez mais numerosos e temidos pelas organizações, em razão das severas penalidades e de sua abrangência em uma economia cada vez mais interrelacionada e internacionalizada, como exemplo é possível citar o *Foreign Corrupt Practices Act* (FCPA) nos Estados Unidos e do *UK Bribery Act*, do Reino Unido. No Brasil, com o propósito de atender os compromissos internacionais assumidos, mecanismos semelhantes são adotados por força de lei que visam responsabilizar administrativa e civilmente pessoas jurídicas pela prática de corrupção contra a administração pública, nacional ou estrangeira. Comprovar os programas de *compliance* pode ser a diferença entre incorrer com as multas ou não e o grau destas. Os registros também são demasiadamente importantes por garantirem a segurança da organização ou caso não os detenha, podem ser utilizados contra a organização.

Muitas das práticas de Responsabilidade social corporativa apresentam maior benefício se forem implementadas numa perspectiva de gestão *"end to end"* (do início ao fim de uma cadeia), adicionando valor à cadeia de fornecimento de produtos ou serviços.

Considerações Finais

Os programas de *Compliance*, assim como os de RSC, devem estar alinhados às organizações atuais e são complementares. Devem ser condizentes com o porte, a natureza e a sofisticação das atividades empresariais. Precisam ser implementados após análise minuciosa do objeto social e das operações empresariais e fundamentados em um projeto preestabelecido e atualizados continuadamente. Vale ressaltar que um programa de *compliance* nunca está concluído; é um processo contínuo.

Atualmente, como foi possível analisar, discute-se cada vez mais o papel das empresas na sociedade e para com ela. A temática da Responsabilidade Social Empresarial ganhou, nas últimas décadas, importância como campo de estudo, de análise sendo incorporada nas estratégias organizacionais. No entanto, para atingir a atual relevância, o conceito de Responsabilidade social corporativa passou por um extenso desenvolvimento em múltiplos aspectos, desenvolvimento esse que pode ser resumido na ideia de uma maior racionalização da RSC. Tal racionalização permitiu, concretamente, que este fosse incorporado à estratégia das empresas.

Os modelos e debates apresentados neste artigo denotam que os programas de Responsabilidade social corporativa são aliados aos programas de *compliance* e ainda, aliados à sociedade e às organizações, em prol da solução de atos corruptivos, incentivadores da valoração da empresa no mercado, mitigação de riscos, disseminação da boa conduta, dentre outros. O principal desafio, como apresentado, é desmistificar os programas e disseminá-los em toda organização. Além disso, desafiador estar em concordância com o novo perfil do consumidor, mais ativo, reativos e mais exigentes e intolerantes a falhas.

Aderidas e incentivadas em empresas de grande porte estrangeiras, a Responsabilidade Social Corporativa conquistam os consumidores brasileiros, mas ainda, provocam certa resistência e desconfiança do empresário brasileiro principalmente por parte de micro e pequenas indústrias, mais rígidas a reestruturações. A preocupação com a imagem, com a reputação da empresa é um *driver* importante, essencial nos dias atuais e observado pelos consumidores. No entanto, é algo a ser construído, de longo prazo, um compromisso assumido pela empresa. Também, é um facilitador na tomada de decisões bem como, um componente inevitável na busca de vendas e por sua vez, maior lucratividade.

A Responsabilidade Social Corporativa traz uma reflexão sobre produtos com alta qualidade, idoneidade, boa conduta, responsabilidade, ética, respeito entre os diferentes elos da cadeia até o consumidor. Assim, a Responsabilidade Social Corporativa pode ser adotada como um instrumento de *compliance*, em que a reputação empresarial é o principal *driver* de competitividade, de sobrevivência e alavancagem de negócios, mas acima de tudo, de práticas éticas, responsivas e transparentes.

Referências

ASHLEY, P.A.; COUTINHO, R.B.G.; TOMEI, P.A. **Responsabilidade social corporativa e cidadania empresarial: uma análise conceitual comparativa.** In: Encontro Nacional de Pós Graduação em Administração. Anais ENANPAD, 24, 2000.

ASHLEY, P. A. Ética e Responsabilidade Social nos Negócios. São Paulo, Saraiva, 2005.

AUSTIN, James E.; SEITANIDI, Maria M. *Collaborative Value Creation:* **A review of Partnering Between Nonprofits and Businesses: Part I.** *Value Creation Spectrum and Collaboration Stages. Nonprofit and Voluntary Sector Quarterly*, XX(X), p. 1-33, 2012.

CAMPBELL, Leland, GULAS, Charles S., GRUCA, Thomas S.. **Corporate giving behavior and decision-maker social consciousness.** Journal of Business Ethics, v. 19, n. 4, p. 375-383, 1999.

CARROLL, A. B. ***A three-dimensional conceptual model of corporate social performance.*** *Academy of Management Review.* v. 4, n. 4, p. 497–505, 1979.

CARROLL, Archie B. ***Corporate Social Responsibility: evolution of a definitional construct.*** *Business and Society*, v. 38, p 268-295, 1999.

CARROLL, Archie B. *The Pyramid of Corporate Social Responsibility: Toward the Moral Management of Organizational Stakeholders.* Business Horizons, 1991.

CARROLL, Archie B. & SHABANA, Kareem M. *The Business Case for Corporate Social Responsibility: A Review of Concepts, Research and Practice.* International Journal of Management Reviews, v.12, p. 85–105, 2010.

COASE, Ronald. *The Nature of the firm.* Cambridge UP, Mass, 1996.

COOTER,R. e ULEN. *Law and Economics.* Pearson & Addison-Wesley, 2003.

FREDERICK, W. C. Corporation, Be Good! *The Story of Corporate Social Responsibility.* Dogear Publishing, Indianapolis, 2006.

FREEMAN, R. E.. *Strategic Management: A stakeholder approach.* New York, EUA: Cambridge University Press, 2000.

FRIEDMAN, M. *The social responsibility of business is to increase its profits.* New York Times, September, v. 126, 1962.

KOTLER, P.; LEE, N. *Corporate Social Responsibility: Doing the Most Good for Your Company and Your Cause.* Hoboken, NJ, Wiley, 2005.

M. Sornarajah. *The International Law on Foreign Investment.* Cambridge University Press, 2010.

NORTH, Douglass. *Institutions, Institutional chance and economic performance.* Cambridge University Press, 2009.

MUCHLINSKI, Peter. *Corporate Social Responsibility.* The Oxford Handbook of International Investment Law, 2008.

PORTER, M.; KRAMER, M. **Strategy & Society:** *The Link Between Competitive Advantage and Corporate Social Responsibility.* Harvard Business Review. Elsevier, v. 84, n.12, p. 78-92, 2006.

Internet

CADE. **Guia - Programas de** *compliance*: http://www.cade.gov.br/acesso-a-informacao/publicacoes-institucionais/guias_do_Cade/guia-compliance-versao-oficial.pdf. Último acesso: 08/11/2017.

ELLEN MACARTHUR FOUNDATION. *Corporate Social Responsibility.* https://www.ellenmacarthurfoundation.org/news. Último acesso: 08/11/2017.

Instituto para o desenvolvimento do investimento social (IDIS). **Responsabilidade social corporativa (RSC).** http://idis.org.br/. Último acesso: 10/11/2017.

Parte III – Lobby

Parte III – Leche

Policy Brief: Estudo e Proposta de Regulamentação da Atividade de Lobby e Grupos de Pressão no Brasil

Amanda Scalisse Silva

Flávio Miranda Molinari

Iúri Daniel de Andrade Silva

Lucas Alfredo de Brito Fantin

Patricie Barricelli Zanon

Samara Schuch Bueno

Introdução

Esta proposta de regulamentação da atividade de *lobby* no Brasil visa tornar mais transparentes e monitoráveis as condutas dos grupos profissionalizados representantes do interesse privado praticadas com o intuito de municiar os agentes públicos de informações específicas e técnicas acerca de determinado tema, na tentativa de aprimorar o processo legislativo e o resultado alcançado, para que as normas criadas sejam compatíveis com a realidade econômica e social vivenciada. A regulamentação deve influenciar na criação de uma cultura de segurança jurídica e política, mitigando a percepção hoje presente de que condutas antiéticas e influência desproporcional regem a construção das normas vigentes.

Esse tema ganha cada vez mais relevância no país, considerando a existência de conglomerados econômicos que concentram poder suficiente a influenciar nos processos de decisão e escolha dos cidadãos e seus representantes, o que pode impactar o estabelecimento de uma democracia e do fundamento do bem-estar social. O presente trabalho busca recomendar aspectos relevantes sobre a regulamentação entendida como a mais adequada para o Brasil.

1. Problemática

Como deve se dar a regulamentação do Lobby para que a atividade contribua, efetivamente, para maior segurança jurídica e transparência no processo legislativo?

2. Contexto

A regulamentação do *lobby* no Brasil é matéria que, ao longo dos últimos 30 anos, tem gerado acirradas discussões, conforme comprovam não menos de 15 proposições legislativas ofertadas desde a apresentação do Projeto de Lei nº 25/1984, pelo Senador Marco Maciel.

As discussões são marcadas por notório caráter ideológico, refletido na heterogeneidade dos projetos. As controvérsias envolvem desde o conteúdo da regulamentação até aspectos formais, como os concernentes ao tipo de diploma legislativo adequado ao tratamento da matéria e ao âmbito de abrangência da legislação. De fato, observa-se haver duas correntes diametralmente opostas, ambas com relevantes argumentos, a favor ou contra a regulamentação do *lobby*. Os que sustentam a necessidade de regulamentação ancoram-se no argumento da transparência e da *accountability* como critérios que norteiam as relações de poder. Por sua vez, os que advogam a tese da desnecessidade afirmam que a regulamentação criaria barreiras as quais dificultariam o acesso de grupos menores aos mecanismos de poder político. Outrossim, reduziria o grau de discricionariedade e de confidencialidade que se faria necessário para negociações políticas.

Discute-se, ainda, se a regulamentação far-se-ia por meio de atos infralegais ou mediante a edição de lei, havendo, até mesmo, proposta para regulamentação por meio de Emenda Constitucional. É necessário definir, da mesma forma, o âmbito de aplicação do referido diploma, considerando-se, notadamente, a estrutura federativa do Estado brasileiro. A preocupação com a disciplina das relações entre grupos de pressão e o poder político ultrapassa as cercanias do Poder Legislativo, já tendo sido alvo de estudos e de regramentos diversos do Poder Executivo, conforme se observa, dentre outros, a partir do "Seminário Internacional sobre Intermediação de Interesses: a Regulamentação do Lobby no Brasil", organizado em 2008 pela CGU. Fato é que a regulamentação do *lobby* em solo pátrio tem sido, até aqui, meramente indireta, por meio de normas infralegais, a exemplo de códigos de conduta de agentes políticos e de servidores públicos.

Conquanto haja normas que disciplinem a relação entre agentes públicos e agentes privados por meio do direito sancionatório, a exemplo das Leis nº 7.492/1986; Lei nº 8.429/92; Lei nº 12.846/2013; ou mesmo do Código Penal, tais diplomas legislativos não são encarados como instrumentos diretos de regulamentação do *lobby* no Brasil. Diante do atual contexto internacional, cuja agenda exige *accountability* nas relações entre os tomadores de decisões políticas e os segmentos privados, o tratamento da matéria é necessidade que exsurge. No cenário comparado, observa-se que a ampla maioria de países desenvolvidos regularam o *lobby*, de modo a considerar as especificidades das negociações políticas contextuais.

No Brasil, a inexistência da regulação representa claro ponto de fragilidade quanto à aludida agenda internacional, o que acarreta inseguranças jurídica e política, tendendo as relações entre os entes privados e públicos a ser vislumbradas genericamente com elevado grau de desconfiança, confundindo-se *lobby* com captura ou cooptação ilícita.

Partindo-se, portanto, da premissa de que as relações entre os setores privados e os tomadores de decisão política fazem parte do jogo democrático, a ausência da regulação acarreta insegurança quer para o *policy maker*, quer para as entidades que tentam exercer influência, as quais tendem a aumentar os custos corporativos, no território nacional, a fim de evitar que a influência política exercida seja interpretada aprioristicamente como conduta ilícita. Assim, definir os limites entre o exercício legítimo e democrático de influência e a prática de ato ilícito é peremptório para que se insira o Brasil nos trilhos do contexto internacional, reduzindo-se a insegurança jurídica, mediante a concepção de padrões éticos claros a nortear as relações entre o público e o privado.

3. Pontos de Convergência entre os Interesses do Sistema Político e da Universidade

A discussão acerca de como regular a atividade de *lobby* no Brasil interessa ao poder legislativo, pois a composição do Congresso Nacional pelos políticos é resultante da expressão popular representada por meio do voto e a atuação dos lobistas visa influenciar diretamente os políticos eleitos de acordo com os seus próprios interesses econômicos, os quais não necessariamente correspondem aos interesses do povo, sendo que os níveis de representatividade da sociedade no Congresso Nacional devem ser assegurados com vistas a manter a legitimidade do processo decisório na política. Assim, a regulação do *lobby* transborda os interesses daqueles praticam essa atividade e invade a seara democrática, sendo o povo, por essa perspectiva, o maior interessado.

A relevância do papel da universidade na condição de *advisor* na regulação do *lobby* é identificada no seu papel de transformador da sociedade por meio da construção do conhecimento com base na tríade ensino, pesquisa e extensão. Nesse sentido, o tema *lobby* está ligado ao Programa de Pós-Graduação *Stricto Sensu* em Direito Político e Econômico da Universidade Presbiteriana Mackenzie, o qual tem por objetivo estimular e consolidar uma reflexão crítica a respeito do impacto que as principais mudanças de paradigma na sociedade contemporânea têm causado na esfera jurídica, criando novas relações entre o Direito, a Economia e a Política. Essa área de concentração de pesquisa visa aprofundar o conhecimento na criação e expansão de mecanismos de democracias participativas no ambiente democrático das constituições contemporâneas, bem como analisar o ordenamento jurídico que toca a ordem econômica de determinadas comunidades políticas. Assim, a proposta do programa se insere nesse contexto propondo uma reflexão de dois aspectos conflituosos na atualidade: a democracia de massas e o poder econômico.

Em razão dos propósitos do Programa de Pós-Graduação Stricto Sensu em Direito Político e Econômico da Universidade Presbiteriana Mackenzie na pesquisa da área de concentração de Direito Político e Econômico, e pelo fato do tema lobby guardar estreita relação interdisciplinar entre o Direito, a Economia e a Política, o material produzido por essa universidade pode contribuir com a regulamentação da atividade pelo congresso nacional.

4. Opções de Políticas

Considerando que a regulamentação do *lobby* de forma indireta, por meio de dispositivos não específicos em leis esparsas parece não atender ao objetivo de proporcionar maior transparência e *accountability* no processo decisório político, apresentamos como opções de políticas modelos diversos de regulamentação.

Para tanto, nos valemos do estudo de Sotero em parceria com Anna Prusa, o qual, apresenta o ponto de partida para uma discussão sobre o *lobby* no Brasil a partir de uma comparação crítica e detalhada sobre a atividade nos Estados Unidos. Para os autores:

"Vista sob essa ótica dos interesses mais amplos da sociedade, a experiência do lobby nos EUA pode, sim, e deve ser usada como paradigma para o debate sobre a institucionalização da atividade no Brasil e nos países vizinhos, onde ganhou especial relevância e espaço em anos recentes sob o impacto de escândalos de corrupção alimentados pela exacerbação da prática ancestral das elites da América Latina de misturar interesse privado e público. Turbinado, no caso brasileiro, pelo fim da impunidade antes garantida aos ocupantes de posições de influência nas esferas política e econômica, e a seus agregados, o debate sobre a institucionalização do lobby impõe à sociedade a necessidade de definir competências e responsabilidades, de forma a dar transparência à atividade." (SOTERO; PRUSA, 2018).

Entretanto, embora se adote o modelo norte-americano como um paradigma, vale lembrar que sua robustez é fruto de um longo processo evolutivo no que tange à elaboração e revisão de leis. Nesse sentido, visando respeitar as particularidades da realidade brasileira, cuja regulamentação ainda é indireta e incipiente, o trabalho apresenta como opções de políticas, diferentes modelos de regulamentação, com base no Index quantitativo desenvolvido no âmbito do estudo intitulado "Hired Guns", pelo centro de investigação jornalística norte-americano, The Center of Public Integrity (2003). Tal estudo tinha como objetivo realizar uma comparação entre as leis dos 50 estados americanos que versavam sobre *lobby*. A partir das respostas a 48 questões dadas por cada estado, às quais correspondiam determinada pontuação, o índice CPI permitiria classificá-las de acordo com sua força em alta (60 -100), baixa (0-29) ou média regulação (30-59).

Frise-se que posteriormente, dada sua robustez, o índice foi utilizado em uma análise comparativa entre diversos países (CHARI; HOGAN;

MURPHY, 2010) de forma a obter dados qualitativos e informações mais específicas sobre as vantagens e desvantagens de cada modelo.

Nesse contexto, elencamos as seguintes opções de políticas para regulamentação do *lobby* no Brasil:

a) **Autorregulação do *lobby*:** consiste na existência de códigos de condutas autodefinidos pelos lobistas e demais envolvidos na atividade de representação de interesse.
Vantagens: conhecimento técnico específico de sua atividade, que lhes permite produzir normas de elevado grau de detalhamento com maior eficácia e eficiência, podendo, inclusive, suprir lacuna legal; maior aderência voluntária, uma vez que as normas foram desenvolvidas pelos próprios agentes; flexibilidade caso haja necessidade de alteração de determinada norma; economia com gastos para criação de novos órgãos e entes e fiscalização.
Desvantagens: incompatibilidade da intenção de lucro dos agentes com desempenho da atividade regulatória isenta de conflito de interesses, o que pode vir a comprometer a qualidade da autorregulação e o interesse público; a flexibilidade na elaboração pode resultar na abordagem de temas não tão extensos, e de pouco impacto, além de limitar as pessoas que serão abrangidas pelo instrumento; falta de monitoramento independente para garantir a aplicação dos instrumentos de autorregulação.

b) **Regulação direta e exclusiva:** envolve uma legislação específica marcada por diplomas legais específicos e superiores na hierarquia do ordenamento jurídico.
Vantagens: o conteúdo da legislação refletirá os interesses da sociedade como um todo, uma vez que elaborado por representantes do Congresso, primando pelo interesse público; a legislação poderá impor sistema de fiscalização e monitoramento independente, bem como prever sanções coercitivas, incentivando o cumprimento das normas.
Desvantagens: ausência de conhecimento técnico específico da atividade pode levar a elaboração de dispositivos incompatíveis com a realidade, ou de difícil aplicação, resultando em um desincentivo ao cumprimento da norma; dificuldade de alteração da norma, se

necessário, em razão da formalidade dos processos envolvidos; gastos públicos para implementação da norma, inclusive com a criação de órgãos e entes de fiscalização, se necessário.

c) **Baixa regulação (CPI Score até 29):** consiste em uma legislação mais simples que, em geral, não vai muito além da previsão da exigência de registro dos lobistas. Embora os dados dos cadastros sejam públicos, seus gastos, suas atividades, as matérias que acompanham e o período de quarentena não figuram nos seus diplomas normativos. À título de exemplo pode-se citar o PL 6928/2002 de autoria da Deputada Vanessa Grazziotin.
Vantagens: baixo custo que o grupo de interesse ou lobista profissional tem para se cadastrar e para produzir relatórios periódicos sobre suas atividades, o que configura menos uma barreira à entrada para qualquer grupo que tenha interesses a defender no parlamento (participação dos grupos menos poderosos estaria garantida). O aparato burocrático da agência de controle é mínimo, o que significa que os custos com a regulação e a fiscalização da atividade não representam um ônus significativo para o Estado; a baixa regulação gera a aceitação do registro por parte dos grupos de interesse e lobistas, evitando o sub-registro e permitindo uma visão mais confiável da extensão e da natureza dos interesses representados via *lobby*.
Desvantagens: as legislações vão pouco além da exigência do registro lobistas. Embora os dados cadastrais sejam públicos, seus gastos, suas atividades, as matérias que acompanham e o período de quarentena não figuram nos seus diplomas normativos. Os graus de transparência e *accountability* sobre a atividade nesses casos são bem menores do que nos países com média e alta regulação; a depender do formato da regulação, a falta de incentivos e sanções com relação ao registro pode levar a crer que o credenciamento pouco importa.

d) **Alta regulação (CPI Score acima de 60):** consiste em uma legislação mais detalhada, que provê muitas informações em relação à atividade de *lobby*. Como único exemplo dessa categoria tem-se o modelo norte-americano.

Vantagens: oferece informações bastante detalhadas sobre as atividades de *lobby*, o que torna as relações entre grupos de interesse, lobistas e parlamentares mais *accountable* pela sociedade.

Desvantagens: altos custos com a fiscalização; possibilidade de gerar um zelo excessivo nas interações políticas que venha a atrapalhar a interação entre os principais atores políticos no processo decisório e assim interferir em uma das principais vias de acesso da representação dos interesses da sociedade.

e) **Média regulação (CPI Score de 30 a 59):** consiste em uma legislação com grau de detalhamento intermediário, que vai além da previsão de exigência de registro dos lobistas, mas que fica aquém em relação ao acesso às informações sobre contratantes e gastos com o lobby. Nessa categoria enquadram-se a maioria das proposições legislativas brasileiras, a exemplo do PL 1202/2007, de autoria do Deputado Carlos Zarattini.

Vantagens: proporciona um grau de *accountability* razoavelmente elevado, permitindo que a sociedade saiba com clareza quem faz *lobby*, com quem os lobistas se relacionam no parlamento e que interesses ambos defendem.

Desvantagens: em geral, não permite que se tenha acesso às informações sobre o contratante nem sobre os gastos com o *lobby*, comprometendo a finalidade maior da legislação, que é promoção de transparência e *accountability*; envolve um volume grande de despesas por parte do Estado e se essa despesa empregada está marcada por forte incerteza dos seus resultados, esse custo pode ser literalmente injustificável.

f) **Políticas preexistentes**

Em termos de políticas preexistentes, verifica-se no Brasil diversas iniciativas políticas que envolvem direta ou indiretamente a regulamentação da atividade de *lobby*. A primeira delas ocorreu no ano de 1984, conforme já mencionado, na forma de um Projeto de Lei do Senado, proposto à época pelo Senado Marco Maciel (PFL-PE), posteriormente reapresentado e proposto como Projeto de Lei na Câmara dos Deputados.

Ao todo, mais de 15 iniciativas já foram propostas no âmbito do Congresso Nacional, nas suas duas casas legislativas, por autores de diferentes partidos políticos. Apesar disso, o cenário brasileiro não conta, até a presente data, com uma regulamentação específica sobre a atividade. O ordenamento jurídico apenas prevê a regulação indireta da atividade de *lobby*, geralmente formada por códigos de conduta ética visando prevenir atos de corrupção por parte de funcionários públicos e políticos (SANTOS; CUNHA, 2015). O quadro abaixo resume as principais propostas formuladas no âmbito do Congresso Nacional:

PROPOSTA	AUTOR	EMENTA	ÚLTIMA AÇÃO
PLS 25/1984	Sen. Marco Maciel PFL – PE	Dispõe sobre o registro de pessoas físicas ou jurídicas junto às casas do Congresso Nacional, para os fins que especifica, e dá outras providências.	05/12/1987 – Arquivado.
PRC 337/1985	Dep. Francisco Dias PMDC - SP	Dá nova redação ao artigo 60 do Regimento Interno, incluindo entre os beneficiários pelo credenciamento, como grupo de pressão ou *lobby*, os órgãos de representação dos funcionários públicos e as entidades sindicais de primeiro grau).	01/02/1987 – Arquivado.
PLS 203/1989	Sen. Marco Maciel PFL – PE	Dispõe sobre o registro de pessoas físicas ou jurídicas junto às casas do Congresso Nacional, para os fins que especifica, e dá outras providências (reapresentado).	09/02/2007 – Arquivado

PL 6132/1990	Sen. Marco Maciel PFL – PE	Dispõe sobre o registro de pessoas físicas ou jurídicas junto às casas do Congresso Nacional, para os fins que especifica, e dá outras providências.	13/03/2003 – (Plenário) Não apreciado em face da não apreciação da MP nº 79, de 2002, com prazo encerrado.
PRC 83/1996	Dep. Jose Fortunati PT-RS	Dispõe sobre o credenciamento de pessoas físicas ou jurídicas junto à Câmara dos Deputados para o exercício de atividades destinadas a influenciar o processo legislativo.	02/02/1999 – Arquivado.
PRC 87/2000	Dep. Ronaldo Vasconcellos PFL-MG	Disciplina a atuação dos grupos de pressão, *lobby* e assemelhados na Câmara dos Deputados.	31/01/2011 – Arquivado.
PRC 63/2000	Comissão Especial da Reforma do RICD	Aprova reforma do Regimento Interno da Câmara dos Deputados.	31/01/2011 – Arquivado.
PRC 203/2001	Dep. Walter Pinheiro PT-BA	Disciplina a atuação dos grupos de pressão ou de interesses e assemelhados na Câmara dos Deputados e dá outras providências.	31/01/2011. Arquivado.
PL 6928/2002		Cria o Estatuto para o Exercício da Democracia Participativa, regulamentando a execução do disposto nos incisos I, II e III do Art. 14 da Constituição Federal.	Arquivado.

PL 1713/2003		Regulamenta a atuação dos agentes de pressão junto à Administração Pública Direta e Indireta de qualquer um dos poderes da União, dos Estados, do Distrito Federal e dos Municípios, e dá outras providências.	16/05/2005 – Arquivado.
PL 5470/2005		Disciplina a atividade de *lobby* e a atuação dos grupos de pressão ou de interesse e assemelhados no âmbito dos órgãos e entidades da Administração Pública Federal, e dá outras providências.	13/07/2005 – Devolvido ao autor.
PL 1202/2007		Disciplina a atividade de *lobby* e a atuação dos grupos de pressão ou de interesse e assemelhados no âmbito dos órgãos e entidades da Administração Pública Federal, e dá outras providências.	04/04/2018 – Adiada discussão em Plenário em face de encerramento da sessão.
PRC 14/2011		Acrescenta Art. 259-A ao Regimento Interno, criando novos credenciamentos junto à Câmara dos Deputados.	23/02/2011 – Devolva-se a proposição, por contrariar o artigo 61, § 1º, inciso II, alínea "e", da CF.
PRC 103/2007		Dispõe sobre o registro e a atuação de pessoas físicas e jurídicas, junto à Câmara dos Deputados, com a finalidade de exercer o direito de informar e influenciar o processo decisório na Casa.	31/02/2011 – Arquivado.

PRC 158/2009	Dep. João Herrmann Neto PT-SP	Institui o Código de Conduta para Representantes da Sociedade Organizada e adapta o Regimento Interno às necessidades de regulamentação do *lobby*.	31/01/2011 – Arquivado.
PL 1961/2015	Dep. Rogério Rosso PSD- DF	Disciplina a atividade e a atuação de pessoas e grupos de pressão ou interesse no âmbito dos Poderes Legislativo e Executivo, e dá outras providências.	30/06/2015 – Apensado.
PEC 47/2016	Sen. Romero Jucá PMDB- RR e outros	Altera a Constituição Federal para regulamentar a atividade de representação de interesses perante o Poder Público, prática conhecida como *lobby* ou *lobby institucional*. Estabelece prerrogativas aos lobistas e prevê a responsabilização desses profissionais por ato de improbidade administrativa. PEC do *lobby*.	20/09/2016 – Aguardando designação.

Fonte: Câmara dos Deputados e Senado Federal.

Conforme aponta o quadro acima, podemos observar que a forma de proposição é diversa. Identificamos projetos de lei, que possuem amplo alcance, e também projetos de resolução. Nesse último caso, o alcance da medida é restrito ao Poder Legislativo (SANTOS; CUNHA, 2015). Verificamos uma proposta de emenda à Constituição.

O conteúdo das propostas não é uniforme. Algumas delas citam expressamente o *lobby*, e outras tratam do credenciamento e registro de pessoas no Congresso Nacional. Dentre as propostas que tramitam no Congresso Nacional, chamamos a atenção para o PL 1202/2007, de autoria do Carlos Zarattini PT-SP e para a PEC 47/2016, que tiveram atualizações recentes.

g) Vantagens e Desvantagens de Cada Política para o Caso Brasileiro

Aplicando-se as principais vantagens e desvantagens de cada modelo anteriormente apresentada ao cenário brasileiro, tem-se:

5. Autorregulação

Não obstante tal modelo possa se aproveitar de estruturas já existentes e economizar em relação à criação de órgãos e agências de implementação e fiscalização, fato relevante diante da crise econômica que o país vem enfrentando, este prescinde de meios de fiscalização externo e independente, bem como de sanções e incentivos ao cumprimento das normas. Outrossim, considerado o alto nível de corrupção existente no país, a incompatibilidade da intenção de lucro dos agentes com desempenho da atividade regulatória isenta de conflito de interesses aponta um risco inerente.

6. Regulação Direta e Exclusiva

Esse modelo permite a participação da sociedade brasileira no processo de elaboração da regulamentação, por meio de sua representação pelo Congresso Nacional. Outrossim, prevê a existência de monitoramento e fiscalização independente, o que embora seja muito positivo, pode implicar um fator negativo em relação ao custeio de tal aparato pelo Estado, se exigir a criação de novos órgãos. A inexistência de conhecimento específico dos legisladores em relação à matéria considerada uma desvantagem pode ser mitigada no contexto brasileiro por meio da participação de especialistas, por exemplo, em audiências públicas. Apesar de existir ausência de flexibilidade na alteração de lei, em razão do processo legislativo, há que se observar que este traz maior segurança jurídica e preservação dos interesses da sociedade.

7. Baixa Regulação

Especificamente em relação às propostas de baixa regulação, como as dos parlamentares brasileiros Deputada Vanessa Grzziotin, Francisco Dias e do Deputado Mendes Ribeiro, pode-se dizer que estas facilitam e simplificam o cadastro, podendo proporcionar maior aderência e participação de diversos grupos de interesse. Por outro lado, tais proposições são limitadas e não preveem qualquer tipo de sanção ou fiscalização externa, o que, por sua vez, pode reduzir a importância do cumprimento da lei, podendo criar um sub-registro e, consequentemente, prejudicar a transparência dos dados e a *accountability*, seus objetivos maiores.

8. Alta Regulação

No Brasil, até o momento, não há proposição que possa ser classificada como de alta regulação. Embora esse modelo possa proporcionar o maior grau de transparência e *accountability*, tal objetivo poderia implicar altos custos para implementação da lei, em especial se necessária a criação de novos órgãos. Outrossim, verifica-se que os esforços dos Estados Unidos e demais países que buscam uma alta regulação tende a ser muito restritiva e fundamentam-se na existência de um modelo de representação de interesses altamente fragmentado e pluralista, o que não é o caso do Brasil, que, embora não seja um país completamente corporativista, é fato que também não é acentuadamente pluralista. Desse modo, as propostas de alta regulação muito restritivas devem ser analisadas com cautela.

9. Média Regulação

No Brasil, além da PEC 47/2016, a proposição de média regulação que segue tramitando no Congresso é de autoria do Deputado Carlos Zarattini e (Cunha; Santos 2015), seria a mais robusta, classificada com índice CPI de 51 pontos. Tal proposição, apesar de classificada como média, proporciona alto grau de transparência e *accountability*, pois, além de prever regras claras para cadastramento dos lobistas e representantes de interesse, estipula a inclusão das atividades, natureza das matérias de seu interesse e quaisquer gastos realizados no último exercício relativos à sua atuação junto a órgãos da Administração Pública Federal, em especial pagamentos a pessoas físicas ou jurídicas, a qualquer título, cujo valor ultrapasse 1.000 Unidades Fiscais de Referência – UFIR, na declaração a ser encaminhada para o TCU. Outrossim, essa proposição determina que o credenciamento será feito perante os órgãos responsáveis pelo controle da atuação de pessoas físicas e jurídicas que exercerem, no âmbito da Administração Pública Federal, atividades tendentes a influenciar a tomada de decisão administrativa ou legislativa, sendo que no caso do poder executivo tal função ficaria a cargo da GGU. Entretanto, tal proposição não versa sobre acesso de dados pelo público, imposição de sanções ou sobre fiscalização, pontos que se não observados podem vir a comprometer a eficácia da lei.

Conclusão

A análise da legislação e o estudo da experiência em outros países nos leva à conclusão de que nem sempre a regulação do *lobby* é capaz de prever os efeitos dessa atividade. As variadas propostas legislativas que tramitam no congresso nacional sugerem que, no mínimo, o primeiro ponto a ser analisado é a forma de como a regulação será inserida, e entre tais proposições, destacam-se o PL 1.202/2007, de autoria do Deputtado Carlos Zarattini (PT-SP) e a PEC 47/2016, de autoria do Senador Romero Jucá (PMDB-RR).

A principal vantagem das referidas propostas é a natureza intermediária de regulação que as reveste, o que proporciona um grau de *accountability* razoavelmente elevado e tem o condão de aproximar mais os interessados na atividade do que as propostas de alta regulação, sem deixar pontos sensíveis descobertos, como costumam aparecer os projetos de baixa regulação. Ainda, o PL 1.202/2007 e a PEC 47/2016 possuem a vantagem de estarem à frente das demais propostas no que se refere à tramitação dos processos legislativos no congresso nacional, de modo que já superaram boa parte do custo político e financeiro dos andamentos dos trabalhos nas casas legislativas.

Nesse sentido, com base na experiência internacional de regulação intermediária do *lobby*, o legislador brasileiro deve ter atenção em pontos de clivagem que a atividade pode gerar, especialmente, no que se refere à fiscalização e transparência, como monitoramento de gastos dos lobistas e prestação de contas dos partidos, bem como as atividades que conectam os políticos e o setor de *lobby*, de modo a criar regras e sanções claras e de fácil execução, para diminuir o exercício da atividade visando tão somente interesses personalistas de políticos – que é um risco inerente ao *lobby* –, a fim de que a legislação regulamentadora possa inserir os lobistas na regularidade da atividade sem insegurança jurídica. Como forma de se aproveitar a realidade já existente no cenário brasileiro, a regulação a ser realizada deve levar em consideração, por exemplo, os mecanismos de informação estatais, como o Sistema Eletrônico de Intercâmbio do COAF – SEI-C / SISCOAF[17] e o Dossiê Integrado produzido pela Receita Federal do Brasil para fins de investigações patrimoniais de devedores, que conectam os mais variados órgãos e autarquias do vinculadas ao estado, como Polícia Federal, Secretaria da Receita Federal, Ministério Público etc., os quais são dotados de informações de atividades financeiras nacionais e internacionais de pessoas físicas e jurídicas, volume de bens e direitos de titularidade dos cidadãos brasileiros e estrangeiros que residentes no Brasil e que exercem a atividade de *lobby*. Isso porque a fiscalização é essencialmente informatizada e a troca de informações para fins de fiscalização é praticamente automatizada, o que poderá facilitar as formas de cadastro dos interessados em realizar tais atividades e as formas de fiscalização e sanções do exercício da atividade fora dos limites regulamentados.

Para evitar possíveis conflitos de competência na regulação e fiscalização do *lobby*, especialmente advindos da utilização de informações derivadas dos múltiplos órgãos e autarquias do estado, recomenda-se a centralização da competência em um órgão ou autarquia já existente, como, por exemplo, um dos órgãos de controle interno da administração pública (Ex.: Tribunais de Contas Estaduais e da União; Controladorias Municipais etc.). Não se recomenda facultar a criação de um órgão específico, pois o aparelhamento estatal existente já possui meios para realização da fiscalização da atividade, sendo que a criação de um órgão poderia gerar um custo de ineficiência e o próprio interesse na criação de um determinado órgão pode ser mitigado pela ação política predatória de grupos de interesse marginais ao sistema social.

Por fim, a elaboração do projeto de lei para regulação do exercício de poderes de grupos de pressão atuantes na atividade legislativa deve ter ampla e irrestrita participação da sociedade, isto é, devem ser utilizados os meios de consulta de opinião popular no processo legislativo, como audiências públicas e consultas *online*, de modo que seja possível a aproximação dos titulares do poder em uma democracia – o povo – daqueles legitimados para o exercício do poder – os políticos – e aqueles que visam influenciar e direcionar o poder externamente – os lobistas. A participa-

---

[17] Nesse sentido, ver: http://coaf.fazenda.gov.br/menu/a-inteligencia-financeira/intercambio-de-informacoes

ção popular na regulação do *lobby* prevenirá um dos principais e possíveis efeitos negativos da atividade, qual seja, a redução da representatividade no congresso nacional.

Referências

CHARI, Raj; HOGAN, John; MURPHY, Gary. *Regulating lobbying: a global comparison.* Manchester: Manchester University Press, 2010.

SANTOS; CUNHA. 2094. Texto para discussão: *Propostas de regulamentação do lobby no Brasil: uma análise comparada.* 2015. Disponível em: <http://www.ipea.gov.br/portal/index.php?option=com_content&view=article&id=25 357>. Acesso em: 13 maio 2018.

SELIGMAN, Milton; MELLO, Fernando. Manual de melhores práticas em relações institucionais. In: *Lobby desvendado: democracia, políticas públicas e corrupção no Brasil Contemporâneo.* Organização Milton Seligman, Fernando Mello. 1 ed. – Rio de Janeiro: Record, 2018, recurso digital.

SOTERO, Paulo; PRUSA, Ana C. O lobby nos EUA: a transparência de um sistema imperfeito. In: *Lobby desvendado: democracia, políticas públicas e corrupção no Brasil Contemporâneo.* Organização Milton Seligman, Fernando Mello. 1 ed. – Rio de Janeiro: Record, 2018, recurso digital.

THE CENTER FOR PUBLIC INTEGRITY. *Accountability: Methodology.* 2003. Disponível em: <https://www.publicintegrity.org/2003/05/15/5914/methodology>. Acesso em: 15 maio 2018.

Concorrencial Digital, Comércio Eletrônico, Crimes digitais e fraude, Privacidade e proteção de dados, Propriedade Intelectual e Responsabilidade civil.